汉代武威的历史文化

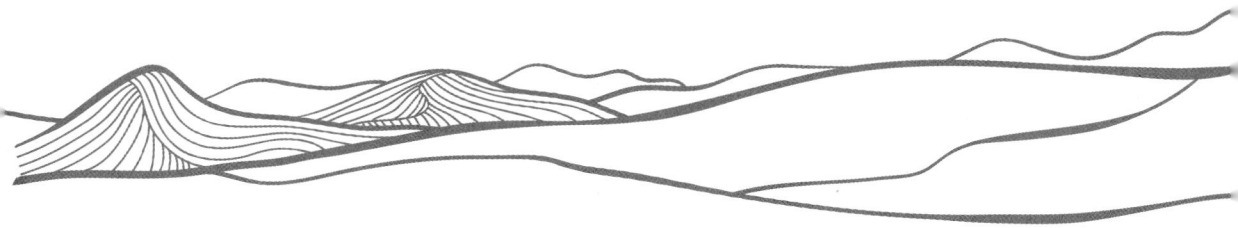

张博文　刘茂伟　著

读者出版社

图书在版编目（CIP）数据

汉代武威的历史文化 / 张博文，刘茂伟著. —— 兰州：读者出版社，2023.10
ISBN 978-7-5527-0773-1

Ⅰ．①汉… Ⅱ．①张… ②刘… Ⅲ．①武威—地方史—汉代 Ⅳ．①K294.23

中国国家版本馆CIP数据核字（2023）第214069号

汉代武威的历史文化

张博文　刘茂伟　著

责任编辑　漆晓勤
装帧设计　雷们起

出版发行　读者出版社
地　　址　兰州市城关区读者大道568号（730030）
邮　　箱　readerpress@163.com
电　　话　0931-2131529（编辑部）　0931-2131507（发行部）

印　　刷　甘肃发展印刷公司
规　　格　开本 787 毫米×1092 毫米　1/16
　　　　　印张 15.75　插页 2　字数 254 千
版　　次　2023 年 10 月第 1 版
　　　　　2023 年 10 月第 1 次印刷
书　　号　ISBN 978-7-5527-0773-1
定　　价　58.00元

总 序

　　武威，古称凉州，是国家历史文化名城、中国优秀旅游城市、中国旅游标志之都，历史文化底蕴深厚。早在五千多年前，凉州先民就在这里生活繁衍，创造了马家窑、齐家、沙井等璀璨夺目的史前文化；先秦时期，这里是位列九州之一的雍州属地，也是华夏文明与域外文化交流的重要通道；两汉、魏晋南北朝、隋唐、西夏等时期，是凉州文化形成与发展的几个重要阶段；明清时期，文风兴盛，是凉州文化发展的黄金阶段。在历史的长河中，以武威为中心形成的凉州文化，在中国文化发展史上留下了辉煌灿烂的绚丽篇章，形成了厚重的文化积淀和多彩的文化形态，并在今天仍然有深远影响。中国社会科学院古代史研究所所长、研究员卜宪群先生谈到："广义的凉州文化指整个河西地区的文化，凉州文化的研究可将武威及其周边的文化辐射区包括在内。""凉州文化在中国历史上占有重要地位，为中华文化的多样性做出了贡献，也为统一的多民族国家形成做出了贡献。"

　　"关乎人文，以化成天下。"高质量经济发展离不开高质量文化建设。习近平总书记指出，要大力挖掘、传承、保护、弘扬传统文化，揭示蕴含其中的文化精神、文化胸怀，坚定文化自信。凉州文化是中华优秀传统文化的重要组成部分，以其特色鲜明、内涵博大而熠熠生辉，在当前文化强省建设中发挥着重要作用。凉州文化之于武威，是绵延悠长、活灵活现的一种文化形态，是推动武威不断发展的力量源泉。武威市凉州文化研究院在文化研究工作中，始终正确把握传承和创新的关系，深入挖掘优秀传统文化，结出了累累硕果。我多次去武威考察，与当地领导和专家学者交流较多，深感武威市各界对凉州文化的无比自豪和高度重视。为推动历史文化推陈出新、古为今用，以文塑旅、以旅彰文，加快文化旅游名市建设，武威市专门成立了武威市凉州文化研究院，给予编制、经费等方面的大力支持。武威市凉州文化研究院起点高、视野宽，以挖掘、开发、研究、提升为重点，制定了长远翔实的研究计划，开展了一系列卓有成效的学术交流工作。如与中国社会科学院古代史研究所深度合作，举办高层次的学术研讨会，深入挖掘凉州文化的价值，取得了诸多学术成果；与浙江大学、兰州大学、西北师范大学、甘肃省社会科学院等高校和科研机构合作，从多方面研究和传播凉州文化，持续扩大凉州文化的学术影响力，社会反响热烈。

近日，武威市凉州文化研究院的张国才院长给我寄来《凉州文化丛书》（第一辑）的书稿，委托我为这套丛书作序。出于他及其同事们精益求精、一丝不苟的治学精神和对弘扬凉州文化的深厚情怀和满腔热情，我便欣然应允，借此机会谈一些自己阅读书稿的体会。

一是丛书的覆盖面广。《凉州文化丛书》（第一辑）选取武威具有代表性的特色文化，从不同角度阐释凉州文化的丰富内涵和独特魅力。《武威地名的历史传承与文化内涵演变》通过研究分析武威地名形成的自然环境、制约因素、内在规律、文化成因等，考证其背后的历史文化，讲述地名故事，总结武威地名的历史变迁、命名规律等，对促进武威地名文化遗产保护，推动武威地名文化深入研究，进一步提高武威地名文化品位，彰显凉州文化魅力，具有积极的作用。《古诗词中的凉州》选取历代诗人题写的有关凉州的边塞气象、长城烽烟、田园风情、驼铃远去、古台夕阳等诗歌，用历史文化散文的形式解读古诗词中古代凉州的政治、经济、军事、历史、文化等，把厚重浩繁、博大精深的咏凉诗词转化为一篇篇喜闻乐见、通俗易懂、轻松活泼的文史散文，展现诗词背后辉煌灿烂的凉州文化。《汉代武威的历史文化》既有汉代武威地区的自然地理、行政建制、军事防御、物质生活、精神生活、社会发展，也有出土的代表性简牍的介绍及价值评说。借助历代典籍和近现代学者的相关研究，力求还原客观真实的武威汉代历史文化。在论述时，尽量采取历史典籍和出土文物、文献相结合的方式，深入挖掘武威出土文物背后的故事。《武威长城两千年》聚焦域内汉、明长城遗存，从自然地理、生态环境、军事战略、区域文化等方面进行了解读，既有文献史料的梳理举隅，也有田野调查的数据罗列，同时结合国家文化公园建设，就武威长城精神、长城文化遗产保护利用等作了阐释，对更好挖掘长城文化价值、讲好长城故事、推动长城文化资源"双创"有所裨益。《武威吐谷浑文化的历史书写》在收集、整理吐谷浑历史资料和最新研究成果的基础上，以吐谷浑的来源、迁徙及其政权建立、兴衰和灭亡为主要脉络，探讨吐谷浑在历史上与武威有关的内地政权的关系，进而研究吐谷浑的政权经略、文化影响及历史作用，重点突出，视野宏阔，这种研究对于铸牢中华民族共同体意识是十分必要的。《清代凉州府儒学教育研究》以清代凉州府的儒学教育为研究对象，既有对凉州府儒学教育及进士的概括性研究，也有对凉州府进士个体的研究，点面结合，"既见森林，又见树木"，使读者获得更为丰满的凉州府进士形象。通过一个个活灵活现的人物形象，更加生动具体地揭示了当时儒学教育的样貌。《武威匾额述略》主要从匾额的缘起流变、分类制作入手，并对武威匾额进行整理研究，全面分析了武威匾额的艺术赏析、价值功能，生动诠释了武威深厚的历史文化内涵及其蕴含在匾额中的凉州文化，是我们走进武威、打开武威历史的一把重要钥匙。《清代学人笔下的河西走廊》选取陈庭学、洪亮吉、张澍、徐松、林则徐、梁份等十位学人，通过钩沉其传记、年谱、文集、诗集等相关史料，在前人研究的基础上，重点反映清代河西走廊的地理、历史、人文、民俗等，展示了一幅河西走廊多民族交往交流交融的历史画卷。《河西历代人口变迁与影响》对河西历代人口数量等方面进行考察，阐述历史时期河西人口与政治、经济之间的动态关系。《河西生态变迁与生态文化演进》以河西地区生态变迁较为突出的汉、唐、明清时期为主要脉络，采用地理学、考古学、历史学、生态学等学科相结合的研究方法，对河西地区历史时期的生态变迁、生态文化演进做了全面的研究。阅读这十本书，既能感受到博大厚重的凉州文化，又能体会到凉州文化的包容性、多样性的特征。

二是丛书的学术价值高。《凉州文化丛书》（第一辑）各位作者在前期通过辛勤的考察调研，搜集了大量的资料，然后根据实际需要开展研究性撰写，既吸收了前人的研究成果，又融入了自己的观点，既体现了历史文化的严谨准确，又对其进行创新性、前瞻性解读，思考的角度也有所不同，研究的方法也有新的突破。此外，丛书中的每一本书都由武威市凉州文化研究院与甘肃省社会科学院的研究者合作完成，在专业、学术、研究、视野、资料搜集等方面具有互补性，在撰写的过程中互相探讨交流，无形之中提高了丛书的质量。因此整套丛书无论从研究深度，还是学术价值，都比以往研究成果有新的提高。有些书稿甚至让人眼前一亮、耳目一新，颇有不忍释卷之感。

三是丛书的可读性强。《凉州文化丛书》（第一辑）注重学术性和资料性，兼顾通俗性和可读性，图文并茂。在进行深度挖掘、系统整理的基础上，又对文化展开解读，符合当下社会各界的文化需求，既方便专业研究人员查阅借鉴，也能让普通读者也喜欢读、读得懂，对于普及武威历史、凉州文化，提高全社会的文化自信等，具有重要的作用和意义。

编一套丛书，实不易也。武威市凉州文化研究院以初创时的一张白纸绘蓝图，近几年已编撰出版各类图书二十多本种，每一种都凝聚着凉州文化研究工作者的心血和汗水。几载光阴，他们完成了资料的整理研究，向着更为丰富、更加系统的板块化研究方向迈进，这又是多么可喜的一步。这十本书，正是该院与甘肃省社会科学院紧密合作，组织双方研究人员共同"探宝"凉州文化的有益之举。幸哉，文史研究工作，本为枯燥乏味之事，诸位却在清冷中品出了甘甜，从寂寞中悟出了真谛，有把冷板凳坐热的劲头，实为治学之精神，人生之追求。

《凉州文化丛书》（第一辑）是武威市凉州文化研究院的阶段性成果，集中展示了武威市凉州文化研究院学术研究成果，值得庆贺！希望武威市凉州文化研究院以此为契机，积极吸收最新的学术研究成果，从西北史、中国史、丝绸之路文明史的大视野来审视凉州文化，多出成果，多出精品，为凉州文化的传承发展做出更大的贡献。

是为序。

田　澍

2023 年 8 月 31 日于兰州黄河之滨

田澍，西北师范大学副校长、教授、博士生导师，中国历史研究院田澍工作室首席专家，《兰州通史》总主编。

序

汉承秦制,秦汉时期的政治和经济制度为后世的古代中国奠定了基础,对中国历史的发展具有深远的影响。

呈现在大家眼前的《汉代武威的历史文化》全书分为六章,既有汉代武威地区自然地理、行政建制、军事防御、物质生活、精神生活、社会发展,也有出土的代表性简牍的介绍及其价值的评说。通过作者的叙述,读者可以既可把握汉代武威基本的历史脉络,也可体会当时的社会基本风貌。

以史鉴今,彰往察来。通过研究和分析历史,可以让我们更好地了解自己的国家和民族,认识自己的优秀传统和社会现实,帮助我们更好地应对当前和未来的挑战。习近平总书记在文化传承发展座谈会上强调,"中华文明赋予中国式现代化以深厚底蕴"。奋进新征程,我们要汲取中华优秀传统文化蕴含的精髓和精神力量,在全面建设社会主义现代化国家新征程上努力创造新的更大奇迹。汉代武威地区经济社会发展繁荣是当时政府治理成效的体现,对当今仍有借鉴价值。

从"民为邦本"到"人民至上"。将民众视为治国理政的根本,是中国古代圣贤早在数千年前就已萌生的远见卓识和政治理想。中国古代明智的执政者均高度重视民之于邦的地位,并贯穿在其执政过程中。如东汉任延在治理武威郡期间,就将民众福祉放在首位考虑,高度重视治安管理、兴修水利、劝民务本、社会教化等,百姓得其利,美名留人间,取得了较好的治理成效。"民为邦本"的思想在当代有着十分积极的作用和影响。习近平总书记在庆祝中国共产党成立100周年大会上的讲话中指出,江山就是人民、人民就是江山,打江山、守江山,守的是人民的心。人民在当代中国拥有最崇高的政治含义和最深沉的政治关切。当然,当代中国"人民"的概念从内涵和外延上与古代中国的"民"已有很大不同,但我们仍能清晰看到从"民为邦本"到"人民至上"的价值传承，也能一窥"人民至上"对"民为邦本"的创新与超越。

"礼乐教化"与"精神文明"。精神文明，始终是社会健康发展的灵魂，是物质文明正确发展的导航人。中国古代国家治理非常重视礼乐对于百姓的教化作用，仪礼简、王杖诏令简即是有力印证。当今中国，继承古代中国礼乐教化精神的莫过于精神文明建设。精神文明通过音乐、舞蹈、电影等文艺精品，将真善美潜移默化而又深远持久地扎根于群众心中，并自觉地形成社会主义核心价值观的共同精神谱系，不能不说这的确是传统中国"礼乐教化"功能的又一次创造性发展与创新性转化。

从"选贤与能"到"德才兼备"。"选贤与能"是中国古代治理中的重要方面。当前，面对建成社会主义现代化强国、以中国式现代化全面推进中华民族伟大复兴的新时代艰巨使命，艰巨性和复杂性都前所未有，对各级党组织创造力、凝聚力、战斗力，对党员领导干部素质能力、工作作风、精神状态，对人才队伍创新活力都提出了更高的要求。"选贤与能""任人唯贤"的理念被赋予了新的时代价值与意义。"信念坚定、为民服务、勤政务实、敢于担当、清正廉洁"这二十字，成为新时代好干部标准。这既是执政党对国家行政管理人员提出的要求，更是对全社会的人才建设、人才标准、人才风气提出的根本要求。

时间制造沧桑巨变，汉朝虽然已成历史，但武威曾经的繁盛景象，我们通过《汉代武威的历史文化》可以得到更全面更细致的诠释与显现。我们要继承并发扬中华民族尊史崇史、学史治史这一优良传统，从历史中得到启迪、保持定力，增强自信、踔厉奋发、锐意进取、埋头苦干、勇毅前行，为全面建设社会主义现代化国家、全面推进中华民族伟大复兴而奉献社科人的才智，展现青年人的历史担当和积极作为。

侯宗辉

二〇二三年九月六日

侯宗辉，甘肃省社会科学院丝绸之路研究所所长、研究员。

目　录

绪 论

一

武威古称凉州，位于甘肃省中部，河西走廊的东端，东临省会兰州，西通金昌，南依祁连山，北接腾格里沙漠。历史上武威曾经是著名的"丝绸之路"要冲，在中国古代历史上一向起着西北门户的作用。武威是汉武帝开辟的河西四郡之一，为彰骠骑大将军霍去病远征河西、击败匈奴的武功军威，武威得名。

西汉初年，匈奴人入侵河西，两次挫败月氏，迫使月氏人西迁徙于锡尔河和阿姆河流域。整个河西走廊成为匈奴领地。强盛的匈奴以"控弦之士三十余万"的威势，对西汉王朝构成了严重威胁，并且经常骚扰掠夺。雄才大略的汉武帝继位后，采取武力防御和主动进攻两者兼用的战略，于建元二年（前139年），首次派遣张骞出使西域，联络月氏、乌孙夹击匈奴。元狩二年（前121年），汉王朝决定断敌右臂，张我左掖，进发河西走廊。同年春，派骠骑将军霍去病统率万骑从陇西出塞，进军河西，大获全胜。不仅生擒了浑邪王的儿子柏国，还缴获了匈奴的"祭天金人"，给河西的匈奴势力以沉重的打击。汉武帝把这一战利品放置在甘泉宫（陕西凤翔）加以供养珍藏。莫高窟第323窟北壁绘有此段故事。这年秋天，霍去病亲率骑兵涉过居延水，直冲祁连山，斩杀敌兵3万余人，使河西的匈奴势力受到毁灭性打击。其间，匈奴统治集团发生内讧，浑邪王杀死休屠王，携其部4万余人投降汉朝。汉元鼎二年（前115年），张骞二次出使西域，顺利地从乌孙凯旋。从此，开通了通往西域的丝绸之路。张骞"凿空"之行，是中西交通史上的创举，为促进中外以及中原同西域各民族之间的经济文化交流，建立了不朽的历史功绩。

为了彻底断绝匈奴与西羌的通路和联系、捍卫边关和丝绸之路的安全，西汉时期，在河西设置了酒泉郡和武威郡，并采用设防、屯垦、移民等措施，不断充实、加强建设河西。汉元鼎六年（前111年），又将酒泉、武威二郡分别拆置敦煌、张掖两郡。又从令居（今甘肃永登西北）经敦煌直至盐泽（今新疆罗布泊）修筑了长城和烽燧，并设置了阳关、玉门关，史称"列四郡、据两关"，保证了丝绸之路的畅通。从此，中国的丝绸及先进技术源源不断地传播到中亚、西亚和欧洲。欧洲、地中海沿岸和西域的玉器、玛瑙、奇禽异兽、农作物等长途转运到中原。各国使臣、将士、商贾、僧侣往来不绝，都要经过丝路要道武威。

历史上，武威是十六国时前凉、后凉、北凉的都城，当时称作姑臧。十六国时建立凉国的有前凉、后凉、南凉、北凉、西凉，合称"五凉"。前凉为汉人张寔所建，后凉为氐人吕光所建，北凉为匈奴人沮渠蒙逊所建。南凉为鲜卑人秃发乌孤所建，都西平（今青海西宁），后徙乐都（今属青海）。西凉为汉人李暠所建，都城初在甘肃敦煌，后迁至甘肃酒泉。五凉的活动中心大部分在武威、张掖、酒泉一带，也就是著名的"河西走廊"上。河西走廊汉代有武威、张掖、酒泉、敦煌四郡，唐代有凉、甘、肃、沙四州，汉以前为西域大月氏国所在地。在河西四郡中，武威城的历史最为悠久，有"古意盎然的凉州"之称。

西汉时期，武威郡有十县，人口一万七千余户，七万六千余口。东汉时期武威有十四县，人口一万四千余户，三万四千余口。唐初三藏法师玄奘西去印度取经，路过武威，称赞武威说："凉州为河西都会，襟带西蕃，葱左诸国，商旅往来，无有停绝。"玄奘在武威讲经，"时开讲日，盛有其人，皆施珍宝，稽颡赞叹"。西夏时修建的《重修护国寺感应塔碑》也说："武威当四冲地，车辙马迹，辐凑交会，日有千数。"可见古代武威的繁盛。

二

西汉王朝对于武威在内河西地区的经营，始终是将军事措施与经济开发紧密结合，移民、设郡、设防、屯垦四位一体，四郡之一的武威郡亦是如此。

在开发方面，首先是移民实边。汉武帝以来大规模的移民，加上戍边军卒及其家属居留当地，使大量内地汉族民众成为包括武威在内的河西地区的主要居民。汉王朝的移民实边使武威地广人稀的局面得到改观，特别是民族成分由此发生改变，成为汉民族和中原政权经营西北的重要根据地。

其次是大规模开垦屯田。元狩四年（前119年），漠北之战再次大败匈奴后，"匈奴远遁，而漠南无王庭。汉渡河自朔方以西至令居，往往通渠置田官，吏卒五六万人，稍蚕食，地接匈奴以北"。据研究，整个汉代在河西走廊的屯田点主要有令居、番和、武威、居延、酒泉、敦煌等处。与此同时，随屯垦而进行的开渠浚沟、兴修水利，史称"朔方、西河、河西、酒泉皆引河及川谷以溉田……各万余顷，他小渠披山通道者，不可胜言"。从而逐步将包括武威在内的河西地区经营成一个重要的绿洲农业区，由此使河西由原来的单纯牧区一变而为绿洲农业与传统牧业兼而有之的经济区，有力支持了汉王朝对西北国防的开发和经营。

再次是及时设郡置县。设郡置县可以说是中原王朝经营新开之地的通例，对河西的经验也不例外。四郡以及各县的渐次设立，正是汉王朝对河西实施军政经营和经济开发逐步深入和趋于完备的反映。据《汉书·地理志》记载，西汉在河西四郡共设有35县，其中武威辖10县。这些行政建制，以安置匈奴等归附部众，还有长城以及障塞亭燧等军事设施，形成了完整的军政管理体系，有效地发挥了控制和经营河西地区，进而经略西域、强化西北国防的作用。

随着移民屯田政策的持续开展，到了西汉中晚期，包括武威在内的河西地区农耕经济规模，逐渐超过了传统的游牧业。商贸交流不断扩大，经济社会发展水平日趋接近中原地区，出现了"民俗质朴，而融等政亦宽和，上下相亲，晏然富殖"的局面，汉代也因此而牢牢巩固了河西。

从西汉开始的屯田，是河西地区历史上第一次具有划时代意义的大开发。到了东汉，武威郡的农田水利、教育文化继续发展。《后汉书·任延传》记载：

"河西旧少雨泽，乃为置水官吏，修理沟渠，皆蒙其利。又造立校官，自掾吏子孙，皆令诣学受业……郡遂有儒雅之士。"与逐年发展的农业相辅相成的是，武威传统的畜牧业仍然十分发达。《汉书·地理志》记载："自武威以西……地广民稀，水草宜畜牧，故凉州之畜为天下饶。"经过西汉百余年的经营开发，河西绿洲农业大见成效。顾祖禹在《读史方舆纪要·甘肃行都司》中说："尝考河西水草丰饶，训兵足赋，于屯牧为宜。昔人云：'屯修于甘，四郡半给；屯修于甘、凉，四郡粗给；屯修于四郡，则内地称甦矣。'"由于社会安定，经济发展，中外交通空前畅通，使武威在内的河西四郡不仅是汉王朝在西北边境的重要军事据点和地方行政中心，而且开始在经济上承担起了中外贸易中转站的角色。至东汉，武威更在国际贸易和文化交流的刺激下，一跃而成为河西地区最重要的商业都市。《后汉书·孔奋传》记载："姑臧称为富邑，通货羌胡，市日四合。每居县者，不盈数月辄致丰积。"古时集市交易，通例为一日三合。如汉代的东西两京洛阳和长安，每日都是三市（即大市、早市和晚市）。今姑臧一日四合，从商者数月即可致富，这反映了商业上的繁荣，也说明贸易经济在武威的发展中占有举足轻重的地位。正如《后汉书·西域传》所描写："驰命走驿，不绝于时月；胡商贩客，日款于塞下。"包括武威在内的河西地区由此成为一个畜牧发达、粮食富足、物产丰饶的经济区，成为中原王朝就近筹粮、足食强兵、经略西北国防的重要生产基地，为两汉抗击匈奴、远征西域、镇压羌胡叛乱提供了后勤保障及大量战马，同时为丝绸之路的畅通提供了方便条件。

三

河西走廊处于中原农耕文明、游牧文明、西域文明的有效辐射区域，其独特的自然地理环境构成特殊的文化类型，各种异质文化在这里碰撞、交流与整合，形成了具有多种文明交汇的特殊表现。武威亦是如此。

实际上，随着汉朝封建统治在河西的确立，通过设置郡县、移民实边和大规模的屯垦经营，汉朝封建统治制度和内地先进的农耕生产方式得以在武威确立，汉族的生活方式、风俗习惯也随之迅速传播，武威的社会经济结构和文化习俗都发生了巨大变化。武威人口不再是随畜移徙的"蛮夷"之人，而是定居农耕的"华夏之民"了。到西汉末年，河西已是"酒礼之会，上下通焉，吏民相亲。是以其俗风雨时节，谷籴常贱，少盗贼，有和气之应，贤于内郡"的礼仪之区。正是这种变化，为汉唐间丝绸之路的畅通奠定了基础，也为十六国时期五凉文化的繁荣准备了条件。正如陈寅格先生所论，五凉"文化上续汉、魏、西晋之学风，下开（北）魏、（北）齐、隋、唐之制度，承前启后，继绝扶衰，五百年间延续一脉，然后始知北朝文化系统之中，其由江左发展变迁输入者之外，尚别有汉、魏、西晋之河西遗传"。

汉王朝建立后，统治集团不但建立了郊祀之礼、社稷祭祀之礼、朝仪之礼等"礼"来确立君主的至上权威，而且礼法并治，统一量刑标准、教民法令、实行严格的治吏法；汉武帝时期至西汉后期礼法崇儒，到东汉时期儒学与谶纬、阴阳五行的相融合，都旨在维护皇权至上和封建帝国的大一统。武威郡等河西四郡相继设立后，河西正式纳入全国地方统治系统，汉王朝的文化，尤其是礼法、儒家思想文化和封建伦理道德在武威得以推广传播。

"礼有五经，莫重于祭。"祭祀应该是"礼"字的本初来源，也是礼的重要内容。统治者在河西地区对祭祀如此重视，无非是想达到"凡居民，量地以制邑，度地以居民，地邑民居，必参相得也。无旷土，无游民，食节事时，民咸安其居，乐事勤功，尊君亲上，然后兴学"的礼仪文化传播目的，推动礼仪执行和中原趋于同步。1959 年以来，考古工作者先后在武威磨嘴子汉墓清理出了《仪礼》简册残本和"王杖十简""王杖诏书令"。其中 1981 年新出"王杖诏书令"木简 26 枚，书写时间为西汉成帝元延三年（前 10 年）或其稍后的成、哀之际，内容包括汉成帝发布的尊敬长老、抚恤鳏寡孤独废疾者和赐高年者王杖及处治吏民殴辱王杖主的诏令。在武威磨嘴子 13、18 号墓和旱滩坡汉墓均出土了木鸠杖。这些简牍文书和木鸠杖实物的发现，说明汉代尊老养老、抚恤鳏寡孤独废疾者的诏令已在武威贯彻执行。事实上，正是由于汉武帝以来河西屯田事业的迅速发展和社会文化习俗的巨大变革，使武威等河西地区逐渐与内地融为一体。河西与内地在经济文化上的一致性，得到了中原士大夫的认同。

教育从一开始就具有传播国家政治的功效，因此成为国君一切治民政务的起点，同时教育是普及一般民众道德教化的方式之一。武帝时，统治阶级认识到"教，政之本也"，确立了"独尊儒术"的文化教育政策。建太学，设学官，各地建郡县学校，以儒者教之，授以五经，施以教化。教化可以说是"礼法"的下行。东汉时私学兴起，一些经学大师及有作为的地方官，招收学徒，讲授经书，填补了官学的不足，私学获得了极大的发展，武威崇文读书的氛围日渐浓厚。汉元帝时期，官学在武威推行，佐证就是武威磨嘴子6号汉墓出土的墓主人记事"河平□年四月四日，诸文学弟子出谷五千"，汉代"文学"就是经学。磨嘴子出土西汉墨书中，载有"西夜里"等城市街巷，是从事夜间文化活动的聚居区。"五经"诵读在西汉已经普及，"小篆"和"隶草"等书体文字在民间广泛使用。出土的"平陵敬事里张伯升""姑臧北乡阉道里壶子梁"等旌铭墨书，系西汉时期武威当地人所书。它们高超的小篆书法艺术作品，被视为古代书法国宝，见证了汉代武威人的文化水平。东汉武威先民抄写在简牍上的医药方、仪礼典籍、官颁文书等文字，浓缩了古代中国"六书"发展的历史，从侧面反映了武威汉代先民城乡诵读的普及程度较高。尽管凉州"三通三绝"，战乱频仍，但崇文读书的连续性从未中断。

随着教育的发展和儒家思想的传播，武威不仅涌现出了很多治民领军的文官武将，而且造就了一批博通经史的学术人才。如敦煌渊泉人张奂，博学通经文武兼备。曾任安定属国都尉、武威太守、度辽将军。两次出任护匈奴中郎将，以九卿秩督幽、并、凉三州及度辽、乌桓二营。后为少府，再拜大司农，转太常。在任武威太守期间，"平均徭赋，率厉散败，常为诸郡最，河西由是而全"。奂死后"武威多为立祠，世世不绝"。其父惇曾为汉阳太守；其子猛，建安中为武威太守。姑臧（今武威）人段颎，字纪明，是一位文武兼备的著名将领。颎少时"便习弓马，尚游侠，轻财贿，长乃折节好古学"。曾为宪陵园丞、阳陵令，"所在有能政"。段颎的军事生涯大多都是在镇压羌族各部的征战中度过的。他对羌族各部"以多杀为快"和斩尽杀绝的残暴行径固不足取，也受到了当时和后世人们的指责；但他"行军仁爱"、身先士卒的作风还是值得肯定的。史称段颎"在边十余年，未尝一日蓐寝，与将士同苦，故皆乐为死战"。同时，内地传统的医学知识已在武威广泛传播和应用，医学人才也已崭露头角。武威旱滩坡汉墓中发现的医简，保存了30多个比较完整的医方，所列药物约百味。简文内容涉及内科、外科、妇科、五官科等，还有针灸记录。这些医简大多是当地医疗实践的记录，有些则是从同时代其他医书中抄来的方剂。中央王朝通过这种浸染式传播，使得汉文化中的核心观念以点状的方式，先进入河西走廊，与包括武威在内的河西走廊本土文化进行碰撞、融合，然后再进行传播。经过这种过程之后，文化特质被整合。

张骞"凿空"西域后，中原的丝绸等通过河西走廊大规模运往西域各国，西域各地的物产等也被送到中原各地，河西走廊成为中外商人往来的必经之路。西方的奇珍异宝经武威进入中原，中原的丝绸、马匹经此送至西域。此来彼去，络绎不绝，中西文化在此相互交流融合。正如史书中所云："孝武之世，图制匈奴，患其兼从西国，结党南羌，乃表河西，列四郡，开玉门，通西域，以断匈奴之右臂，隔绝南羌、月氏。单于失援，由是远遁，而漠南无王庭……自是之后，明珠、文甲、通犀、翠羽之珍盈于后宫。蒲梢、龙文、鱼目、汗血之马充于黄门。巨象、狮子、猛兽、大雀之群实于外囿。殊方异物，四面而至。"武威是中西交流的第一站，各种文化在此交往融合，凉州特殊的地域文化又将这种多元文化糅合到极致，形成凉州兼容并蓄的文化特色。

总之，武威位于文化交汇的重要交通带上，呈现出华戎共存、中西交融的多元文化特征。汉代河西不仅有许多"累世二千石"的官僚士大夫，且其学术亦代代相传、延续不绝。当东汉末年中原纷乱，京师太学博士传授学业之制名存实亡之时，本土世家学术的遗传不坠，并成为延续"中原章句之儒业"的重要载体。加上"河西独安"的社会环境，吸引了大批"外来避乱之儒英"，促进北方学术文化中心"逐渐向西北转移"。正是由于汉代河西本土学术的发展得到了内地学人的认同，为外地"儒英"的大量涌入创造了良好的文化氛围，从而为五凉河西文化的空前繁荣准备了条件。

四

汉代将武威纳入统治后，统治者对武威的一系列治理制度及其措施，是在不断探索中积累经验，成为边地治理的典型，为后世治理河西提供了经验智慧。

一是重视教化民众。汉王朝多次向河西移民，中原内地民众的大规模到来，改变了河西的居民成分。在河西设置两套治理体系，将汉族移民与河西居民统一管辖，严格限制移民内迁。这样增强了河西百姓对汉代中央王朝的认同，便于巩固统治。这些移民到达河西，不仅充实了开发河西的劳动力，而且带来了中原内地较为先进的技术，为河西的发展做出了贡献。

西汉王朝重视教化，武帝后，儒学成为汉代官方正统意识，也成为汉王朝在河西边地进行文化教育的主要内容。如此一来，河西边地与内地有共同的文化，成为汉王朝统治河西的重要基础。在边地建立与中原类似的郡县乡里制度，并且尊奉共同的文化，思想文化的统一、民众具有王朝认同意识，是保证河西纳入汉王朝统治的条件。

汉王朝统治者注意到儒学的教化功能，鼓励地方官在施政过程中以儒家主张的观念进行教化。自汉武帝后，有汉一代推崇儒学，通过官僚选举制度，吸取大量儒生参政，尤其东汉时期，"凉州三明"中的张奂、皇甫规都是当时有着儒学教育、修养较高的儒生。河西官员的知识背景儒学化对官方意识形态的儒学推行具有积极作用，促进社会形成崇尚儒学的氛围，并且以儒学取士，有助于整个王朝文化教育水平的提高；并且，汉代对儒学的推崇，改善了官员的文化素质，他们的治理措施中会更加注重以教化的方式引导民众。在河西边地建立郡县制度，推广中原文化，鼓励当地地方官进行儒学教化，并且引导整改陋俗，这些均是巩固边地统治的重要手段。例如任延高度重视教育。东汉初年，武威太守任延重视教化，兴办学校，令人教授，命令官吏子弟都去学校进修学业，武威郡中就有了儒雅的士大夫。任延本身具有的儒学修养较高，重视武威郡的儒学教化，为武威郡教育的发展起到了重大影响。再如张奂整改武威郡风俗。东汉晚期，武威郡风俗以二月、五月出生及与父母同月生的婴儿，全部杀死。郡守张奂严格整改这样的陋俗，当地百姓为张奂立祠供奉。

河西教育中具有特色的一点就是尊老爱老形成了风尚。王杖制度是汉代尊老敬老爱老的措施中较为重要的一项内容，汉王朝敬待高年，有政治上的荣誉，有实际的益处，还有垂范乡里、教化民众的作用。武威出土的《王杖诏书令》内容显示，元延元年（前12年）授王杖者给汉成帝的上书，得到了批复。诏书体例完整，体现了授王杖者可以建言皇帝的权利。王杖简为汉代王杖制度提供了史料，也证明汉代优待老者的政策在河西地区的施行，对而今孝道的提倡，尊老敬老的习惯养成具有启示意义。

二是任用贤明人才。汉王朝通过建立相对完善的治理体系以巩固统治，河西边吏是治理的主要执行者。对河西边吏的选任，是保证河西平稳统治的关键。官吏需要具备以下几种基本素质：如清正廉洁、公私分明、心怀百姓、灵活变通等。

清正廉洁者，以孔奋为例。孔奋为议曹掾，治理姑臧。姑臧当时经济繁荣，为河西富邑，孔奋在此四年，严格自律，没有任何私财。孔奋和妻子安守清贫，不似其他河西守令，财产丰润。离任时，孔奋没有任何资产，两袖清风，得到了姑臧羌胡民众的敬重，追送数百里。这种高尚的品格和人格魅力对当地民众也有一定的教化作用。

公私分明者。建武初年，任延被拜为武威太守。光武帝亲自接见任延，并告诫曰：“善事上官，无失名誉。”任延回答道：“臣闻忠臣不私，私臣不忠，履正奉公，臣子之节。上下雷同，非陛下之福。善事上官，臣不敢奉诏。”光武帝叹息道：“卿言是也。”任延关于私与忠的看法，体现出顾全大局的观念，并未听从光武帝要好好侍奉上级的建议，而是有着公事公办、正直高洁的品质。任延治理武威，使得武威郡整体的发展水平得到显著提升。光武帝以任延为河西边吏，亲自接见，治理武威郡，看重的正是任延在会稽和九真郡治理的政绩。汉代统治者对河西边吏的任用非常看重，尤其是其处理民族事务的能力以及个人品质。

民本思想是传统政治中的珍贵遗产，思想的核心是统治者与民众的关系。循吏、良吏治理河西地方社会时，渗透着安民、保民、重民、爱民的意识。东汉初年，任延治理武威郡，为民众谋福利，有着长远的规划。首先，整治郡内为非作歹的当地豪强，处罚严格，树立威信。其次，针对武威郡南北面有匈奴和羌民经常寇略的情况，选集当地勇武有谋略者数千人，追击这些寇略者，为保证民众进行农业生产提供了良好的外部环境。劝民积极进行农业生产，以保障基本生活，发展经济。接着，设置专门管理水利的官吏，主持修建水利工程，方便了农业生产，农业得到丰收，武威郡居民的基本生活得到了保障，生产得以恢复。此外，大力推行教化，兴建学校并派官员管理让掾吏的子孙都去学校接受教育，提拔其中的优秀者，郡中就有了儒雅的士人。任延治理武威郡，从治安管理、兴修水利、劝民务本、社会教化等各个方面有计划地推行，得到了较好的治理成效，也是将民众福祉放在首位考虑的缘故。

赏罚分明。治理河西对边吏的管理尤为重要，张掖郡太守第五访因救民众缺粮之弊，没有上奏就开仓赋谷给民众，赈灾救困，得到了统治者嘉赏。但是当河西边吏不称职时，也会受到惩罚。武威太守任嘉因贪污受贿而下狱，处罚严格，以儆效尤。东汉初年，武威当地田姓为大族，郡中长吏田绀，其宾客子弟为非作歹。武威太守任延抓捕了带头者田绀和主要的几位宾客，伏法者共五六人。但田绀的小儿子田尚，聚集数百人，夜间攻打武威郡，任延发兵击破了田尚所带领的兵众，威信大震。自此以后，郡中社会秩序稳定，民众安心发展生产。

灵活变通的思想。河西边吏的任用，是稳定河西的重要举措。地方治理要出成绩，需要结合当地的实际状况，而非墨守成规，不知变通。太守廉范治理武威郡，"随俗化导，各得治宜"，因其风俗而作出适宜的引导和教化，得到较好的治理效果。

三是持续发展农业。汉代武威通过推广内地先进的生产技术、兴修水利工程等措施，提高了粮食的产量，不仅就近解决军需物资供应问题，还能够抵御干旱，为预防灾荒的发生储备粮食，以减少灾荒带来的影响。武威磨嘴子墓中出土了一套西汉末年的彩绘木牛犁木器模型，由一头彩绘耕牛和长直辕犁组合而成，可以推断出西汉末年牛耕挽犁的耕作技术已经在河西地区推行。

推广中原文化、选用贤才、发展农业等，为汉代包括武威在内的河西治理起到重要作用，也为后世经营河西提供了借鉴。另外还有颁布生态诏令，保育生态的智慧。针对不同的社会问题，处理的措施自然不同。灵活变通，因地因时因事调整，妥善处理，维持了当地社会的稳定。汉代对武威及河西地区是在边开发边治理的过程中逐渐发展起来的，现今武威经济的腾飞，也需要在开发治理的过程中总结优势以及不足，顺时调整治理策略，促进经济社会的发展。

总之，自汉朝将河西走廊完全纳入中国中原王朝的疆域版图之内，并在这片土地上设立武威等四个郡，自此河西走廊成为我国领土不可分割的一部分。随着汉朝对河西地区的开发建设，并在武威等地开展贸易，武威成为中原和西域各国政治、经济、文化、物质等互动的重要节点。本书通过梳理相关文献及研究成果，从自然环境、政治、经济、社会、民俗等方面展现汉朝时期武威地区的现状及风貌。

第一章

水文地理

武威地处河西走廊东段，因其特殊的自然环境与地理位置，自古以来就是中原王朝交通西域的咽喉要道，起着屏蔽关陇，护佑京畿的肘腋作用。从其地形看，主要由武威绿洲盆地构成，洪积冲积平原上大部分覆有黄土，适宜耕种。气候方面，武威属于典型的温带大陆性气候，冬季严寒，夏季炎热，但相对而言气温较为暖和。水资源方面，祁连山的冰雪融水汇集形成的石羊河为武威提供了丰富的水流资源，滋润与养育了这片区域上的生命，使之有盎然的生机。自然资源方面，丰富的水资源使得包括乌鞘岭在内的整个祁连山区树密林深、草木繁茂，也给适宜在森林、草原生存的动植物提供了优越的生存环境，动植物种类繁多，畜牧业发达。土地利用方面，汉王朝采取移民屯兵制度，武威绿洲农业得到快速发展。这些优越的自然条件，有利于当时各军堡士兵的生活和屯田，大大促进了武威在内的河西地区经济社会的发展，为维护西北边地的稳定、保障丝绸之路的畅通奠定了坚实的基础。

武威位于甘肃省中部，河西走廊的东端，东临省会兰州，西通金昌，南依祁连山，北接腾格里沙漠。历史上武威曾经是著名的"丝绸之路"的要冲，在中国古代历史上一向起着西北门户的作用。《后汉书·光武帝纪》注释："武威，郡，故城在今凉州姑臧县西北，故凉城是也。"

武威有人类活动的历史很早。早在四五千年前，就有月氏、乌孙等北方民族聚族而居。周为雍州之地，春秋以前为西戎占据，秦为月氏驻牧地。武威郡西汉时始置，隶属凉州刺史部，治所姑臧（今武威市凉州区）。西汉元狩二年（前121年），汉武帝刘彻为显示大汉帝国的武功军威，在原匈奴休屠国领地置武威郡，武威由此得名。后历代王朝都曾把武威设置为西北的文化、军事、政治中心。自此，武威发展与中原王朝的强弱兴衰紧密相连，成为"国家番卫，天下要冲"。

一、气候条件

气候决定了一个地区的山川、土壤、水文、植被等地理要素的状况，进而影响人类活动。了解两汉时期武威的气候变化是探讨该地区经济发展的前提。

传世文献对汉代武威地区的气候状况记载甚少。河西汉简中有一些反映当地气候状况的内容，但比较零散，且河西汉简多出于敦煌和居延，因此这些简文主要是反映敦煌和居延两地情形。但由于河西四郡同属河西走廊地带，其气候特性大体相当，我们可以通过现有资料大致了解当时气候的基本情况。

根据谭其骧先生《中国历史地图集》（第二册）可知，汉代河西地区气候类型以温带大陆性气候为主，典型特征为夏季炎热干燥，冬季寒冷，降水量较少且主要集中在夏季。在这种气候下，干燥多风成为武威气候的主要特点，也成为影响其经济发展的主要障碍，汉简中部分简文可较好地反映河西地区的气候特点。

简（1）：悬泉地势多风，涂立干燥，勿□其湿也。

（《悬泉汉简》Ⅱ DXT0211 ③:26）

简（2）：建昭二年九月庚申朔壬戌，敦煌长史渊以私印行太守事，丞敞敢告都尉卒人，谓南塞三候、县、郡仓，令曰：敦煌、酒泉地执（势）寒不雨，蚤（旱）杀民田，贷种穧麦，皮芒厚，以廪当食者，小石……

（《悬泉汉简》Ⅱ DXT0215 ③:46）

以上所引简文出自悬泉汉简，其中简（1）较为直观地反映出敦煌多风干燥的气候特征，简（2）主要记载了汉元帝时期敦煌长史所发文书，两条简文皆反映出河西地区气候干燥多风的明显特征。据竺可桢先生考察，两汉之际，全国气候大致经历了由温暖转为寒冷的过程。汉武帝时期全国整体气候较为温暖，而东汉时期则进入短暂的寒冷期，但总体来说全国气候处于相对温暖时期。[1] 河西地区自然也与全国气温保持一致，这一特点史料中亦有反映："祁连山在张掖、酒泉二郡界，产松柏五木，美水茂草。山中冬温夏冷，宜牧放，牛羊充肥，乳酪美好。"[2] 因而，我们可以得出结论，两汉时期河西地区的气候以干燥多风为主，但相对而言气温较为暖和。

---

[1] 竺可桢：《中国近五千年来气候变迁的初步研究》，《中国科学》，1973 年第 2 期，第 173 页。

[2] 顾祖禹：《读史方舆纪要》卷 52《陕西一·山川险要》，中华书局 2005 年，第 2472 页。

二、山川河流

从地形看，武威市地处河西走廊东部，南靠祁连山，北依腾格里沙漠，地处黄土高原、青藏高原、蒙古高原三大高原交会地带。是中西交通的咽喉要道，如议郎傅燮言"凉州天下要冲，国家藩卫"。其东部的乌鞘岭成为陇中高原和河西走廊的天然分割。

"地扼东西孔道，势控河西咽喉"的乌鞘岭，古称洪池岭，位于今甘肃省天祝藏族自治县中部，地质上属于祁连山冷龙岭的分支。东西长 17 公里，南北宽 10 公里，主峰海拔 3562 米，年均气温零下 2.2 摄氏度。乌鞘岭的西端经过雷公山（海拔 4326 米）、代乾山同冷龙岭主干山脉相连；东端的毛毛山（海拔 4074 米）、老虎山往东北方向延伸逐渐没入黄土高原，雷公山和毛毛山之间的较低部分即乌鞘岭山口。乌鞘岭北坡陡峻，在 15 公里直线距离内高差竟达 2500 米，南坡相对较为平缓。乌鞘岭不仅地势险要，而且气候多变，清代人有诗"一峰红日一峰雪，半岭黄昏半岭明"为证。

元狩二年（前 121 年），霍去病率万骑进军河西，越过黄河到达乌鞘岭地区。若选择翻越乌鞘岭，因地势险要，不仅易受敌人阻击，而且也不利于大军的兵力展开和给养补充；后大军绕过乌鞘岭北的毛毛山，在山坡北与沙漠接壤处进入河西，亦受到守兵的截击。《史记》卷 111《卫将军骠骑列传》记载："骠骑将军率戎士逾乌盩，讨遬濮，涉狐奴，历五王国。"遬濮部当为匈奴设在乌鞘岭北麓的一支驻防力量。霍去病军之所以取胜在于突袭，匈奴在此战中没有充分发挥出其所拥有的地理优势。

河流方面，河西地区有三条较大的内陆河，即石羊河、黑河以及疏勒河。汉代时，这三条河流水源充沛、水流量大。三条河流，包括一些支流，流至下游后都汇聚成巨大的湖泊。其中流经武威地区的是石羊河水系。

石羊河水系位于走廊东部，是横跨河西走廊平原、北山山地和阿拉善高原的内陆河，由发源于祁连山冷龙岭的众多支流组成。其间，亦分为三个水系，由东向西分别为由大靖河及其支流组成的大靖河水系，由古浪河、黄羊河、杂木河、金塔河、西营河、东大河组成的六河水系，以及由西大河及其支流组成的西大河水系。石羊河水系中的石羊河主要由六河水系组成。这些河流呈倒立扇形向北汇集，至武威城北三岔堡以下始称石羊河，其向北又经红崖山口流入民勤盆地，后没于青土湖或沙漠中。史料中记载的两汉时期属石羊河水系的河流有两条，一是谷水，二是松陕水。

关于谷水，《汉书·地理志》注云："姑藏，南山，谷水所出，北至武威入海，行七百九十里。"[1]有学者认为谷水亦称狐奴水。《史记·卫将军骠骑列传》中载："骠骑将军率戎士逾乌鹫，讨遬濮，涉狐奴，历五王国，辎重人众惧慑者弗取，冀获单于子。"[2]狐奴，《集解》："晋灼曰：'水名也。'"[3]王宗维认为狐奴水就是石羊河，谷水读音应为鹿水，鹿与奴音相同，奴水是狐奴水的简称。[4]

关于石羊河的支流，《水经注》中的记载要相对丰富一些，《水经注》中称石羊河为马城河，其记载如下：

县在姑藏城北三百里，东北即休屠泽也。古文以为猪野也。其水上承姑藏武始泽，泽水二源，东北流为一水。径姑藏县故城西，东北流，水侧有灵渊池。王隐晋书曰：汉末，博士敦煌侯瑾，善内学，语弟子曰：凉州城西泉水当竭，有双阙起其上。至魏嘉平中，武威太守条茂起学舍，筑阙于此泉。太守填水，造起门楼，与学阙相望。泉源徒发，重导于斯，故有灵渊之名也。泽水又东北流径马成东，城即休屠县之故城也，本匈奴休屠王都，谓之马城河。又东北与横水合，水出姑藏城下，武威郡，凉州治。《地理风俗记》曰：汉武帝元朔三年，

① 班固：《汉书》，中华书局1962年，第1612页。
② 司马迁：《史记》，中华书局1959年，第2929页。
③ 司马迁：《史记》，中华书局1959年，第2930页。
④ 王宗维：《汉代丝绸之路的咽喉——河西路》，昆仑出版社2001年，第46—47页。

改雍曰凉州，以其金行，土地寒凉故也。迁于冀，晋徙治此。王隐《晋书》曰：凉州有龙形，故曰卧龙城，南北七里，东西三里，本匈奴所筑也。及张氏之世居也，又增筑四城箱各千步。东城殖园果，命曰讲武场；北城殖园果，命曰玄武圃，皆有宫殿。中城内作四时宫，随节游幸，并旧城为五，街衢相通，二十二门。大缮宫殿观阁，采绮妆饰，拟中夏也。其水侧城北流，注马城河。河水又东北，清涧水入焉，俗亦谓之为五涧水也。水出姑臧城东，而西北流注马城河。河水又与长泉水合，水出姑臧东揩次县，王莽之播德也。西北历黄沙阜，而东北流注马城河。又东北径宣威县故城南，又东北径平泽、晏然二亭东，又东北径武威县故城东。汉武帝太初四年，匈奴浑邪王杀休屠王，以其众置武威县，武威郡治，王莽更名张掖。《地理志》曰：谷水出姑臧南山，北至武威入海。届此水流两分，一水北入休屠泽，俗谓之为西海；一水又东径百五十里，入猪野，世谓之东海。通谓之都野矣。[1]

石羊河水系的主要支流为今古浪河，汉代注为"松峡水"。《汉书·地理志》载："南山，松陕水所出，北至揩次入海。"[2] 揩次在今古浪县一带，松陕水即为在古浪县境内的古浪河。

从史籍记载来看，汉代石羊河水源比较丰富。磨嘴子M22出土铭旌中"渠门里"的里名，不仅代表此处水资源比较丰盈，而且建有一些水利设施。《读史方舆纪要》卷63《陕西十二》"古浪所"条记载："古浪水，在所南，流绕关城，所以此名。志云：所境有暖泉等渠，分引溉田。"

石羊河流域地处西北干旱内陆地区，下游流入民勤盆地后因无法继续外流

---

[1] 郦道元著、陈桥驿校证：《水经注校证》，中华书局2007年，第952—953页。
[2] 班固：《汉书》，中华书局1962年，第1612页。

而潴流成湖，所形成的湖泊便是石羊河的尾闾湖，通谓之"猪野泽"。从《水经注》所载可以看出，两汉时期石羊河在古武威县附近分为两支，一支北流不远后注入休屠泽，也就是当时所称的西海，另一支向东流经 150 里后注入小猪野泽，也即当时所称的东海。据学者考证，距今 2000 年左右，也就是西汉时期，东部湖泊面积约为 230 平方千米。[①] 另外，自秦汉以来一直到 20 世纪 60 年代，河西地区的气候状况几乎没有发生太大变化，可以从 1960 年的监测数据做一参考，大体反映石羊河流域的水流量及含沙量情况。石羊河流域香家湾测试点监测显示，石羊河年平均流量 14.2 平方米每秒，年径流量 4.495 亿立方米，年输沙总量 77 万吨。

三、森林资源

自战国至汉初，包括武威在内的河西地区居住着乌孙、月氏等游牧民族。关于乌孙，《汉书·西域传》记载说其"地莽平。多雨，寒。山多松楠"。[②] 可见汉初的河西地区平原水草丰美，山地森林茂盛。后来匈奴老上单于击走月氏，乌孙随后西迁，匈奴占据了河西地区。《史记·匈奴传》载祁连山上"有松柏五木，美水草，冬温夏凉，宜畜牧"。这里的五木，也叫蜜香、青木香，是一种能散发香味的木材。秦汉以前，祁连山中有森林六百万公顷以上，而沿森林带下移到山前则是灌木丛和连片草场，又说明当时河西地区森林密布，生态环境尚处于原始状态，生态系统比较完善。匈奴占据整个河西走廊以后，匈奴诸王将"各有分地，逐水草移徙"。河西被划为浑邪王和休屠王的领地，《汉书·地理志》记载"自武威以西，本匈奴昆邪王、休屠王地"[③]，从此，匈奴以河西走廊为基地继续从事畜牧业生产。随着实力的不断强大，匈奴还控制了生活在西

---

① 颉耀文、陈发虎：《民勤绿洲的开发与演变》，科学出版社，2008 年，第 106—107 页。

② 班固：《汉书·西域传》，中华书局 1962 年，第 3901 页。

③ 班固：《汉书》，中华书局 1962 年，第 1644 页。

域的二三十个少数民族。武帝以前，虽然汉朝采取和亲政策，但匈奴仍然对汉王朝虎视眈眈，不断南下中原，掠夺马匹、财产甚至人口。但由于当时河西走廊地广人稀，匈奴人的活动对河西走廊的生态环境破坏应该不是很大。

有关汉代武威林木情况，还可以从河西汉墓所出壁画中得到证明。武威磨嘴子汉墓出土的《主婢图木版画》，五坝山汉墓壁画中有《山林狩猎图》。这些木版画、壁画所描绘的内容应该是当时人们生活环境的真实写照，反映了林木存在的客观事实。

地名的来源主要依赖于当地的自然因素和人文因素，因此，与人们的生产生活环境息息相关，并在一定程度上反映人们的生活环境状况。汉代时汉武威郡下有苍松县，治所在古浪县附近。《汉书·地理志》载武威郡下设有苍松县，松峡水从县南山流出①。此处苍松县和松峡水的命名，源于该县南山森林茂盛、松树参天，说明古浪过去曾处于一片林海之中。《古浪县志》记载汉唐时期当地"森林密布，乔灌遍地，水草丰茂，鸟语花香"。

四、动植物分布

两汉时期河西地区除森林以外，还分布有大量的草地和破泽，给适宜在森林、草原生存的动植物提供了优越的生存环境，可以说两汉时期的河西地区是动物的天然乐园。汉简记载显示，河西地区的动物种类繁多，不光有人工饲养的马、牛、羊、驴、鸡、狗、猪、骆驼等，此外还有成批的野马、野驴、野羊、鹿、黄羊、狼、苍鹭等。优越的自然环境产生了发达的畜牧业。《汉书·地理志》云"自武威以西，本匈奴昆邪王、休屠王地……地广民稀，水草宜畜牧，（故）凉州之畜为天下饶"②。《史记·匈奴传》载祁连山上"有松柏五木，美水草，冬温夏凉，宜畜牧"。匈奴人被逐出河西地区后，曾哀叹"亡我祁连

---

① 班固：《汉书》，中华书局1962年，第1612页。
② 班固：《汉书·地理传》，中华书局1962年，第1644—1645页。

山，使我六畜不蕃息"。反映了祁连山和河西地区对匈奴等游牧民族的重要性，更说明了河西地区分布有大片的绿洲草原。匈奴被驱逐出河西地区以后，河西地区的水草依然很丰美。《后汉书·窦融传》记载："及陇、蜀平，诏融与五郡太守奏事京师，官属宾客相随，驾乘千余两，马牛羊被野。"[①]马牛羊的数量不以头来计算，而是以放牧的山谷来衡量，说明当时畜牧业的发达。《十六国春秋》卷95《北凉录二·沮渠茂虔》载：姑臧城（今武威市）东、西门外，"乃无燥地。泽草茂盛，可供大军数年"。所以，自古以来，包括武威在内的河西走廊以出产马牛羊而闻名天下，史称"凉州之畜为天下饶"。

从古代西北地区的经济发展道路看，包括武威在内的河西地区是以牧业为主带动农业发展的牧农结合型经济。因此除了茂密的森林、辽阔的草原带来的发达畜牧业，包括武威在内的河西地区还分布有大量的良田，勤劳的武威人民自古以来就创造了较为先进的农业。汉代河西地区种植的农作物的种类已经非常丰富，这在考古资料和河西汉简中都可以得到证实。武威汉墓中出土各种农作物二十三包，有穈、荞麦、枣、麻籽等，磨嘴子六号东汉墓也出土有枣等农作物。[②]从汉简简文资料而言，当时农作物大多属于麦、米、谷三大类。此外，武威汉墓中还发现黑豆、小豆、黑枣等。至于河西汉简中记载的农作物，品种则更加丰富。

五、土地利用

绿洲是荒漠中水分条件较好、植物生长繁茂的地域。一般以年降雨量低于250毫米的干旱荒漠、半荒漠系统为背景，既是一个地理学概念，也是一个生态学概念。根据其地理位置、灌溉用水的来源可分为内流型绿洲和外流型绿洲

---

① 范晔：《后汉书·窦融传》，中华书局1965年，第807页。
② 甘肃省博物馆：《甘肃武威磨嘴子六号汉墓》，《考古》1960年第5期；《甘肃武威磨嘴子汉墓发掘》，《考古》1960年第9期。

两类。前者分布在山前盆地周边或盆地内，而后者分布在河流两侧。河西走廊绿洲属典型的内流型绿洲。绿洲农业特指在年降雨量低于250毫米的干旱区农业生产，其主要特征是无灌溉便无农业生产。

包括武威在内的河西地区大部分为山前倾斜平原，水源主要是来自祁连山的冰雪融水，其农业属于绿洲农业。土壤以亚砂土、亚黏土为主，有机质含量高、土壤肥沃。本区"美水草，冬温夏凉，宜畜牧"。河西走廊在大汉王朝统治前，一直是西戎和月氏、乌孙、匈奴等民族生活栖息的场所。根据史籍记载，在河西走廊地区活动的主要民族是月氏、乌孙和羌族，对土地资源的利用以牧地为主。秦末汉初，匈奴冒顿单于攻破东胡，打败月氏，占据河西地区。

汉武帝时期，通过三次大规模征伐匈奴的战役，成功收复河西走廊并设置了包括武威郡在内的河西四郡，为汉朝开发河西地区创造了条件。两汉时期主要采用移民屯垦的方式对河西地区进行开发。元鼎六年（前111年），武帝命"上郡、朔方、西河、河西开田官，斥塞卒六十万人戍田之"，这是汉代规模最大的一次屯田活动。广大移民屯兵带去内地先进的畜力、农具和生产技术，促进了河西农业突飞猛进的发展。汉武帝末年任赵过为搜粟都尉，曾在全国范围内推广牛耕，河西屯垦即广泛采用牛力犁耕。包括武威在内的河西屯田地区多分布在水源充足的地方，或河流区域绿洲连片，或地下水丰盈甚而水泉溢出之处，加之日照充足，很适宜耕种，故取得很好的效益，农业得到快速发展。

从武帝开始至东汉前期，屯田一直保持，并且规模也没有太大变化。东汉初年，窦融拥兵自保，使河西免于战乱，保持了本地的稳定，同时还实行招抚政策，从而"安定、北地、上郡流人避凶饥者，归之不绝"[①]，为开发经营河西增加了劳动人手。东汉前期，汉军两次大规模出击北匈奴，河西都是兵力集结和出击的主要地区。东汉中后期，羌人反抗斗争接连不断，并多次"断陇道"，使河西与中原的交通时断时续，武威等河西地区的开发也渐渐搁置荒废。

---

① 范晔：《后汉书》卷二三，中华书局1965年，第797页。

姚东旭[1]根据史料计算，西汉元始二年（2年），武威郡辖人口17581户76419人，人口数居河西四郡第三位；户均4.35人，居首位；开垦田地1060695.72亩，居第三位；户均垦田60.37亩，居首位；人口密度0.9人每平方公里，居第二位。

到东汉永和五年（140年），武威郡辖人口10042户34226人，户均3.41人，垦田总亩数470265.24亩，户均垦田46.85亩，人口密度0.4人每平方公里。

通过对比可以发现，东汉武威郡户口仅占西汉的一半多。从已知材料来看，人均密度甚至不及西汉一半。比较两汉时期人口的发展变化，从中固然有政策的引导性因素影响，但也有生态环境的变化。少数民族的南下等诸多外因的影响，使得西汉在本地开发的大量人口迁徙至内地。

六、自然灾害

自然灾害的发生不可避免，对天灾的应对体现出统治阶层的执政水平。汉代河西地区的自然灾害主要有地震、风灾、蝗灾、旱灾等，另外还有突发的火灾等，对民众的生产生活造成了严重的影响。归汉后，西汉对河西走廊逐渐开发，加之生态环境较为优越，相比于东汉，自然灾害相对较少。东汉时期，随着对河西开发建设，大批移民的定居，人类频繁的活动对自然生态造成了一定的影响，故而自然灾害也逐渐增多。此处传世典籍和出土文献中的史料分析，将汉代武威地区的自然灾害情况加以梳理。

一是地震。两汉时期河西发生了四次地震，破坏性极大，汉安二年至建康元年（143—144）持续两年，河西张掖、武威郡等多次发生地震，山谷分裂，民居建筑等遭受严重破坏，民众死伤众多。造成夷狄叛乱，人们怨声载道的

---

[1] 姚东旭：《秦汉时期土地利用与生态环境研究》，河北师范大学硕士学位论文，2013年。

局面，对人们的生活造成了极其严重的损失。《后汉书·顺帝纪》记载："陇西、汉阳、张掖、北地、武威、武都，自去年九月已来，地百八十震，山谷坼裂，坏败城寺，杀害民庶。夷狄叛逆，赋役重数，内外怨旷，惟咎叹息。"随后汉政府"其遣光禄大夫案行，宣畅恩泽，惠此下民，勿为烦扰"。《后汉书·桓帝纪》记载汉桓帝延熹四年（161 年）"六月，京兆、扶风及凉州地震"。

二是风灾。包括武威在内的河西处于东南季风区、青藏高原区、内蒙古高原的交会处，加之气候干燥，土质疏松，尤其春季大风频繁。从风灾的内容看，与现今沙尘暴的描述一致，连续刮风，风重携带大量尘沙，遮天蔽日。如《汉书·五行志》记载汉成帝建始元年（前 32 年），"四月辛丑夜，西北有如火光。壬寅晨，大风从西北起，云气赤黄，四塞天下，终日夜下著地者黄土尘也"。农历三四月的春季正是播种农耕的适宜时节，这样的大风天气不利于民众农耕，也对出行造成了一定的阻碍。汉简中记载使者出行，遭遇大风天气，随行之马受惊致死，造成一定的财产损失。风灾对武威地区的农耕生产及财产造成了损失。尤其大风容易引发火灾，助燃火势，对人民生活威胁较大。

三是旱灾。武威等河西地区气候干燥少雨，春季多风，夏季炎热降雨量少。《后汉书·鲁恭传》记载，汉和帝永元元年（89 年），"三辅、并、凉少雨，麦根枯焦，牛死日甚，此其不合天心之效也"。旱灾对农业造成颠覆性的影响，直接导致民众颗粒无收，甚至民众饲养的牲畜也因为旱灾意外死去。干旱少雨的气候，使得农田干渴而荒芜，造成饥荒。

四是蝗灾。蝗灾与旱灾有一定的关联。酒泉、武威等郡皆发生蝗灾，体现了蝗灾的扩散性。往往一个地区发生蝗灾，相邻几个区域都会受到冲击。蝗灾的发生对农业造成破坏性损失。尤其干燥少雨的气候，更加容易受到影响。《后汉书·五行志》记载，汉光武帝建武二十九年（53 年），"四月，武威、酒泉、清河、京兆、魏郡、弘农蝗"。

五是水灾。风雨不调，河西走廊原本干旱，但雨水太多也会对农业造成影响，导致大规模饥荒的发生，以至于出现人吃人现象，灾荒造成了极为严重的影响。大如斗的雨雹，容易砸伤农田、房屋，甚至民众自身也会受到威胁。《后汉书·孝安帝纪》记载，汉安帝永初三年（109 年），"是岁，京师及郡国四十一雨水雹，并凉二州大饥"。可见当时灾害的严重程度。

此外，气候干燥，"地热多沙冬大寒"的特殊气候，很容易引发火灾，火灾发生后这种干燥天气会加剧灾害的破坏程度，也对人们的生产生活造成了影响。不少简文中记载有失火状况，戍卒在烽燧中执行戍守工作，会收集干的蓬草，以备取暖或者其他防风沙作用，这些都是火灾发生的隐患。

第二章

汉代武威郡的行政建制沿革、交通线路及防御建设

汉代的武威奠定了此后两千多年武威历史发展的主基调和文化演进的主脉络。作为大一统王朝的两汉王朝，对西北边疆的经营和治理十分重视。汉王朝在武威地区设郡立县、修建防御工事和维护交通线路，为武威地区的经济和社会发展奠定了基础。

第一节　月氏、乌孙和匈奴在武威地区的活动

武威地区，地处东西交通大道，青藏高原和蒙古高原的交会处，自古以来就是一个多民族、多部族生活的地区。

一、月氏、乌孙在武威地区的活动

月氏之名，开始在秦汉之际，又称"月支"。《史记·大宛列传》记载："始月氏居敦煌、祁连间，及为匈奴所败，乃远去。"① 根据潘策的观点②，月氏在河西地区的活动，显然在敦煌以东，直至乌鞘岭的广大地区。《旧唐书》也曾记载："姑臧，汉县，属武威郡。所理，秦月氏戎所处。"③《汉书·西域传》记载："大月氏本行国也，随畜移徙，与匈奴同俗。"④ 说明月氏过着逐水草而居的游牧生活。

秦汉之际，月氏处于强盛时期。《史记·大宛列传》"控弦者可一二十万，故时强，轻匈奴"，《汉书·匈奴传》"东胡强而月氏盛"。这个时候的月氏可以说是在河西走廊一个非常强大的游牧政权。月氏不仅和匈奴相抗衡，还打击和他同处于河西的乌孙。《汉书·张骞李广利传》记载："臣（张骞）居匈奴中，闻乌孙王号昆莫。昆莫父难兜靡本与大月氏俱在祁连、敦煌间，小国也。大月氏

---

① 司马迁:《史记》卷一百二十三，中华书局 1959 年，第 3162 页。
② 潘策:《秦汉时期的月氏、乌孙和匈奴及河西四郡的设置》,《甘肃师大学报》(哲学社会科学版)，1981 年第 3 期。
③ 刘昫:《旧唐书》卷四十，中华书局 1975 年，第 1640 页。
④ 班固:《汉书》卷九十六上，中华书局 1962 年，第 3890 页。

攻杀难兜靡，夺其地，人民亡走匈奴。"① 从这段记载来看，乌孙和月氏一样，也是生活在河西走廊的古老民族。

关于月氏和乌孙的来源，有两种观点：一种认为月氏和乌孙都是河西走廊土生土长的古老民族，一种认为月氏和乌孙的故地都不在河西，是由外地迁过来的。目前，学术界比较赞同第二种观点。一般认为，民勤、永昌、金昌等地的沙井文化遗址就与月氏和乌孙有关②。

沙井文化是中国青铜时代末期的一种文化，因最初发现于甘肃省民勤县沙井而得名。1923—1924 年，瑞典考古学家安特生及其助手在考察镇番县（今民勤县）柳湖墩遗址、沙井东墓地、沙井子墓地、沙井东墓地时③，发现了大量的陶器、青铜器、石器、珠子、子安贝壳、金器等，这是沙井文化最早的考古调查。此后的近百年时间，沙井文化遗址陆续在河西走廊被发现。经过相关研究，沙井文化的中心区域在今武威、金昌一带，向东南延伸可达永登、兰州附近，向西拓展到了张掖。根据碳 -14 法测定，沙井文化的绝对年代为公元前 1000 ~ 前 645 年④，时代大致相当于中原地区的西周时期和春秋早期。

从整体特征来看，沙井文化与内蒙古鄂尔多斯高原的青铜文化存在联系，反映出月氏、乌孙的社会已经有了一定程度的发展，经济形态以畜牧业为主，兼有部分农耕经济。到了沙井文化晚期还出现了铁器，有锸、铲、刀和剑等⑤。

月氏人独占河西没过多久，就被长期居住在漠北地区的匈奴人打败，而被

① 班固：《汉书》卷六十一，中华书局 1962 年，第 2691-2692 页。
② 杨富学：《河西考古学文化与月氏乌孙之关系》，《丝绸之路研究集刊》第一辑，2017 年。
③ （瑞典）安特生著、李勇杰译、陈星灿校：《沙井遗址》，《南方文物》2016 年第 4 期。
④ 甘肃省文物考古研究所、北京大学考古文博学院编著：《河西走廊史前考古调查报告》，文物出版社 2011 年，第 426 页。
⑤ 甘肃省文物考古研究所、北京大学考古文博学院编著：《河西走廊史前考古调查报告》，文物出版社 2011 年，第 425 页。

迫退出了河西，匈奴人成了河西走廊的新主人。

二、匈奴在武威地区的活动

匈奴是我国北方的一个古老游牧民族。《汉书·匈奴传》记载："匈奴，其先夏后氏之苗裔，曰淳维。"[①] 到了战国后期，匈奴逐渐成为我国北方一个强大的游牧民族。《汉书·匈奴传》记载，"（匈奴）逐水草迁徙，无城郭常居耕田之业，然亦各有分地。无文书，以言语为约束"[②]，"其俗，宽则随畜田猎禽兽为生业，急则人习战攻以侵伐，其天性也"[③]。大约在公元前176年，匈奴人驱逐了月氏，并占据了河西走廊。到元狩二年（前121年），霍去病出征河西，击败匈奴的休屠王和浑邪王，占领河西走廊。匈奴统治河西走廊长达56年左右。

匈奴占领河西走廊后，按照匈奴管辖区域的规定，河西走廊应该属于右贤王的统治地区，其下又设有浑邪王和休屠王。《汉书·地理志》记载："自武威以西，本匈奴昆（浑）邪王、休屠王地，武帝时攘之。"[④] 具体统治今武威地区的，主要是匈奴休屠部和稽沮（揥次）部。

1. 休屠部

汉代的武威郡，本来是匈奴休屠王的辖区。《汉书·地理志》记载，"武威郡，故匈奴休屠王地"[⑤]，"休屠泽在东北，古文以为猪野泽"[⑥]。猪野泽改名为休屠泽，应该是在匈奴休屠部占领以后。今天石羊河流域的大部分地区在这个时候应该属于休屠部的势力范围。王宗维认为，汉初休屠部落的总人数在数万[⑦]。元狩二年（前121年），霍去病击破匈奴休屠王城，得到了匈奴人的"祭

---

① 班固：《汉书》卷九十四上，中华书局1962年，第3743页。
② 班固：《汉书》卷九十四上，中华书局1962年，第3743页。
③ 班固：《汉书》卷九十四上，中华书局1962年，第3743页。
④ 班固：《汉书》卷二十八下，中华书局1962年，第1644页。
⑤ 班固：《汉书》卷二十八下，中华书局1962年，第1612页。
⑥ 班固：《汉书》卷二十八下，中华书局1962年，第1612页。
⑦ 王宗维：《汉代丝绸之路的咽喉——河西路》，昆仑出版社2001年，第166页。

天金人"。

2. 稽沮（揩次）部

《汉书·卫青霍去病传》记载："鹰击司马破奴再从票骑将军斩遫濮王，捕稽且（沮）王。"[1] 根据王宗维的观点，稽沮部实际上就是揩次，汉代揩次县就是匈奴稽且（沮）王部活动地区[2]。

匈奴控制了河西走廊后，畜牧业、手工业和商业就成了这里的重要经济活动。

（1）畜牧业

汉代时期，武威地区水草丰美，物产丰富，适宜于畜牧业，是一个天然的优良牧场。月氏、乌孙和匈奴曾先后在这里放牧。《汉书·赵充国辛庆忌传》记载："又武威县、张掖日勒皆当北塞，有通谷水草。[3]"武威县治位于今民勤县连城遗址，这里地处石羊河干流河谷，汉代时候水资源丰富，草地茂盛。

（2）手工业

秦汉时期，匈奴的手工业如冶铁、铸铜、制陶、皮革、毛织、木器制造等，都已经相当发达[4]。《汉书·匈奴传》记载："自君主以下咸食畜肉，衣其皮革，被旃裘。"[5] 这既表明了匈奴人的饮食和服饰，也体现了匈奴皮革加工业的发达。武威张义镇出土的大型青铜镶[6]，则反映了匈奴高超的青铜铸造工艺。

（3）商业

匈奴是一个以畜牧业经济为主的游牧民族，为了满足其生产生活的需要，匈奴人会把自己的牲畜和皮革作为商品，同汉族和周边其他民族进行贸易、互

---

① 班固：《汉书》卷五十五，中华书局 1962 年，第 2481 页。

② 王宗维：《汉代丝绸之路的咽喉——河西路》，昆仑出版社 2001 年，第 164 页。

③ 班固：《汉书》卷六十九，中华书局 1962 年，第 2978 页。

④ 白凤歧：《关于匈奴人在河西走廊地区活动的几个问题》，《甘肃社会科学》1983 年第 2 期。

⑤ 班固：《汉书》卷九十四上，中华书局 1962 年，第 3743 页。

⑥ 王奎：《武威出土的大型青铜镶》，《陇右文博》2006 年第 2 期。

通有无。

匈奴人和中原王朝的贸易，称为"关市"贸易，在文献典籍中时有记载。《汉书·匈奴传》记载："自是后，景帝复与匈奴和亲，通关市，给遗单于，遣翁主如故约……武帝即位，明和亲约束，厚遇关市，饶给之"[①]。《后汉书·南匈奴列传》："元和元年，武威太守孟云上言北单于复愿与吏人合市，诏书听云遣驿使迎呼慰纳之。"[②]

匈奴人虽然占据河西走廊的时间很短，但对武威郡在内的河西地区却影响深远。他们虽然在霍去病出兵河西走廊后就退出了这里，却经常南下进行骚扰，迫使汉王朝不得不在这里移民、设立郡县、屯田驻兵，并修建了漫长的河西汉塞，促使武威在内的河西走廊逐渐得到经营和开发。

除了月氏、乌孙和匈奴，汉初及之前，武威地区还生活着氐、羌等其他游牧民族。《汉书·匈奴传》记载："右王将居西方，直上郡以西，接氐、羌。"[③]2017 年古浪县大靖镇昭子山发现有新石器时代至元明时期的岩画[④]，其中有羊、犬、鸟、蛇形，羊形图案是羌族的图腾。这说明秦汉时期甚至更早，羌族可能就已经在武威地区生活了。

---

① 班固：《汉书》卷九十四上，中华书局 1962 年，第 3765 页。
② 范晔：《后汉书》卷八十九，中华书局 1965 年，第 2950 页。
③ 班固：《汉书》卷九十四上，中华书局 1962 年，第 3751 页。
④ 王其英、杨文科：《古浪县大靖镇昭子山岩画考察记》，收入武威市文物考古研究所编《武威考古研究文集》，读者出版社 2023 年，第 113—118 页。

第二节　西汉时期的武威郡

汉朝取得河西以后，初步实现了"以通西域，隔绝南羌、匈奴"[①]的战略目标。为了加强对这些生活在河西走廊的民众的管理，保障陇右、关中地区的安全，巩固新开辟的丝绸之路和与西域各国的沟通，汉王朝先后设置了武威、张掖、酒泉、敦煌等四郡，史称"河西四郡"。河西四郡的设置在汉王朝乃至今后两千多年的历史中是一个重要的事件，河西走廊的历史从此翻开了新的一页。范晔在《后汉书》中就河西四郡的设置道："遂开河西四郡，以隔绝南羌，收三十六国，断匈奴右臂。"[②]

一、武威郡设置年代的争议

武威郡的设置年代，历来众说纷纭，至今尚无定论。《史记》中未曾有"武威"地名出现。《汉书》《后汉书》中对武威郡的设置时间记载相互矛盾：

《汉书·武帝纪》："（元狩二年）秋，匈奴昆邪王杀休屠王，并将其众合四万余人来降，置五属国以处之。以其地为武威、酒泉郡。"[③]

《汉书·武帝纪》："乃分武威、酒泉地置张掖、敦煌郡，徙民以实之。"[④]

《汉书·地理志》："武威郡，故匈奴休屠王地。武帝太初四年

---

① 班固：《汉书》卷二十八，中华书局 1962 年，第 1644—1645 页。
② 范晔：《后汉书》卷八十八，中华书局 1965 年，第 2912 页。
③ 班固：《汉书》卷六，中华书局 1962 年，第 176—177 页。
④ 班固：《汉书》卷六，中华书局 1962 年，第 189 页。

开。"①

《后汉书·郡国志》："武威郡，故匈奴休屠王地，武帝置。"②

由于《汉书》《后汉书》中对武威郡设置时间存在矛盾，致使两千多年来考据甚多，到现在还没有定论。下面参考汪受宽《甘肃通史·秦汉卷》③和贾文丽《汉代河西经略史》④中归纳的历代史籍中的记载和专家学者的研究成果，列表如下：

武威郡设置时间表

出处	时间
汉书·武帝纪	元狩二年（前 121 年）
汉书·地理志	太初四年（前 101 年）
汉书·赵充国传	神爵元年（前 61 年）已有
汉书·霍光传	地节三年（前 67 年）已有
汉书·西域传序	武帝时
后汉书·西羌传	武帝时
资治通鉴	元鼎二年（前 115 年）后
资治通鉴考异	元狩二年（前 121 年）
通鉴胡三省注	太初四年（前 101 年）
元和郡县图志	元狩二年（前 121 年）
劳榦《居延汉简考释》	元凤三年（前 78 年）至地节三年（前 67 年）、或本始二年（前 72 年）
陈梦家《汉简缀述》	地节三年（前 67 年）至元康四年（前 62 年）
张春树《河西四郡建制年代考》	本始二年（前 72 年）左右

---

① 班固：《汉书》卷二十八下，中华书局 1962 年，第 1612 页。
② 司马彪：《后汉书》志第二十三，中华书局 1965 年，第 3520 页。
③ 汪受宽：《甘肃通史·秦汉卷》，甘肃人民出版社 2009 年，第 174—176 页。
④ 贾文丽：《汉代河西经略史》，中国社会科学出版社 2017 年，第 110—112 页。

出处	时间
齐陈骏《敦煌沿革与人口》	元狩二年（前 121 年）
周振鹤《西汉河西四郡设置年代考》	地节三年（前 67 年）
刘光华《敦煌郡建于汉武帝后元元年辨》	元凤元年（前 80 年）十月至地节三年（前 67 年）五月
王宗维《汉代河西四郡始设年代问题》	宣帝地节元年（前 69 年）、二年（前 68 年）
李并成《河西走廊历史地理》	太初四年（前 101 年）
郝树声《汉代河西四郡设置年代考辨》	本始二年（前 72 年）或地节三年（前 67 年）

以上列举的只是一些有代表性的观点，并非全部，由此可见争议之大。笔者在此并不具体分析武威郡的设置时间，只是把以上观点列出，方便读者了解。

二、西汉武威郡及其建制

汉代武威郡的管辖范围大概在今黄河以西、今武威市大部分地区以及大东河、大西河流域地区，郡面积大概 83250 平方公里，约占西汉凉州总面积的 12.2%[①]。根据《汉书·地理志》的记载，西汉武威郡户一万七千五百八十一，人口七万六千四百一十九。所辖县十：分别是姑臧、张掖、武威、休屠、揟次、鸾鸟、扑（或"朴"）㵎、媪围、苍松和宣威[②]。武威郡所属县名，有汉语名，如武威、苍松、宣威等，也有来自匈奴语的县名，如姑臧、休屠、揟次等，反映出匈奴、汉朝在这里交替统治的历史特点。其中，除了媪围县县治在今白银市景泰县境内，其他 9 县县治都在今武威市境内。

（1）姑臧县

武威郡的郡治中心姑臧，自汉代以来，一直是汉晋武威郡和唐代凉州的政

① 刘仲辉：《两汉凉州建置沿革及人口状况研究》，郑州大学硕士学位论文，2007 年，第 26 页。

② 班固：《汉书》卷二十八下，中华书局 1962 年，第 1612 页。

治中心，一度还曾经是河西道的治所。究其原因，主要有以下三个方面：

首先，姑臧位于谷水（今石羊河）流域的中上游地区，水资源较为丰富，中部平原绿洲区地势平坦，土地肥沃，适合发展农业和畜牧业。对于发展成河西走廊较大城市，有着便利的自然条件。

其次，姑臧城位于河西走廊东端，南接诸羌，北靠匈奴，匈奴休屠部就在其北。以姑臧城为郡治，向南可以控制诸羌，向北可以防御匈奴，武威郡便可以南北兼顾。从东西来看，姑臧向东是金城郡，向西是张掖郡，中间交通便捷。

最后，姑臧城有着设郡治的良好条件。据《晋书·张轨传》记载："其城（姑臧城）本匈奴所筑也，南北七里，东西三里，地有龙形，故名卧龙城。"①《元和郡县图志》记载："姑臧县，本汉旧县，属武威郡，因姑臧山为名；亦言故匈奴盖臧城，后人音讹为'盖臧焉'。"②《读史方舆纪要》记载："姑臧城，秦月氏戎所居。匈奴谓之盖臧城，语讹为姑臧也。"③根据以上史料可以看出，姑臧城原名盖臧城，姑臧城先后被月氏和匈奴所据，匈奴人还在此筑城。也就是说，在姑臧建城设郡，还有着现成的良好基础。

关于汉代姑臧城的地理位置，学界主要有三种观点：

其一，在今武威城东北二里。王乃昂、蔡为民《凉都姑臧城址及茂区变适初探》④一文，结合文献资料和考古发现，认为姑臧城最早建在今武威城东北，即城内东关、城郊新鲜村及郭家寨子一带。

其二，在今武威城西北。李并成在《河西走廊历史地理》一书⑤中指出，西汉姑臧故城就是今武威市西北两千米的金羊镇赵家磨村南锁阳城，又叫三

---

① 房玄龄等：《晋书》卷八十六，中华书局 1974 年，第 2222 页。

② 李吉甫：《元和郡县图志》，中华书局 1983 年，第 1019 页。

③ 顾祖禹：《读史方舆纪要》，中华书局 2005 年，第 2991 页。

④ 王乃昂、蔡为民：《凉都姑臧城址及茂区变适初探》，《西北史地》1997 年第 4 期。

⑤ 李并成：《河西走廊历史地理》，甘肃人民出版社 1995 年，第 35—38 页。

摞城。

其三，在今武威市城区范围之内。梁新民《姑臧故城地理位置初探》[①]一文认为，东汉武威郡的官署遗址、前凉张氏"大城姑臧"的重要遗址和后凉鸠摩罗什寺都在武威城内。

以上三家观点，目前仍有较大争议。笔者根据传统生活习惯及殡葬习俗做一分析，以供读者参考。

一般来说，墓葬是不可能修在城区内的。武威市城区发现的汉晋时期墓葬，如文化巷汉墓、南大街汉墓、建国街东汉墓等汉代墓集中在今天的武威城南。九条岭魏晋墓、西关魏晋墓、交警支队综合楼魏晋墓、装潢公司综合楼魏晋墓、农机公司魏晋墓等魏晋墓主要集中在今天的武威城西，说明在魏晋时期，姑臧城有向西扩展的趋势。从雷台墓来看，姑臧城似乎也不在今天的新鲜村。由此说明，汉晋时期的姑臧城大概率位于今武威城东区。这个可以和敦煌悬泉里程简确定的位置一致，大致就在今天的鸠摩罗什寺以东、大云寺以西、东大街以北地区。

在汉代，姑臧城的规模并不是很大。汉制，县万人以上设有县令，万人以下设有县长。《后汉书·孔奋传》记载："建武五年，河西大将军窦融请奋署议曹掾，守姑臧长。"[②]说明在东汉初期，姑臧县还是万人以下的小县。

（2）张掖县

针对张掖县治的地理位置，历来也有三种说法：

其一，在今武威市凉州区谢河镇武家寨子一带。郝树声《在敦煌悬泉里程简地理考述》[③]一文中说，根据悬泉里程简，"揟次距小张掖六十里（25公里）""小张掖去姑臧六十七里（28公里）"，而且这里地处黄羊河东岸，地势辽

---

① 梁新民：《姑臧故城地理位置初探》，《敦煌学辑刊》1987年第1期。
② 范晔：《后汉书》卷三十一，中华书局1965年，第1098页。
③ 郝树声：《在敦煌悬泉里程简地理考述》，《敦煌研究》2000年第3期。

阔，符合设县条件。

其二，位于今凉州区金河镇王景寨村。李并成在《河西走廊历史地理》[1]中考证，王景寨村有座长宽各约 300 米的古城址，周围散落着汉代灰陶片、残瓦片和碎砖块，此城应该是汉代遗址。又根据五坝山汉墓出土 3 号木牍中"张掖西乡定武里田升宁"的记载，五坝山汉墓群应该是汉代张掖县西乡所在，恰恰在王景寨古城正西 17 公里。

其三，位于今天的张义堡一带。这种说法不符合敦煌里程简的记述。

1990 年 3 月，武威市文物考古研究所在王景寨地区发现了三座砖室墓。墓葬时代为王莽时期至东汉中晚期。从这方面结合王景寨的城址，张掖县治似乎应该是在今天的王景寨地区。但从敦煌里程简来看，武家寨子在距离上更符合。

（3）武威县

对武威县治的位置，《水经注》明确说明"都野泽在武威县东北，县在姑臧城北三百里，东北即休屠泽也。古文以为猪野也"[2]。汉晋时期，一里相当于现在的 415 米左右，三百里就是现在的 120—130 公里。从这个距离来看，李并成认为就是现在民勤县的连城遗址[3]。连城遗址距离武威城有 127 公里，其城垣已经残破，南北长 420 米，东西宽 370 米，位置刚好位于古都野泽西南，而且这里曾发现有汉代五铢钱。

（4）休屠县

《水经注》记载："泽水又东北流径马城东，城即休屠县之故城也。本匈奴休屠王都，谓之马城河。又东北与横水合，水出姑臧城下，武威郡，凉州治。"[4] 从文中可以看出，休屠城位于姑臧城东北、石羊河西岸、横水南边。

---

① 李并成：《河西走廊历史地理》，甘肃人民出版社 1995 年，第 38—40 页。
② 郦道元注、陈桥驿校证：《水经注校证》卷四十，中华书局 2007 年，第 952 页。
③ 李并成：《河西走廊历史地理》，甘肃人民出版社 1995 年，第 41 页。
④ 郦道元注、陈桥驿校证：《水经注校证》卷四十，中华书局 2007 年，第 953 页。

《元和郡县图志》记载："休屠城，在（姑臧）县北六十里。汉休屠县也。"[1]

李并成在《河西走廊历史地理》[2]中考证，唐代一里相当于现在的540米，现在武威市城北32公里处的四坝镇三岔村恰有一座古城遗址。城址南北400米、东西200米，城四周曾发现有匈奴瓦当和汉代陶片。离遗址十数里还有大量的古墓群。这里应该就是汉代休屠县治的遗址，也即匈奴休屠王城所在地。

（5）揟次县

《水经注》记载："河水又与长泉水合，水出姑臧东揟次县，王莽之播德也。"[3]《汉书·地理志》记载："媪围，苍松，南山，松陕水所出，北至揟次入海。"[4]松陕水即是古浪河。居延里程简记载"觻里至揟次九十里，揟次至小张掖六十里"，我们可以据此推测，揟次县治在今武威市东。历史上古浪河曾流经此地，而且还是位于金城郡到武威郡的要道上。李并成认为，揟次县在今古浪县土门镇西3公里的地方[5]。土门镇地处古浪河下游绿洲，土地平坦、广阔，并且地理位置优越，镇西3公里的王家小庄曾出土有汉代的陶片等，附近还有落落墩汉墓群。

（6）鸾鸟县

对于鸾鸟县治的地理位置，历来争议很大，学界主要有以下三种说法：

其一，位于永昌县水源镇。李并成在《河西走廊历史地理》[6]中认为，永昌县水源镇沙城子古城遗址应该是汉代鸾鸟城。城南北288米，东西300米，周围散落汉代陶片。附近有乱墩子汉墓群和洪祥滩汉墓群。

其二，武威以南说。《后汉书·段颎传》记载，"颎复追击于鸾鸟，大破

---

① 李吉甫：《元和郡县图志》卷第四十，中华书局1983年，第1019页。

② 李并成：《河西走廊历史地理》，甘肃人民出版社1995年，第19—20页。

③ 郦道元注、陈桥驿校证：《水经注校证》卷四十，中华书局2007年，第953页。

④ 班固：《汉书》卷二十八下，中华书局1962年，第1612页。

⑤ 李并成：《河西走廊历史地理》，甘肃人民出版社1995年，第42—44页。

⑥ 李并成：《河西走廊历史地理》，甘肃人民出版社1995年，第44—46页。

之"，李贤注说"鸾音爵，县名，属武威郡，故城在今凉州昌松县北也"[①]。根据这一点，郝树声在《敦煌悬泉里程简地理考述》[②] 一文中认为，根据里程简"苍松去鸾鸟六十五里（27 公里）""鸾鸟去小张掖六十里（25 公里）""小张掖去姑臧六十七里（28 公里）"的记载，古浪县北的小桥堡一带是鸾鸟县的位置。此后，李并成在《汉代河西走廊东段交通路线考》[③] 一文中认为，在古浪县小桥村附近有一处叫一堵城的地方，原有古城城墙，附近散落汉代五铢钱和汉简数枚。此地应该是汉代鸾鸟县故城。笔者比较认同这一观点。

其三，凉州区新华镇缠山村附近。虽然该地有著名的磨嘴子汉墓群，但从里程简来看，这种说法是不成立的。"苍松去鸾鸟六十五里（27 公里）"，苍松县的地理位置是比较确定的（后面有专门论述），缠山村距离苍松县在 50 公里以上，不符合里程简 27 公里的记载。

（7）扑𢎥县

对于扑𢎥县治的地理位置，主要有两种说法：

其一，位于古浪县民权镇大景河东岸马家楼村南，当地人称"三角城"。西北大学的李健超在周俭主编的《丝绸之路交通线路（中国段）历史地理研究》[④] 一书中持此观点。扑𢎥城遗址位于河谷三级台地上，随着地形略呈平行四边形，西面濒临河谷，南、北为冲沟。西墙、东墙长 120 米，北墙长 65 米，南墙长 90 米。城东南隅的高台上，有一座烽燧。城内附近有灰陶片和碎砖块出土。

其二，位于大靖镇北 1 公里处的古城头。李并成在《河西走廊历史地理》[⑤]

① 范晔：《后汉书》卷六十五，中华书局 1965 年，第 2148 页。
② 郝树声：《在敦煌悬泉里程简地理考述》，《敦煌研究》2000 年第 3 期。
③ 李并成：《汉代河西走廊东段交通路线考》，《敦煌学辑刊》2011 年第 1 期。
④ 周俭主编：《丝绸之路交通线路（中国段）历史地理研究》，江苏人民出版社 2012 年，第 139 页。
⑤ 李并成：《河西走廊历史地理》，甘肃人民出版社 1995 年，第 46—48 页。

一文中认为，遗址北垣残长 330 米，城内捡到汉唐时期的灰陶片等。而且扑擐县自然环境优越，城东有大靖河流过，土地肥沃；地理位置便利，向东可以到媪围县，向西可以到揖次、姑臧，连通走廊大道。"䍐里"应该是扑擐县的一个里，位于古城头内。古浪县民权镇大景河东岸马家楼村南的"三角城"应该是汉代的一座军防城堡。

从城址规模和地理位置来看，扑擐县应该位于大靖镇北的古城头，按照里程简"䍐里至揖次九十里（38 公里）"的记述，䍐里位于扑擐县也是符合实际的。

（8）媪围县

媪围县治的位置，学界认识基本一致，在今景泰县城东芦阳镇东吊沟村。李并成在《河西走廊历史地理》[①]一文中记述媪围城遗址，古城遗址分山城、川城两部分，山城高出河床 80 米左右，墙垣西垣比较完整，长 235 米，北垣、东垣破坏严重。川城已经荡然无存。遗址周围散落灰陶片、汉代五铢钱，附近分布多座汉墓群。

媪围城位于交通孔道地理区位，大流沙流域又是一处宽阔广袤的农业区，城址又据险而筑，是汉代当地军事、政治和经济的中心。

（9）苍松县

苍松县的地理位置，也主要有三种观点：

其一，在今天祝县的安远镇一带。郝树声在《敦煌悬泉里程简地理考述》[②]中认为，鸾鸟县地理位置在古浪以北小桥堡一带，那么"苍松去鸾鸟六十五里（27 公里）"，则苍松县应该在天祝县安远镇一带。

其二，在今古浪县小桥堡村一带。李并成在《河西走廊历史地理》[③]一文中

---

① 李并成：《河西走廊历史地理》，甘肃人民出版社 1995 年，第 48—50 页。
② 郝树声：《在敦煌悬泉里程简地理考述》，《敦煌研究》2000 年第 3 期。
③ 李并成：《河西走廊历史地理》，甘肃人民出版社 1995 年，第 50—51 页。

持此观点，不过后来放弃。

其三，在今古浪县黑松驿镇龙沟村。李并成在《汉代河西走廊东段交通路线考》①一文中认为，古浪县龙沟乡原乡政府驻地，河谷西侧的台地上存有一座古城遗址，名叫黑松驿城。地表显示的遗迹，全城南北长约 500 米、东西宽约 350 米。附近曾出土汉代陶罐、小铜镜等，该城山坡上有大量的汉墓群。城正门上曾经镶嵌一牌匾"凉庄保障"，是清代驿站之物，体现出这一地区在明清时期依然是重要的交通线。汉代苍松城应该就是今天的黑松驿古城。

郝先生和李先生虽然对苍松县治的具体位置看法不同，但是二位先生对苍松县治的地理位置判断是有一定的一致性，即苍松县治应该在今天 312 国道天祝县到古浪县的这一段路线上。

（10）宣威县

对宣威县的地理位置，学界一般以李并成《河西走廊历史地理》②的观点为准。《水经注》记载："（马城河）又东北径宣威县故城南……又东北径武威县故城东。"③那么宣威县位于武威县西南。今民勤县大坝镇有一座汉唐时期古城，名叫文一古城，南北 250 米、东西 280 米。东北角的半截墩和东南角的西丫叉墩仍挺拔突兀，是典型的汉唐时期烽燧。城四周散落着灰陶片、碎砖块、着釉陶片等。

西汉武威郡属县列表④如下：

---

① 李并成：《汉代河西走廊东段交通路线考》，《敦煌学辑刊》2011 年第 1 期。
② 李并成：《河西走廊历史地理》，甘肃人民出版社 1995 年，第 51—52 页。
③ 郦道元注、陈桥驿校证：《水经注校证》卷四十，中华书局 2007 年，第 953 页。
④ 因为学界对武威郡设立时间存在争议，故不列出西汉时期武威郡所属各县时间。

西汉武威郡属县表

县名	王莽时改称	县治今天所在地
姑臧		武威市市区
张掖		凉州区谢河镇武家寨子
武威		民勤县泉山镇连城遗址
休屠	晏然	凉州区四坝镇三岔古城
揟次	播德	古浪县土门镇西
鸾鸟		古浪县北小桥堡
扑擐	敷虏	古浪县大靖镇北
媪围		景泰县城东芦阳镇东吊沟村
苍松	射楚	古浪县黑松驿镇
宣威		民勤县大坝镇文一古城

三、汉代武威郡及所属县布局的规律及其历史意义

汉代时期，武威郡诸县城址的选址主要取决于自然条件和军事需要。所属各县县城基本沿石羊河及其支流而建，均在水资源丰富、地势平坦广阔、土地肥沃的地区，便于发展农业生产。从地理走向看，武威郡所属县城分布大致有东西、南北两个走向。

东西走向的县城，位于走廊平原中部，并多沿山前洪积冲积扇前缘泉水出露带排列①，有姑臧、张掖、揟次、鸾鸟、扑擐和苍松。南北走向的县城，沿着石羊河岸南北方向设置，有休屠、宣威和武威。东西、南北走向的城市以郡治姑臧为中心交会，呈"⊥"字形排列。东西向的县城不但是一条丝绸之路军事、经济交通大动脉，还是一道屏障，起着隔绝南北的作用；南北向的三个县城，基本位于今天石羊河下游地区，河西走廊的北端，起着防御匈奴等北方游

---

① 李并成：《河西走廊历史地理》，甘肃人民出版社 1995 年，第 148 页。

牧民族的重要作用，其军事重要性非本郡其他县能比，这个从汉代武威郡军屯区的分布也能看出。

武威郡汉代县城城廓平面多为方形或者长方形，每边长度多为 200—300 米，周长一般 1000—1400 米左右，比如休屠县城 1200 米，宣威县城 1060 米，扑擐县城 1350 米。且汉代县城遗址周围往往分布有新石器遗址，如姑臧、武威、媼围、宣威等。原因大概是新石器时代武威地区先民生活地点选址，基本考虑水源充足、地势平坦的地方，因此后世城址遗址与其有所重合。并且，这些居民点和城址周围往往还分布有墓葬群，我们也可以利用新石器墓葬群和汉代墓葬群来推测汉代城址。

武威郡所属县到后来很多都发展为较大的市、县城或者集镇，如姑臧城成了今天的武威市，揟次县发展为了今天的土门镇，扑擐县发展为了大靖镇，苍松县发展为了黑松驿镇，显美县发展为了丰乐镇。还有一些县城址因为自然环境的变迁，今天已经处在沙漠之中，如武威县和宣威县。

四、西汉的凉州

西汉武帝时期，随着疆域不断扩大，新的郡县不断增加，到汉武帝太初元年（前 104 年）全国共有 91 个郡，比汉朝初年增加了三分之一，加上 18 个王国，全国共计郡国 109 个。中央为了加强对地方的有效管理，元封五年（前 106 年），汉武帝分天下为 13 个刺史部，称为某州刺史部，合称 13 州，即 13 个监察区。每州派部刺史一人，负责监视州部内的郡县，在每年八月巡视郡国。其监察的对象和任务都有明确规定，以"六条"问事[1]。

凉州刺史部，负责巡行陇西郡、天水郡、安定郡、金城郡、酒泉郡、敦煌郡、张掖郡和武威郡。元始四年（4 年），王莽改 13 州为 12 州，将朔方刺史部并入凉州刺史部。

---

① 林剑鸣：《秦汉史》，上海人民出版社 2003 年，第 318 页。

第三节　东汉时期的武威郡

一、东汉的凉州

东汉初年，武威郡为窦融集团所占据。东汉光武帝建武五年（29 年），武威郡归附东汉。

东汉时期，武威郡仍属于凉州刺史部管辖。不过西汉时期的州是监察区，并不是真正意义上的行政区。东汉逐渐变为了正式的一级行政区。东汉后期，正式形成了州郡县三级行政区划，即凉州刺史部—武威郡—武威郡所属十四县（属国）。

光武帝建武十三年（37 年），凉州刺史部所辖有陇西郡、天水郡、金城郡、安定郡、武威郡、张掖郡、酒泉郡和敦煌郡八郡[①]。《后汉书·郡国志》记载："凉州刺史部，郡十二，县、道、候官九十八。"[②] 凉州刺史部所辖十二郡分别为：陇西郡、汉阳郡、武都郡、金城郡、安定郡、北地郡、武威郡、张掖郡、酒泉郡、敦煌郡、张掖属国和张掖居延属国。李并成认为，凉州刺史部还辖有酒泉属国[③]。凉州刺史部先后以汉阳郡的陇县（今张家川回族自治县境内）和冀县（今甘谷县境内）为其治所。

献帝兴平元年（194 年），分凉州刺史部所辖的河西四郡为雍州刺史部，治所在武威郡的姑臧县。建安（196—220 年）初，"是时河西四郡以去凉州治远，

---

① 周振鹤主编:《中国行政区划通史·秦汉卷》，复旦大学出版社 2015 年，第 872 页。

② 司马彪:《后汉书》志第二十三，中华书局 1965 年，第 3521 页。

③ 李并成:《河西走廊历史地理》，甘肃人民出版社 1995 年，第 135 页。

隔以河寇，上书求别置州。诏以陈留人邯郸商为雍州刺史，别典四郡"[1]。

二、武威郡辖境东扩

在东汉时期，中央王朝势力衰微，匈奴和羌人经常对河西地区进行侵扰。为保证河西走廊的安全，汉政府采取扩大某些行政区划的方式，借此压缩敌对势力空间，以打压和消除他们对中原王朝的威胁[2]。在这个背景下，武威郡的辖境经历了两次东扩。这也是历史上武威郡所辖的最大范围。

第一次东扩是在光武帝建武八年（32年），武威郡辖境向东延伸至大河以东，包括祖厉河流域，武威郡辖境向东发展，很大程度上保证了安定郡到河西道路的畅通[3]。

第二次东扩是在汉安帝时期，武威郡向西、向东南都有所扩展。据《后汉书·郡国志》[4]记载，原来属于安定郡的鹯阴县和租厉县，原来属于张掖郡的显美县和张掖属国都尉下的左骑千人都归属于武威郡管辖。贾文丽[5]认为，武威郡扩展到大河以东，大概是因为当时羌患严重，濒临西羌的安定、陇西、金城郡被迫向内地迁徙，而鹯阴县和租厉县远离安定郡其他各县，并且有大河阻隔，将他们划归武威郡，目的是加强武威郡对大河东西的控制能力，保证安定路的畅通。

《后汉书·郡国志》[6]记载，东汉时期武威郡所属十四城，户万四十二，口三万四千二百二十六。十四城分别是：姑臧、张掖、武威、休屠、揟次、鸾鸟、朴𪉟、媪围、宣威、仓松、鹯阴、租厉、显美和左骑。除了西汉时期的十

---

① 陈寿撰、裴松之注：《三国志》卷十八，裴松之注引《典略》，《中华书局》1959年，第547页。

② 贾文丽：《汉代河西经略史》，中国社会科学出版社2017年，第23—24页。

③ 王宗维：《汉代丝绸之路的咽喉——河西路》，昆仑出版社2001年，第108页。

④ 司马彪：《后汉书》志第二十三，中华书局1965年，第3520页。

⑤ 贾文丽：《汉代河西经略史》，中国社会科学出版社2017年，第27页。

⑥ 司马彪：《后汉书》志第二十三，中华书局1965年，第3520页。

城之外，根据周振鹤主编《中国行政区划通史·秦汉卷》[①] 的观点，鹯阴县和租厉县可能在汉安帝永初五年（111 年）划归武威郡管辖，显美县可能在公元 107 年划归武威郡管辖，左骑县可能在公元 140 年划归武威郡管辖。

　　新增的四城，只有显美县的治所在今武威市内。郝树声在《敦煌悬泉里程简地理考述》[②] 一文中认为，显美县西汉时期归属张掖郡，东汉改属武威郡，地在今张掖、武威之间，故才可改属。根据里程简"姑臧去显美 75 里（32 公里）"的记载，从姑臧西北 32 公里处正是今天的丰乐堡一带。这里地处今 312 国道和连霍高速必经之地，自古以来就是交通要道。该镇地处西营河出下游平原，水源充沛，土壤肥沃。

　　东汉时期，武威郡郡治在姑臧县。下表为东汉时期武威郡属县表[③]：

东汉时期武威郡属县表

县名	时间（年）	县治今天所在地
姑臧	29—220	武威市市区
张掖	29—220	凉州区谢河镇武家寨子
武威	29—220	民勤县泉山镇连城遗址
休屠	29—220	凉州区四坝镇三岔古城
揩次	29—220	古浪县土门镇西
鸾鸟	29—220	古浪县北小桥堡
朴擐	29—220	古浪县大靖镇北
媪围	29—220	景泰县城东芦阳镇东吊沟村
宣威	29—220	民勤县大坝镇文一古城
仓松	29—220	古浪县黑松驿镇

---

① 周振鹤主编：《中国行政区划通史·秦汉卷》，复旦大学出版社 2015 年，第 892—893 页。

② 郝树声：《敦煌悬泉里程简地理考述》，《敦煌研究》2000 年第 3 期。

③ 武威郡所属县时间参考周振鹤主编《中国行政区划通史·秦汉卷》。

县名	时间（年）	县治今天所在地
鹯阴	110—220	平川区水泉镇陡城村缠州城①
租厉	110—220	会宁县西北部②
显美	107—220	凉州区丰乐镇
左骑	140—220	今地无考

三、两汉时期武威郡郡守

《汉书》记载："郡守，秦官，掌治其郡，秩二千石。有丞，边郡又有长史，掌兵马，秩皆六百石。景帝中二年更名太守。"③汉代，武威郡的主要任务是军事防御，武威郡的郡守既负责本郡民政事务，也负责本郡的军事事务，是武威郡的军政最高长官。现在结合贾文丽④和何静苗⑤等人观点，将两汉时期武威郡郡守列表整理如下：

两汉时期历任武威郡郡守列表

序号	姓名	籍贯	任职时间	事迹	出处
1	王汉		宣帝地节二年（前68年）	群孙婿中郎将王汉为武威太守	《汉书·霍光传》
2	窦融从第	扶风平陵	更始年间（23—25）	从弟亦为武威太守，累世在河西，知其土俗	《后汉书·窦融列传》
3	马期		更始初年（23年）	是时，武威太守马期、张掖太守任仲并孤立无党，乃共移书告示之，二人即解印绶去	《后汉书·窦融列传》
4	梁统	安定乌氏	更始初年（23年）	于是以梁统为武威太守	《后汉书·窦融列传》
5	任延	南阳宛人	建武初年（25年）	拜武威太守，帝亲见，戒之曰	《后汉书·循吏列传》

---

① 陈守忠：《允吾、金城、榆中、勇士等古城址考》，《历史地理》1993年第1期。

② 周振鹤主编：《中国行政区划通史·秦汉卷》，复旦大学出版社2015年，第892页。

③ 班固：《汉书》卷十九上，中华书局1962年，第742页。

④ 贾文丽：《汉代河西经略史》，中国社会科学出版社2017年，第122—124页。

⑤ 何静苗：《汉代河西治理研究》，兰州大学硕士学位论文2018年，第50—52页。

序号	姓名	籍贯	任职时间	事迹	出处
6	郑众	河南开封	永平十八年（75年）	迁武威太守，谨修边备，虏不敢犯	《后汉书·郑众列传》
7	傅育	北地	建初元年（76年）	以武威太守傅育领护羌校尉，马防行车骑将军，征西羌。	《后汉书·天文志》
8	孟云		元和元年（84年）	元和元年，武威太守孟云上言北单于复愿与吏人合市	《后汉书·南匈奴列传》
9	冯豹	京兆杜陵	和帝时期	迁武威太守，视事二年，河西称之，复征入为尚书	《后汉书·冯衍列传》
10	任嘉	犍为武阳	永建初年（126年）	是时，邵陵令任嘉在职贪秽，因迁武威太守	《后汉书·儒林列传》
11	赵冲		永建五年（130年）	三月，武都（威）太守赵冲讨巩唐羌，破之	《后汉书·孝顺孝冲孝质帝纪》
12	张奂	敦煌渊泉	延熹二年（159年）	在家四岁，复拜武威太守。平均徭赋，率厉散拜	《后汉书·张奂列传》
13	李恂	安定临泾	桓帝时期	迁武威太守，后坐事免	《后汉书·李恂列传》
14	黄隽	酒泉	中平元年（184年）	黄巾贼起，故武威太守酒泉黄隽被征，失期	《后汉书·盖勋列传》引《续汉书》
15	赵冲		中平二年（185年）	又武威太守赵冲亦率鲜卑征讨叛羌	《后汉书·应劭列传》
16	张猛	敦煌渊泉	建安十年（205年）	秋七月，武威太守张猛杀雍州刺史邯郸商	《后汉书·献帝纪》
17	张雅		兴平二年（195年）	西海郡故属张掖，汉献帝兴平二年，武威太守张雅请置	《晋书·地理志》
18	张江			集解引清代惠栋说，《华阳国志》记载张江为武威太守	《后汉书·方术列传》

除以上见诸《汉书》《后汉书》《晋书》的武威郡郡守之外，据清代张澍的《凉州府志备考》①一书，还有茅固、贾季玉、段贞、张宪、刘子南等，不过以上几人是否真担任过武威郡郡守还有待研究。

---

① 武威市凉州文化研究院：《凉州府志备考校注》，甘肃文化出版社 2022 年，第 60-68 页。

第四节 武威郡乡里机构的设立

汉代，国家行政管理体制实行中央→郡→县→乡→里五级管理，基层的行政建制就是乡里。《汉书·百官公卿表》记载："大率十里一亭，亭有长。十亭一乡，乡有三老、有秩、啬夫、游徼。三老掌教化。啬夫职听讼，收赋税。游徼徼循禁贼盗。"[①] 根据上述制度，汉代乡级机构主要有 4 种官员，即三老、有秩、啬夫和游徼。

里是最基层的一级组织，一里管理百户人家。里在汉代是非常重要的，它不仅是基层政权，而且又是一个人表明身份籍贯的重要标志[②]。在表明自己籍贯的时候，有时不说乡，但是必须要说里。同时，里也是政策政令的具体执行者，相当于现在的村。

虽然乡里制度如此重要，但是传世典籍中的记载却很少。可喜的是，武威地区出土的简牍和铭旌保留了乡里制度的大量资料，证明这一时期武威郡也有完善的乡里建制。

下面根据相关的简牍和铭旌，并结合王宗维[③]、李并成[④]和何静苗[⑤]等观点，列出汉代武威郡所属县的乡里名称：

---

① 班固：《汉书》卷十九上，中华书局 1962 年，第 742 页。
② 王宗维：《汉代丝绸之路的咽喉——河西路》，昆仑出版社 2001 年出版，第 266 页。
③ 王宗维：《汉代丝绸之路的咽喉——河西路》，昆仑出版社 2001 年出版，第 267—268 页。
④ 李并成：《河西走廊历史地理》，甘肃人民出版社 1995 年，第 153 页。
⑤ 何静苗：《汉代河西治理研究》，兰州大学硕士学位论文 2018 年，第 47—48 页。

出土文献所见汉代武威郡乡里名称

县名	乡里名称	出处
姑臧	西比夜里	97·9（甲569）
	休神里	T2：10A
	渠门里	磨嘴子M22出土铭旌
	北乡西夜里	磨嘴子M15出土铭旌
	西乡阉（道导）里	武威汉简·汉墓4
	东乡利居里	磨嘴子M54出土铭旌
张掖	长□里	流沙坠简杂事类第二十三简
	下都里	284·31（劳氏）
	有义里	119·67（乙捌拾玖版）
	广都里	220·10（劳氏298）
	西乡定武里	五坝山3号汉墓木牍
	长乘里	流沙坠简·屯戍类
鸾鸟	大昌里	51·5（乙肆拾陆版）
	宪众里	15·1（乙拾壹版）
	息众里	15.5

以上是目前可以见到的武威郡的乡里名称，共有乡4个，里15个。其中，姑臧县有乡3个，里6个；张掖县有乡1个，里6个；鸾鸟县有里3个。当然，这仅仅是其中的很小一部分，距离汉代武威郡真实乡里数还有很大差距。从"乡里"的名称可以看出，"利居""大昌"都表达着对美好生活的期盼，也有的是按照地理方位来命名的，如"下都""北乡""西乡"等。

乡里制度的设立，表明汉代武威郡已经实行了和中原地区相同的基层管理体系，通过乡里制度，汉王朝加强了对河西地区的管理和控制。

第五节　汉代武威郡的交通道路及其邮驿制度

河西走廊，自古就是中原王朝通往西域乃至欧洲的天然走廊和必由之路。从世界史上来看，河西为古老的华夏文明与两河流域文明、古印度文明、地中海文明等的汇流之区；从中国历史上看，河西走廊又是我国率先对外开放的地区，堪称为我国走向世界的第一条通道①。而武威作为河西走廊的东大门，东临河陇重镇兰州（汉金城郡），西接张掖，北抵腾格里沙漠与内蒙古相邻，南依祁连山，地处黄土高原、青藏高原和内蒙古高原的三大高原交会地带，"丝绸之路"的要冲，拥有着得天独厚的地理优势和特点，在东西方文化交流中发挥着重要的作用。

将河西走廊作为通往西域的干道正式开辟和在沿线设立邮驿系统，最早开始于张骞通西域、河西走廊归属西汉王朝以后。针对汉代武威地区道路交通和邮驿系统的相关研究成果很多，郝树声的《敦煌悬泉里程简地理考述》②，李并成的《汉代河西走廊东段交通路线考》③，何双全的《汉代西北驿道与传置》④ 三篇是较早涉及汉代武威地区道路交通和邮驿系统的研究成果。近十年以来，刘再聪《居延里程简所记高平媼围间线路的考古学补证》⑤、王冠辉《汉代河西邮

---

① 李并成：《汉代河西走廊东段交通路线考》，《敦煌学辑刊》2011 年第 1 期。

② 郝树声：《敦煌悬泉里程简地理考述》，《敦煌研究》2000 年第 3 期。

③ 李并成：《汉代河西走廊东段交通路线考》，《敦煌学辑刊》2011 年第 1 期。

④ 何双全：《汉代西北驿道与传置——甲渠候官、悬泉汉简〈传置道里薄〉考述》，《中国历史博物馆馆刊》1998 年第 1 期。

⑤ 刘再聪：《居延里程简所记高平媼围间线路的考古学补证》，《吐鲁番学研究》2014 年第 2 期。

驿研究》[1]、李天野《两汉河陇地区交通路线研究》[2]、苏海洋《西汉长安通姑臧南道交通线路复原研究》[3]和黄学超《悬泉里程简所见河西驿道与政区再议》[4]等对这个问题做了进一步的整理和深化。

一、汉代武威郡的内部交通枢纽：小张掖和姑臧

1973—1974 年汉代居延甲渠候官遗址出土了一枚珍贵的松木质简，即《甲薄》，编号 74EPT59:582，长 22.9 厘米、宽 2.1 厘米。简文记载了从汉代长安出发，经过泾河河谷通往陇山地区，越过陇山地区后，渡黄河经景泰县到河西走廊的交通道路、驿置间里程。其中，第三栏所记为武威郡沿线各地里程：

> 媪围至居延置九十里，
>
> 居延置至觻里九十里，
>
> 觻里至揟次九十里，
>
> 揟次至小张掖六十里[5]。

1990—1992 年，在敦煌甜水井东南的汉代悬泉置遗址也出土了一枚珍贵的里程简，编号 Ⅱ 90DXT0214①:130。其记载的是沿着乌鞘岭北麓，经古浪西北行进入河西走廊的交通路线。涉及武威郡沿线各里程的有：

> 苍松去鸾鸟六十五里，
>
> 鸾鸟去小张掖六十里，

① 王冠辉：《汉代河西邮驿研究》，兰州大学硕士学位论文，2013 年。
② 李天野：《两汉河陇地区交通路线研究》，兰州大学硕士学位论文，2020 年。
③ 苏海洋：《西汉长安通姑臧南道交通线路复原研究》，《敦煌研究》2021 年第 1 期。
④ 黄学超：《悬泉里程简所见河西驿道与政区再议》，《历史地理研究》2022 年第 3 期。
⑤ 马怡、张荣强：《居延简释校》，天津古籍出版社 2013 年，第 625 页。

小张掖去姑臧六十七里，

姑臧去显美七十五里 ①。

以上两枚里程简为研究汉代武威郡的交通提供了极为珍贵的第一手资料。

经相关学者的研究，居延里程简记载的路线相比敦煌悬泉置里程简的偏北，学界称之为"北道"，悬泉置里程简记载的路线称之为"南道"。这两条道路是汉代武威郡最主要的交通干线，两条道路在小张掖交会，可见在汉代小张掖是武威郡内部的重要交通枢纽。前面已经论述了小张掖的地理位置，约在今凉州区谢河镇的武家寨子。

小张掖成为汉代武威郡的重要交通枢纽有其必然性。首先，小张掖位于受石羊河流域水系影响而产生的绿洲较中心的部分，小张掖以东的北道沿大沙河谷连接了媪围、揟次等县，南道沿着庄浪河谷连接了苍松和鸾鸟县。并且河西走廊为一条狭长的走廊形地带，小张掖以西就只有一条东西线的干道。今天的312国道和连霍高速就从武家寨子经过，不远处还有谢家河。

姑臧城在汉代武威郡也是重要的交通枢纽，姑臧城位于南北沿石羊河干流至蒙古高原、宁夏平原和河套高原的交通路线上，而且东西连接了汉代金城郡和张掖郡，相比于小张掖只能连接河陇东段的交通线，姑臧的优势在于沟通了河西地区的南北交通。后来姑臧逐渐发展成了河西走廊的政治、经济和文化中心。曹魏时期，凉州刺史部治所迁移姑臧，十六国时期，前、后、南、北凉政权先后定都姑臧，唐朝的河西道治所也在姑臧，可见交通因素对武威发展的重要作用。

二、汉代武威郡的交通路线

汉代武威郡的交通路线主要分为三条：河陇东段南道和河陇东段北道还有

---

① 胡平生、张德芳：《敦煌悬泉汉简释粹》，上海古籍出版社 2001 年，第 56 页。

谷水（今石羊河干流）河谷段。下面我们将分别予以论述。

1. 河陇东段北道

北道开辟较早，从武威郡、县开始设立便已开通，并且道路相对顺直，从长安出发向西北方向行，经过泾河河谷通往陇山地区，越过陇山地区后，经高平（治所在今宁夏固原）、媪围等地，抵达姑臧，即从今天的宁夏固原到靖远县境内，再通过索桥渡口渡过黄河后，经景泰县到武威。该路程全长约720公里，相比南道缩短了约160公里。但是北道沿线自然环境条件较差，人口相对稀少，且位置靠北，距离匈奴等民族原游牧地较近，安全状况较为复杂。

（1）索桥黄河渡口

里程简中没有高平到媪围段的交通路线记载，但是根据李并成[①]、刘再聪[②]等人的考证，此段路线应该经过黄河索桥渡口。刘再聪对此线路汉代及其汉代以前遗址进行了考察，并描绘出了固原—海原—平川区共和镇—靖远县东湾镇——平川区水泉镇（汉鹯阴县所在地）—靖远县北滩镇，然后渡过黄河到景泰县卢阳镇的吊沟古城（汉媪围县所在地）这样一条路线。

（2）媪围县城和居延置

根据居延里程简的记载，"媪围至居延置九十里"，按照汉制一里等于现在415.8米计算，从媪围县（今景泰县芦阳镇东吊沟古城）到居延置是38公里左右。根据李并成的观点[③]，从吊沟古城向西，沿着大沙沟和横沙河谷而行，约38公里处是今天的景泰县寺滩乡白茨水村，即汉代的居延置（一说居延置位于景泰县红水镇红墩子村[④]）。

---

① 李并成：《汉代河西走廊东段交通路线考》，《敦煌学辑刊》2011年第1期。
② 刘再聪：《居延里程简所记高平媪围间线路的考古学补证》，《吐鲁番学研究》2014年第2期。
③ 李并成：《汉代河西走廊东段交通路线考》，《敦煌学辑刊》2011年第1期。
④ 高启安、沈渭显：《汉居延置所在置喙——以居延里程简E.P.T59:582为中心》，《敦煌研究》2013年第5期。

（3）媒里

居延置到媒里是九十里（38公里），从景泰县寺滩乡白茨水村沿着昌林山和寿麓山之间的低地继续往西北方向走约38公里，经过今天的曹家窑、蒿沟井字、裴家营可到达今古浪县大靖镇（汉代扑攌城，媒里是扑攌城的一个里），这条路与今天的定武高速G2012基本重合。

（4）揖次县和小张掖

从媒里（今大靖镇古城头）到揖次是九十里（38公里），前面已经论述，揖次是今天的土门镇西一带。从揖次县到小张掖是六十里（25公里），小张掖即谢河镇武家寨子。今天从土门镇到武家寨子，依然有定武高速G2012和连霍高速G30，也有G308和G312国道，说明这条路到现在依然是武威市内重要交通线。

2. 河陇东段南道

河陇东段南道开辟比北道晚，南道沿线人口较为稠密，所经过的城镇较多，较为繁华，并且安全方面比北道要好。但路途相比北道要远，南道从长安到武威共880公里，并且沿途要经过陇关和乌鞘岭。

（1）金城关渡口和石城津渡口

主要是从金城郡（兰州）到武威郡的道路，金城郡到武威郡必须先渡过黄河。根据相关学者研究，兰州市内的黄河渡口主要有金城关渡口和石城津渡。金城关渡口，现在一般认为在兰州市中山黄河铁桥北岸西侧1公里左右。石城津渡口在今天的西固区河口镇北黄河北岸1公里左右，东临庄浪河。

（2）令居县到姑臧县的道路

从金城关渡口或者石城津渡口渡河后，沿着庄浪河谷北上，经过汉代令居县（今永登县红城镇玉山村），越过乌鞘岭，向西北方向行，经过苍松县（古浪县黑松驿镇或天祝安远镇）、鸾鸟县（古浪县北小桥堡）到小张掖（凉州区谢河镇武家寨子），然后与北道相接，到达姑臧（今武威市区）。

（3）姑臧县到张掖郡、酒泉郡和敦煌郡道路

　　从汉武威郡姑臧县往西,沿着河西走廊大道经过张掖郡显美县、番和县等,再往西到达酒泉郡和敦煌郡。从姑臧县到敦煌郡敦煌县,全程约870公里。这条线路在今武威市境内主要经过凉州区丰乐镇,即汉代的显美县,前文已经论及,显美县在西汉时期属于张掖郡,东汉时期归属武威郡。

　　显美县往西里程不详,但根据史料推测往西应该是张掖郡番和县。根据李并成考察[①],番和县在今永昌县焦家庄镇西寨古城。从番和县往西,经过汉删丹县(今山丹县古城窑)、日勒县(山丹县东南五里墩古城)、钧著置(今山丹县东乐镇十里堡村)、屋兰县(张掖市碱滩镇古城村)等继续西行,到达酒泉郡和敦煌郡。

　　3. 谷水(石羊河干流)段交通线

　　汉代,武威郡的交通线路,除了见于居延汉简和敦煌悬泉置汉简的东西走向的主干道之外,还有一条重要的南北走向通道,即谷水(石羊河干流)段交通线。汉代,由于地理条件的限制,绿洲沿岸水草地带和山区大河谷地往往成为民族往来、交易的主要通道,也是游牧民族前来骚扰的孔道[②]。因此,这些通道就变得十分重要。

　　谷水线南起汉代武威郡治姑臧县,沿着谷水北行,经过汉代休屠(今凉州区四坝镇三岔古城)、宣威(今民勤县大坝镇文一古城)、武威(民勤县泉山镇连城遗址)三县,并继续沿着向北,到达汉代的三角城遗址,再往北数公里,就进入石羊河终闾湖区,由此再向北穿过茫茫沙区就可以到达蒙古高原腹地;或者从终闾湖区往东北方向行,就可以到达宁夏平原、河套平原等地。

　　我们从汉代武威郡的交通路线可以看出,汉代武威郡的道路是深受郡县地理位置、自然环境和军事需要等各方面影响的,而且很多线路今天依然在沿

---

　　① 周俭主编:《丝绸之路交通线路(中国段)历史地理研究》,江苏人民出版社2012年,第191页。

　　② 周俭主编:《丝绸之路交通线路(中国段)历史地理研究》,江苏人民出版社2012年,第202页。

用，这也是汉代武威郡对后世的贡献之一。从武威郡穿过的东西线，沟通着中原王朝与河西走廊、西域等地的联系，是汉朝经营西域和维持东西经济、文化交流中原的孔道。而武威郡的南北线，是武威郡重要的军事防御线路，同时也是与匈奴、鲜卑等游牧民族交流的重要通道。

三、汉代的邮驿制度

1. 汉代河西的邮驿机构

邮驿是国家兴办的信息传递和接待系统。邮驿系统的称谓随着不同时代和具体情况不同，出现了很多不同的称谓，如"邮""传""驿""置""邮驿""邮传""驿传"等。具体针对河西地区来说，就是在陆路交通线上，每隔一定距离就设置一座馆舍，并配备有一定数量的客房、餐饮和车马，以及专门的服务人员，兼有兵站和招待所以及邮政和信息传递等功能。武威郡的邮驿系统，是保障河西走廊乃至丝绸之路畅通的重要手段。

汉代河西地区的邮驿系统主要分为邮、亭、传、驿、置等。邮在汉代是邮驿系统的总称，只有作为某某邮时，才是特指某一个邮驿机构[1]。亭，汉代的亭除了作为军事防御的亭，还有作为专门的邮驿的亭。传是传递信息的邮驿机构，也兼作为馆舍使用，相当于现在的招待所和旅馆。驿是供传递公文的人中途休息、换马的地方，亦指供传递公文用的马。置是古代传递文书的驿站。这些邮驿机构通常都修建于河西重要的交通线路上。

邮、亭、传、驿、置都有自己的附属机构，比如邮舍、亭舍、传舍、厩置、食厨等[2]。邮、亭、传、驿、置往往可以互称，他们的主要差别是职能和设置距离以及传递方式的不同[3]。从居延里程简和敦煌悬泉置里程简我们可以

---

① 王冠辉：《汉代河西邮驿研究》，兰州大学硕士学位论文，2013 年，第 11 页。
② 王冠辉：《汉代河西邮驿研究》，兰州大学硕士学位论文，2013 年，第 14 页。
③ 汪受宽：《甘肃通史·秦汉卷》，甘肃人民出版社 2009 年，第 270 页。

看出，汉代甘肃地区邮驿间的距离是五十到九十里之间，即现在的 21 公里到 38 公里之间。从里程简我们可以列出汉代武威郡的邮驿分别是北道的媪围、居延置、躁里、揟次和小张掖，南道的苍松、鸾鸟、小张掖、姑臧、显美。

从行政体制上来看，汉代河西地区的邮驿机构，既有郡级邮驿官吏、县级邮驿官吏、置的邮驿官吏、亭的邮驿官吏自上而下组成的内郡管理模式，也有都尉、候官、部、燧组成的自上而下的边郡官吏模式①。郡府负责一切重大的事务，县府则侧重于供给后勤，这些邮驿机构的主要任务是，传递各种邮件和信息，迎送来往的官吏、使者、公务人员和外国宾客。

1990—1992 年，甘肃文物考古研究所对敦煌甜水井附近的悬泉置遗址②进行了发掘，我们可以借此了解汉代邮驿机构的大致情况：

> 悬泉置遗址位于交通要害之处，又有水源供给，是张骞通西域，贰师伐大宛的必经之地。该遗址包括主体建筑（坞院）、灰区、马厩及其附属建筑，总面积 22500 平方米。
>
> 坞院，呈 50×50 米正方形，墙用土坯砌筑，东北和西南转角处修筑有角楼。坞院内沿坞墙四周均有房屋建筑，共 27 间。马厩用土坯砌筑。灰坑中有汉简、陶片、马骨、牛骨等。
>
> 整个悬泉置遗址出土物以生活、生产器物为主。简牍文书有诏书和郡、县、乡、置各级官府文件、中央到地方各种法律法规条文、邮置系统的各项制度规定、邮置道里簿、廪食簿、日作簿、邮书、邮书课、信札等；帛书、纸文书、笔、砚等。生活工具有耳杯、盘、筷子、草编器、丝织品、鞋、鞋垫、袜子、陶器等，生产工具有铁犁、锸、镰等。还有农作物，如大麦、糜、粟、苜蓿、大蒜等，另有大量

---

① 王冠辉：《汉代河西邮驿研究》，兰州大学硕士学位论文，2013 年，第 21—25 页。
② 何双全：《甘肃敦煌汉代悬泉置遗址发掘简报》，《文物》2000 年第 5 期。

的家畜骨骼，如马、牛、羊、鸡、狗、兔、骆驼等。

从悬泉置遗址我们可以看到，汉代的邮驿机构既有军事防御的功能，也有信息传递和接待的功能，邮驿机构在平时也从事着农业耕作和畜养家畜等日常生产活动。通过这些邮驿机构，汉王朝加强了对河西走廊的有效管理。

2.河西邮书的传递方式和通行凭证

（1）河西地区邮书的传递方式

汉代时期，河西地区出土的邮书几乎都是简牍，有"版""方""牒"三种称谓。"版"是比较正式、严肃的公文，"方"是用来记录政府机构的日常事务，"牒"是大多数用来作记录用的簿籍[1]。汉代，文书的书写遵循一定的格式，内容包括文书发出的时间、发文机构、发文人的官职和姓名、收文机构、收文人的官职和姓名、文书里具体的事务和书写人的签名。

邮书写好后，要加盖印章，即封检题署。检上所题的字叫署。李均明在《汉简题署考》[2]中将封检题署分为文书和实物两大类，封检内容有以下五类：

1.署收件人的机构、职官、姓名等以表明收件人，私人信件同时还署有寄件人。

2.根据文件的轻重缓急和客观需要，表明传递方式。

3.记录寄件人与收件时间、送件人以供核查。

4.标明被封缄文书的类别。

5.标明被封缄实物的类别、数量和所有人。

以传递工具来说，河西地区邮驿传递方式为：步递、车递和马递。汉简所

---

① 王冠辉：《汉代河西邮驿研究》，兰州大学硕士学位论文，2013 年，第 34 页。

② 李均明：《汉简题署考》，《文物》1990 年第 10 期。

记边塞传递文书的方法，除了"以邮行"，还有"以次行"和"以亭行"两种[①]。除此之外，还有"县次行""燧次行""轻足行"和"吏马驰行"[②]。"以邮行"是更多传递边塞烽燧间的文书。"以亭行"就是按照把文书信息一个亭一个亭地依次传递。"以次行"就是所传递的文书在郡中的县道依次传递。"以轻足行"就是用擅长行走的人来步行传递，通常只适用于短距离。"吏马驰行"就是快速传递，通常是紧急诏令、军情等。

（2）河西邮驿中的通行凭证

古代会在水陆交通必经的要道上设立关卡，称为关津或津关。路上的为"关"，水路上的为"津"。汉代，为了保障邮驿系统的有效运行，也采用了各种通行凭证。只有通过这些通行凭证，才能顺利进出关卡，享受邮驿机构提供的各种方便。河西地区，这样的通行凭证有符、传、节、过所等。

通行凭证是由政府发放的，分公务通行凭证和私人通行凭证。持有公务通行凭证的，经过沿途所设邮驿机构，都会受到接待，可以在里面就餐和住宿。但汉代对于这些通行凭证及通行凭证有关的簿籍关系管理非常严格，因为这涉及关津的安全、边塞的巩固、国家的安定[③]。

---

① 徐乐尧：《居延汉简所见的边亭》，收入甘肃省文物工作队、甘肃省博物馆编《汉简研究文集》，甘肃人民出版社 1984 年，第 317—318 页。

② 汪受宽：《甘肃通史·秦汉卷》，甘肃人民出版社 2009 年，第 271 页。

③ 王冠辉：《汉代河西邮驿研究》，兰州大学硕士学位论文，2013 年，第 45 页。

第六节　武威汉塞

一、汉塞的基本情况和武威市境内汉塞研究概况

1. 河西汉塞的基本情况

秦汉时期，称长城为"塞"，《说文解字》中解释"塞"为"隔也"，可以说汉塞就是两汉时期隔断汉王朝与北方游牧民族的人工防御工事，兼有边境线和边境防御系统双重属性。据《汉书》记载，汉王朝自占领河西走廊后，为巩固走廊的安全，隔绝羌人和匈奴之间的联系，从元鼎六年（前 111 年）开始，用五年时间陆续修筑了"始筑令居以西"的防御工事。

汉代边塞是以长城为主干，是一个立体的、多层次的工程体系。它包括城墙、障、亭燧、望楼、坞壁和军用道路等一系列军用防御设施，具有战斗、指挥、观察、警戒、通信、隐藏等综合功能，并长期配有驻军守备[1]，这个防御体系是依照"因河为塞、因山为险"的原则修筑的。

亭是古代设在边塞观察敌情的岗亭，亭外的小城叫"坞"或者"壁"。燧是古代边防报警的信号。白天放烟告警叫"烽"，夜间举火告警叫"燧"，所以就把烽火台称为"烽燧"。烽燧台上或者台旁地面上配备有用以点燃的柴草和用来悬挂的草布蓬，各烽火台相望，如果遇到情况，就点燃柴草或者是悬挂草布蓬，其他烽火台也就点燃柴草或悬挂草布蓬，以此来传递信息。从武威境内的烽燧来看，主要呈矩形和不规则形，部分呈圆形，剖面呈梯形和不规则形。烽燧的修建往往因地制宜，就地取材。如民勤段烽燧构筑方式为黄土或灰棕漠土夯筑和土坯砌筑，天祝段烽燧构筑方式主要为灰褐土为主夯筑，个别为黄土夯

筑，部分夯层中夹杂有碎石或砾石。烽燧为侦察和传递信息而设，因此其上都设有望楼，望楼四周围有女墙，多以土坯砌筑。

障是古时边塞上险要处用以防捍寇盗而另筑的小城，《说文》中就提到"障，小城也"。《史记·酷吏列传》："居一障间。"张守节《史记正义》解释道："谓塞上要险之处别筑城，置吏士守之，以捍寇盗也。"障一般设有士卒守卫，以作为长城的防御部分，往往设置在长城的内侧。

长城的墙体都是用当地的沙石和芦苇或红柳枝条夯筑而成的，连一块砖都没有，就是一层沙石压一层芦苇或红柳枝条，就地取材，层层叠压，有什么柴草就用什么柴草。部分保存较好的墙体往往是因为墙体经过长年的盐碱浸润，已经把砂石、黏土和芦苇、红柳枝等黏合在一起，十分牢固。河西汉塞还往往依靠河流、湖泊和山地等，善于借助地势、巧设天堑，在这些地段往往没有边墙或者壕堑，只有少量的烽燧，而且长城很多时候还往往是沿河修建。这样的修筑方法和原则，在武威市境内的汉塞中都可以见到。同时，值得注意的是，河西汉塞的烽燧和亭障并不是按照长短距离平均分布的，它们是以地理地形和军事价值的重要程度的不同来设置的，有的地方烽燧较为集中，而有的地方烽燧则较少。

河西汉塞的结构主要是堑壕，主要有两种形制。一种多在戈壁、沙漠地区，为中间掘沟，将掘出的砂砾向沟的两侧堆放，形成两道梯形土垄。根据目前保存较好的遗迹观察，堑壕一般上宽约 8—10 米，深约 2 米（现存深度），土垄外高约 1 米（现存高度），基宽约 8 米，上宽 2 米。另一种多在山地或者黄土带，为一侧掘沟，一侧堆筑土垄；或者两侧掘沟，中间堆筑土垄，因而土垄较高①。前者多在坡地，堑壕在高坡一侧，后者多在平川。

河西汉塞走向的显著特点是，塞防的走向与控制水源、维护交通、保障农业生产安全有着密不可分的联系，其走向并不沿着山地的分水岭延伸，各段

---

① 吴礽骧：《河西的汉代长城》，《文博》1991 年第 1 期。

塞防也不互相连接①。结合历史文献和考古发掘，汉代河西汉塞的走向，应该是首起今天的兰州市黄河北岸，经过永登县、天祝藏族自治县、古浪县、凉州区、永昌县、山丹县、甘州区、临泽县、高台县，到今天的酒泉市北大河东岸。

2. 武威市境内汉塞的研究概况

对于汉长城在武威市境内的走向，最早对此进行系统研究的是李并成和吴礽骧。李并成在《河西走廊东部汉长城遗迹考》②《残存在民勤县西沙窝中的古代遗址》③和《河西走廊东部新发现的一条汉长城——汉揟次县至媪围县段长城勘察》④中谈及汉代长城武威段的走向等问题，后来在他的《河西走廊历史地理》⑤一书中对此进行了全面性的论述；吴礽骧在《河西汉塞》⑥和《河西的汉代长城》⑦中也论及汉长城武威段的走向等问题，后来在他的《河西汉塞调查与研究》⑧中更是详细介绍了汉长城武威段的基本情况。

陈守忠的《甘肃境内的汉长城》⑨和《河西的汉长城》⑩、唐晓军的《甘肃境内的长城和烽燧分布》⑪、陈菁的《两汉时期河西地区烽燧亭障规划营建刍议》⑫、

---

① 吴礽骧：《河西汉塞调查与研究》，文物出版社 2005 年，第 183 页。

② 李并成：《河西走廊东部汉长城遗迹考》，《西北史地》1994 年第 3 期。

③ 李并成：《残存在民勤县西沙窝中的古代遗址》，《中国沙漠》1990 年第 2 期。

④ 李并成：《河西走廊东部新发现的一条汉长城——汉揟次县至媪围县段长城勘察》，《敦煌研究》1996 年第 4 期。

⑤ 李并成：《河西走廊历史地理》，甘肃人民出版社 1995 年，第 159—193 页。

⑥ 吴礽骧：《河西的汉代长城》，《文博》1991 年第 1 期。

⑦ 吴礽骧：《河西汉塞》，《文物》1990 年第 12 期。

⑧ 吴礽骧：《河西汉塞调查与研究》，文物出版社 2005 年，第 26—31 页。

⑨ 醒吾：《甘肃境内的汉长城》，《西北师大学报》(社会科学版)，1990 年第 3 期。

⑩ 陈守忠：《河西的汉长城》，收入《河陇史地考述》，甘肃人民出版社 2007 年，第 195—200 页。

⑪ 唐晓军：《甘肃境内的长城与烽燧分布》，《丝绸之路》1996 年第 5 期。

⑫ 陈菁：《两汉时期河西地区烽燧亭障规划营建刍议》，《甘肃社会科学》2006 年第 2 期。

周飞飞的《民勤县历史文化遗迹的调查与研究》① 等论文都涉及武威市境内汉长城的相关内容。

2010—2012 年，国家文物局组织开展了全国长城资源调查工作，武威市境内长城调查工作主要由甘肃省文物局第二调查组和武威市文物考古研究所承担。调查组大致摸清了境内汉长城的规模、分布、构成、走向及其时代。本书相关内容的论述主要依据该调查成果。

二、武威市境内汉塞走向和建造特点

现按照当前武威市的行政区划，对境内的汉塞分县区予以简要介绍：

1. 天祝藏族自治县段

汉长城天祝段分布于天祝藏族自治县（以下简称天祝）境中部，大体呈现东南—西北走向，全长约 55.9 千米。

此段主要经过华藏寺镇、打柴沟镇和安远镇 3 个乡镇。汉塞从今永登县武胜驿镇富强堡村北，跨过庄浪河，进入天祝县境内，沿马雅雪山余脉的东麓，由 312 国道西侧，向西北延伸，经华藏寺镇界牌村，跨石门河，再经过岔口驿村、安家河村西、打柴沟镇西，跨过火石沟，经过打柴沟镇深沟村，再跨石灰沟村，沿山腰经过金强驿村西，至安门村以南，折向北，跨过金强河，沿着312 国道西侧上山，经乌鞘岭垭口西侧，越过分水岭，再沿着山脊而下，止于安远镇南泥湾村以南、312 国道西侧的山根。另一条汉塞，南起安远村以东的金强河北岸山尖，沿着山麓由 312 国道东侧向西北，乌鞘岭垭口东侧上山，越过分水岭，沿着山腰经过南泥湾村东，向北经过墩子滩、大柳树沟口、小柳树沟口、安远镇东山根，由兰新铁路东侧，经马家庄村等地段，至与天祝县交界的古浪县油房台村进入古浪县境内。

天祝县境内的汉代长城，均以堑壕为沟。根据李并成《河西走廊东部汉长

---

① 周飞飞:《民勤县历史文化遗迹的调查与研究》，兰州大学硕士学位论文，2012 年。

城遗迹考》一文中对安门以北穿越乌鞘岭段汉长城的实地考察，这一带长城在20世纪90年代还有三条，东西平行排列，南北延伸。国道312线西50米许为一道壕沟，口阔4米，残深1—1.7米许，外沿见残高约0.5米的壕棱。壕沟断续长约10公里，沿线散落汉代素面、绳纹灰陶片等物[1]。吴礽骧对金强河南岸山腰的堑壕进行了实测，底宽约2.7米，上宽约6米，沟深约1.2米，下坡土垄顶宽约1米[2]。这种壕沟就是酒泉以东地区汉塞的特点，即根据当地自然条件，因地制宜修筑而成的。

该段长城由壕堑和单体建筑（烽火台）组成，沿线设有烽火台7座，均位于壕堑两侧，构筑方式主要为灰褐土为主夯筑，个别为黄土夯筑，部分夯层中夹杂有碎石或砾石，个别使用木椽穿插拉固，并夹有柳条或芨芨草等，夯层厚0.1～0.2米。有的汉代烽火台又被明代所利用，如大墩燧，其结构可见明显的内外两层，内层夯土较软，应该是汉代烽燧，外层夯土较硬，为明代补修增筑，烽周还可以找到汉代的灰陶片等[3]。长城沿线还有发现有汉墓群，如1973年在金强河下游东岸的小沟乡栗家庄发现有汉代小型洞墓为二人合葬墓。墓内出土文物有灰陶罐及陶甄数件、梳子一把、五铢钱多枚，另有泥捏锅灶模型一台，青铜印章一颗。

2. 古浪县段

汉长城古浪段分布于古浪县境中部，大体呈现东南—西北走向，全长76.5千米。此段汉长城为西汉武帝元狩二年（前121年）所筑。《古浪县志》记载："古浪自圆墩子起至乌鞘岭之长城一道，为汉武帝时击匈奴置河西四郡时所筑。"

汉长城古浪段主要经过黄花滩、土门、定宁、黄羊川、十八里堡、黑松驿

---

① 李并成：《河西走廊东部汉长城遗迹考》，《西北史地》1994年第3期。
② 吴礽骧：《河西汉塞调查与研究》，文物出版社2005年，第26页。
③ 李并成：《河西走廊历史地理》，甘肃人民出版社1995年，第177页。

等 6 个乡镇。自天祝县与古浪县交界的油房台村进入本县，依次经过称沟台、寺掌村北、周家窝堡村西、赵家庄西等地段，跨过跌脚沟，再沿墩子岭东麓向北跨过黄羊川河，至铁柜山山脚，再向东沿铁柜山山脚到后李家沟口，向北翻过铁柜山，沿桦儿岭沟西侧山顶向北延伸至塔墩村、上墩圹村，再向东北沿车路沟西侧山顶蜿蜒前行，直到雷家前台西北，经过教场村、台子村、二墩村后，转为东南—西北走向，再依次经过三墩、四墩、五墩、六墩，在四墩村北七墩附近进入凉州区境内。其轨迹似乎是沿着松陕水（今古浪河）古河道西岸，止于下游入汉揂次海处[①]。

古浪县境内的汉长城，在乌鞘岭地区，被明长城所利用。汉塞多沿古浪河东岸的西山坡，上坡掘壕，下坡堆垄；在山梁或者山脊上，两侧掘土，中间堆垄。如黑松驿镇一带的堑壕，上坡堑壕底宽约 1 米，上宽约 7 米，深约 0.5 米；下坡土垄底宽约 6 米，顶宽约 1 米，高约 3 米；墩台筑于垄下坡一侧[②]。本段有烽火台 30 座，多位于堑壕的两侧，构筑方式主要是黄土夯筑（个别夹红胶泥土），部分为山地灰褐土夯筑，夯层厚 0.8—0.20 米。

此段汉塞沿线也有大量的汉代墓群和烽燧。20 世纪 70 年代末，古浪县文化馆和武威地区博物馆在土门镇东侧的落落墩一带清理出古墓十多座，多为汉代墓葬，也有少数唐墓。这些古墓出土了灰陶器、五铢钱、布币、铜弩机、铁剑等。此外，在定宁镇高家湾、黑松驿董家台[③]等地也有汉墓发现。

李并成在《河西走廊东部新发现的一条汉长城——汉揂次县至媪围县段长城勘察》一文中认为，在汉揂次县（县治在今古浪县土门镇西）至媪围县城（在今景泰县芦阳镇东）故址一线以北也有汉代遗迹。这段汉塞位于明长城以北 3—12 公里，大体与明长城平行。此条汉塞今天保存较好的地段有古城庄、

---

① 吴礽骧：《河西汉塞调查与研究》，文物出版社 2005 年，第 28 页。
② 吴礽骧：《河西汉塞调查与研究》，文物出版社 2005 年，第 28 页。
③ 甘肃省文物管理委员会：《甘肃古浪峡黑松驿董家台汉代木椁墓清理概况》，《文物参考资料》1955 年第 7 期。

地窝铺北等段。古城庄位于大靖镇北 6 公里、明长城北 4 公里，由古城庄向东，汉塞遗迹经羊胡塘、吴中庄、地窝铺北、白家窝铺南、褚家窝铺北、安家庄、方家墩子、李家窝铺北，穿越海子滩，复经峨岜头北、张家沙河、上下浪湾南、新井北，折而东北行，进入流沙中，又经石嘴子、姚家井等地进入景泰县 ①。这条汉塞遗迹多呈现残高 0.5—1 米的土梁状，沿线还出土了较多的汉灰陶片、五铢钱、残铁片等。不过学术界对这一条城墙是否为汉代遗址仍有争议。

3. 凉州区段

汉长城凉州段分布于武威市凉州区境东北部，呈东南—西北走向，全长 55.1 千米。其中南段地处黄羊河下游和古浪河下游绿洲平原地带，该区域地势平坦，渠道纵横，阡陌相连；北段地处腾格里沙漠西部边缘，这里地势开阔，地表多呈新月形沙丘和沙链。

此段长城在凉州区境内主要经过九墩、下双、长城、吴家井等 4 个镇，东南与今古浪县境内的堑壕相连接，起于松陕水（今古浪河）七墩附近，向西北，经吴家井、八墩子、羊圈毫，至九墩子西侧的松陕水入揩次海河口，再沿揩次海西岸，经红水城遗址，再沿红水河西岸，经长城镇红水村、西湖村、前营村、大湾村、苏家台子村、岸门村、高沟村、上营村等地，在十二墩村跨过红水河，至十二墩，再沿红水河东岸向北蜿蜒，至五墩村八组东北红水河东岸，与此地的明长城交会，至五墩村十二组、九墩滩生态建设指挥部新建村，后越过红水河，又沿着红水河东岸西北行，经一墩至十八墩、十八团庄、路墩、塌墩，进入民勤县境内。

此段长城由墙体、壕堑、关堡和单体建筑组成。其中：墙体长 48 千米，构筑墙体均为黄土夯筑，局部地段土体内夹有砂石，部分路段以红水河（汉代

---

① 李并成：《河西走廊东部新发现的一条汉长城——汉揩次县至媪围县段长城勘察》，《敦煌研究》1996 年第 4 期。

为揩次海西岸）为天然屏障，并未筑墙。岸门以南保存较差，只有少量的断续壕墙。岸门以北部分墙体可能被明长城所修补、重筑。大多数地段保存较好，一般底宽 2.5—3 米，顶宽 1 米左右，高 4 米左右。其中，保存最好的是半个墩以北的红水河东岸长城。壕堑长 7.2 千米，构筑方式为中间挖沟、土石堆于两边成垄；堡 4 座，均黄土夯筑。

单体建筑 14 座，包括敌台 4 座、烽火台 10 座，多集中于长城沿线及城堡附近，烽火台多位于长城内侧，单体建筑构筑方式均为黄土夯筑，夯层厚 0.08 ~ 0.23 米。现烽燧大多留存，且多数经过明代修补、重筑。塞墙沿线还存有坞壁、城障遗址等，如月城（位于长城镇月城墩烽燧西侧、北侧）、十墩营儿（位于九墩滩十墩庙长城内侧红水河西岸）、八墩城障（位于八墩烽燧北侧 20 米处）和高沟堡。

高沟堡古城位于武威城东 25 公里的长城镇沙漠之中，是迄今发现的凉州区境内长城沿线最大的一座城堡。经过实地勘察，古城有内外城，外城仅存有残墙断垣，南北东西各 300 米。南部有 4 座残存的约 2 米高烽墩，东北角城墙上有长方形墩台，为古城墙遗址。城内有残高 2 米的两道并行城墙，中间是 3 米宽的甬道，通往外城的墩台。城内东部有长 280 米、宽 20 米的房舍遗址，共 40 间，形似兵营建筑。东南部有一个阅兵台[①]。高沟堡周围分布着汉代墓葬群，多为汉代砖室墓，出土文物有灰陶罐、五铢钱等。结合出土文物，外城为汉代建筑，为统辖红水河沿岸边塞亭燧的重要军事防御城堡，二十里大沙和红水河沿岸应该是汉代的军屯区。据相关推测，该城应该建于西汉元鼎年间（前 116—前 111）。

除了高沟堡，汉长城凉州区段其他地方也发现有大量的汉代墓葬遗址和出土文物。

---

① 王宝元：《武威高沟堡古城考察记》，《西北史地》1995 年第 2 期。

4. 民勤段

汉长城民勤段分布于武威市民勤县境南部和中部，主要经过重兴镇和蔡旗镇，整体呈东南—西北走向。自凉州区红水河大桥西侧进入民勤县境，在扎子沟林场分为两条线路：一条经扎子沟林场、官沟村、蔡旗村、麻家湾村，至小西沟林场进入永昌县境内，呈东南—西北走向，长 14.8 千米；一条自扎子沟林场 3 号烽火台起，向东北依次经过红土墩、陈家墩、阿喇骨山墩、鸳鸯池墩、茨井墩、柳条湾墩、营墩、沙嘴墩、仲家墩、抹山墩、枪杆岭山墩等，至古休屠泽（今民勤县东北白马岗、白疙瘩一带）。该段长城以河流为塞，部分地段已被风沙淹没，由此处折向西北，延伸至青土湖南岸，然后折为东北—西南走向，依次经过民勤三角城城址、民勤连城城址、民勤古城、芨芨井墩，延伸至大西河西岸，再依次经过井泉河墩、岔河子墩、小井子墩，下原墩、四方墩等，沿汉代民勤绿洲边缘行走，经过黑水墩后，进入金昌市金川区境内。该段线路现为烽火台线形式，呈西南—东北—西北—西南走向，绵延 254 千米。

该段长城由墙体、关堡和单体建筑组成。其中：墙体长 14.8 千米，灰棕漠土和流砂土为主夯筑，有少量夹沙黄土；堡 5 座，单体建筑 33 座，包括敌台 1 座、烽燧 32 座，单体建筑构筑方式主要分为黄土或灰棕漠土夯筑和土坯砌筑，部分单体建筑周围有围墙（墩院）和燧体。

虽然经过近两千年的风沙侵蚀和人为破坏，该段长城仍留有多处遗迹，烽火台也遗留较多，现列举重要汉代烽燧遗址如下：

三角城汉代城障遗址：位于民勤县红沙梁乡小东村西 9 公里。因城内西北部有不规则的三角形高台，故称"三角城"。台高 8.5 米，以红砂岩为基础，以土、红柳和砂石相间筑成，东西长 80 米、南北宽 42 米。该城南北约 120 米、东西约 200 米，现有石筑墙基残存，高出台面 2—4 米。城内四周散落着汉代的灰陶片、红陶片、碎砖块等，也有代表沙井文化的红陶片、石纺轮等。该遗址应该是汉代重要的边塞防御驻所。

四方墩汉燧：位于昌宁镇阜康村东北，处在同名沙井文化遗址中，台体系汉代修建，明代补砌后沿用。因是正四棱台体，故名四方墩。整体分为上、下两层，平面呈"回"字形，剖面呈"凸"字形。顶部东西宽 21 米，南北长 23 米，底部东西宽 25 米，南北长 27 米，通高 12 米。墩上残存有土坯女墙，并残存有建筑遗迹（面积约 80 平方米，残高 2 米）。墩下东南边有两座小的陪墩，现残高 5 米，长 15 米，宽 6 米。还发现马厩遗址。墩周围可见大量沙井文化夹砂陶片和汉代灰陶片以及大量明代瓷片。墩附近有汉代窑址和墓葬群，出土有灰陶罐、五铢钱等。

沙嘴墩烽燧遗址：位于民勤县双茨科镇，墩呈馒头状土堆，残高 5 米，周长 100 米。烽墩由土坯修筑，土坯和土坯之间夹杂芨芨草等①。烽燧四周散落有黑、白、绿釉瓷片。该烽燧为汉代修筑，西夏沿用。

西沙窝西缘汉塞遗迹：位于今民勤绿洲西部，南北近百公里，东西宽数十公里。这一带在新石器时代至乃是一片绿洲，汉武威县、宣威县、白亭军等军政建置就设置在这片绿洲之中②。在连城、古城一线向西 2—5 公里处有一道残垣，由东北延伸至西南，残长 10 余公里。

沙岗墩汉代烽燧：位于甘肃民勤县昌宁镇北 7 公里处，烽燧呈覆斗形，底基东西 6 米，南北 4 米，残高 10 米左右。沙土夹芦苇间筑而成，沙土层厚 25 厘米，芦苇层厚 8—10 厘米。现烽燧已被流沙壅压，烽燧四周散落有灰陶片、夹砂红陶片。

野鸽子墩：位于民勤县东南苏武山上，因为有野鸽子在此栖息，故而为名。也相传苏武在此牧羊，有野鸽子于此安家，与苏武相伴，时间一长，鸽子便为苏武传书。人们把这个土墩叫作"野鸽子墩"，又名"望乡台"，当地文人称为"苏子岩"。墩呈覆斗形，底基南北 10.1 米，东西 12.3 米，顶宽 3—4 米，

---

① 周飞飞：《民勤县历史文化遗迹的调查与研究》，兰州大学硕士学位论文，2012 年，第 28 页。

② 李并成：《河西走廊东部汉长城遗迹考》，《西北史地》1994 年第 3 期。

残高 6 米。墩为大土坯垒砌，中间夹压芨芨草 [①]。墩四周散落着大量的汉代灰陶片和明代的青瓷片，应该是汉、明长城遗址。

从武威市境内的汉塞来看，汉代武威是河西走廊重要的军事据点和防御重镇，汉王朝为修建汉塞，付出了巨大的人力、物力和财力。但是，汉塞的修筑也巩固了汉王朝对河西走廊的统治，保障了汉代武威郡人民生产生活的相对安定。当汉王朝构筑了这条防御边塞后，这条汉塞也变成了一条经济、文化的传播线，大量的驻守戍卒、内地移民迁入河西走廊，促进了当地经济文化的发展，也有利于汉代武威郡的社会稳定。同时，这条汉塞也保护了丝绸之路的畅通，强化了西域乃至欧洲和中原王朝的联系。从这方面看汉长城发挥了积极的作用，它是中国古代遗留下来的最宏伟的建筑工程之一，也是世界文化遗产中的瑰宝之一，是中华民族的精神象征。

武威市境内现存汉长城状况

县名	总长度（千米）	壕堑长度	墙体长度	关堡数（座）	单体建筑数（座）	途经乡镇
凉州段	55.1	7.2	48	4	14（敌台 4、烽火台 10）	九墩、下双、长城、吴家井
民勤段	14.8		14.8	5	33（敌台 1、烽火台 32）	重兴镇、蔡旗镇
古浪段	76.5	37.4	3		烽火台 30	黄花滩、土门、定宁、黄羊川、十八里堡、黑松驿
天祝段	49.7	49.7			烽火台 7	华藏寺、打柴沟、安远

注：数据来自甘肃省文物局官网。

三、汉代武威郡边防武装力量

汉代河西边塞的军事力量除了分布在各个城障亭燧由边郡部都尉统帅、以

---

① 李并成：《河西走廊东部汉长城遗迹考》，《西北史地》1994 年第 3 期。

候望报警为主要职责的障塞戍卒外，还有其他军队与之互相配合①。这些军队主要由驻扎在武威郡的边郡兵、屯兵系统、屯田兵、谪卒和刑徒组成。

武威郡郡守除了主持全军郡民政事务外，还要负责练兵、带兵作战等事务，因此太守又称为"将军"。《后汉书》中经常有武威太守负责军事防御和带兵作战的记载，如"（郑众）迁武威太守，谨修边备，虏不敢犯"②，"三月，武都（威）太守赵冲讨巩唐羌，破之"③，"以武威太守傅育领护羌校尉，马防行车骑将军，征西羌"④。

按照汉朝的官职体系，每郡设有都尉，郡都尉是郡守的副官，负责在军事方面协助郡守。"郡尉，秦官，掌佐守典武职甲卒，秩比二千石。有丞，秩皆六百石。景帝中二年更名都尉"⑤。除了设置有郡都尉之外，还在不同的防御区设置了部都尉。根据《汉书·地理志》记载，休屠设两都尉分治两区，即都尉治熊水障，北部都尉治休屠城。诸部都尉属官有丞、候、千人和司马。

都尉府以下设置有若干候官，其长官为"候"，秩比六百石，直接负责边郡守望的事务，候官的驻地为障。候官之下有尉，秩二百石，是主管边塞受侵扰的官吏。候官下属有燧长，燧是最基层的防御组织，其长官为燧长，大概有戍卒3—5人。戍卒的职责为候望烽火、巡行边塞、修缮亭屋、堆积柴草等。

屯兵系统，主统率步骑，御敌战斗。置千人，又有骑千人，主骑兵，秩比六百石，属官有令史、士吏，千人下属有百人⑥。雷台墓出土的一件铜车马就铸有"守左骑千人张掖长张君小车马"⑦，但是雷台墓规格相当之高，不应该是

---

① 高荣：《先秦汉魏河西史略》，天津古籍出版社2007年，第120页。
② 范晔：《后汉书》卷三十六，中华书局1965年，第1225页。
③ 范晔：《后汉书》卷六，中华书局1965年，第270页。
④ 司马彪：《后汉书》志第十一，中华书局1965年，第3232页。
⑤ 班固：《汉书》卷十九上，中华书局1962年，第742页。
⑥ 吴礽骧：《河西的汉代长城》，《文博》1991年第1期。
⑦ 甘肃省博物馆：《武威雷台汉墓》，《考古学报》1974年第2期。

"左骑千人"这样六百石的官吏。这件写有"守左骑千人"的铜车马有可能代表着墓主人生前曾经担任的官职，内蒙古和林格尔汉代壁画墓 [①] 展示了墓主人生平经历和任职变迁，但也有可能是墓室陪葬者的器物。

屯田兵，是由农都尉统领的军事建制的屯田部队，一般规模较大。屯田兵的来源主要为编户齐民，也有谪卒和刑徒。屯田兵一般在没有战事的时候务农，在有战事的时候随军作战，所以他们身上兼有农民和士兵的双重身份。屯田的成果除了自给外，也是军粮的重要来源。武威地区也有大量的屯田兵，并设置有农都尉。敦煌悬泉汉简记载："神爵二年……使领护敦煌、酒泉、张掖、武威、金城郡农都尉。"根据李并成的观点，至少现存有五处汉代边城遗址和军屯区 [②]。

武威都尉和北部都尉治所及屯区：汉代武威郡设有武威都尉和北部都尉。北部都尉治所在汉代休屠城，即在今天的凉州区四坝镇三岔村。武威都尉治所在熊水障，根据李并成的观点，熊水障应该在休屠城西 9 公里处一个名叫熊爪湖的地方，湖边数公里处即是洪祥滩汉墓群。休屠城和熊爪湖地处绿洲内部，如今这里四周都是农田，汉代屯区范围应该也在这里。

高沟堡及其屯区：高沟堡在汉代是一座屯防边城，二十里大沙应该是昔日汉代的军屯区。

九墩故城及其屯区：地处凉州区九墩镇东北 5 公里处，二十里大沙北部，东邻红水河。城中沙丘中的废弃耕地应该是汉代的军屯垦区。

民勤县三角城及其屯区：沙丘的丘间地上出露的风蚀古耕层硬地板清晰可见。

古城及其屯区：位于民勤县大滩镇，正方形，边长 120 米，古城丘间地

① 内蒙古文物工作队、内蒙古博物馆：《和林格尔发现一座重要的东汉壁画墓》，《文物》1974 年第 1 期。

② 李并成：《石羊河流域汉代边城军屯遗址考》，《西北师大学报》（社会科学版），1989 年第 2 期。

也是风沙侵蚀的老耕区硬板地面，周围出土有汉代灰陶片、碎砖块等汉代遗物。

除此之外，汉代河西地区还有大量的编户齐民被招募入伍，募兵属于职业兵。大量的谪戍和刑徒也被遣送到河西戍边，武威郡这样的士兵应该不在少数。

第三章

汉代武威的经济社会发展

武威在经历了两汉时期大规模开发和治理后，农牧业发展迅速、手工业发达、商业贸易兴盛，经济结构发生了变化，社会发展基本与中原无异，由荒凉的边陲之地发展为西北宜农宜牧的繁胜之地。

第一节 汉代武威的农业

早在汉朝取得河西走廊、设立河西四郡之前，河西走廊就有人类的农业活动，并且已经饲养了猪、狗、羊等家畜家禽，制陶业也已经很发达[①]。在皇娘娘台的齐家文化遗址，发现了铲、凿、刀等石器农具和牛、羊、猪、狗等动物骨骼。沙井文化遗址中也发现谷物和骨、石、铜、铁制的农耕生产工具及石磨盘、磨棒、石臼、石杵等粮食加工工具。以上考古发现都表明，在汉代之前，武威地区已经有了比较发达的农业和畜牧业。

一、屯田的兴起和移民的迁入

1. 屯田的兴起

"屯"是"戍守、驻扎"的意思，因此"屯田"的含义就是在其驻防地一边驻守，一边进行农业和畜牧业等生产活动。对于屯田的原因和好处，《册府元龟》记载："千里馈粮，士有饥色；樵苏后爨，师不宿饱。屯田之利，繇是兴矣。"[②] 屯田首先是为了解决边疆士卒的粮食供应问题，此举既能解决粮食的供应，又能促进边疆地区的开发，此后成了历代王朝的重要战略举措。在汉代，河西地区是西北地区规模最大的屯田区。为了巩固对河西地区的控制，维护通往西域的通道，汉朝政府大力开发河西地区，以达到完全"断匈奴右臂"的目的。从汉武帝开始，两汉政府便在河西地区进行了大规模的

[①] 高荣:《先秦汉魏河西史略》，天津古籍出版社 2007 年，第 17 页。
[②] 王钦若等:《册府元龟》卷五〇三《邦计部·屯田》，凤凰出版社 2006 年，第 5712 页。

屯田活动，战略位置重要、自然条件相对优越的武威便成了汉代重要的屯田区。

西汉武帝太初三年（前102年），汉武帝"益发戍甲卒十八万酒泉、张掖北，置居延、休屠以卫酒泉"。休屠县在今天的凉州区四坝镇三岔古城，是漠北进入河西走廊的要道。汉武帝派遣十八万戍卒分别在居延、休屠屯戍，休屠县屯田戍卒不少于全体屯田卒的1/3①。

我们在出土文献中也能看到相关的屯田事例，如悬泉汉简记载："中郎安意使领护敦煌、酒泉、张掖、武威、金城郡农田官、常平粜调均粮谷，以大司农丞印封下敦煌、酒泉、张掖、武威、金城太守……"这里的农田官是汉代专门管理屯田事务的官员，是出土文献和传世文献互证的典型例子。

武威的屯田一方面巩固了汉代西北地区的边防，另一方面也为武威的经济发展奠定了基础。在汉武帝控制河西走廊之前，武威相对中原地区来说，经济发展较为滞后，以粗放型的畜牧经济为主。两汉政府在武威的屯田，改变了武威相对滞后的经济结构和现状，扩大了农业种植业的面积，带动了武威经济社会的发展。

2. 移民的迁入

移民为汉代武威地区农业的发展提供了充足的劳动力。从西汉王朝在河西走廊设立郡县以后，汉王朝便在此开始了大规模的移民。

《汉书》记载："自武威以西，本匈奴昆邪王、休屠王地，武帝时攘之，初置四郡，以通西域，隔绝南羌、匈奴。其民或以关东下贫，或以报怨过当，或以悖逆亡道，家属徙焉。"②可以看出，汉王朝将大量的贫民、罪犯等迁入河西走廊，如元鼎三年（前114年），"始筑令居以西，初置酒泉郡，后稍发徙民充

---

① 汪受宽：《甘肃通史·秦汉卷》，甘肃人民出版社2009年，第217页。
② 班固：《汉书》卷二十八下，中华书局1962年，第1644—1645页。

实之"①；元鼎六年（前 111 年），"乃分武威、酒泉地置张掖、敦煌郡，徙民以实之"②。以上两例虽无直接说明汉代对武威地区的大规模移民，但我们猜想，这一时期从西汉内地迁入武威的移民肯定为数不少。另外，休屠县屯田士卒按照 6 万来算，连同其家属等可能也有 10 万左右。我们从武威出土的文物中也能看到移民的佐证，如磨嘴子 M23 出土的铭旌，铭文为"平陵敬事里张伯升之柩过所毋哭"③。平陵是汉县治，在今天的陕西咸阳一带。

大量的移民到了河西走廊以后，往往会享受到优惠的政策。汉王朝为其建造房屋、赠予田地和农具等，以方便他们更快地投入到农业生产中。《后汉书》就记载："其令郡国募人无田欲徙它界就肥饶者，恣听之。到在所，赐给公田，为雇耕佣，赁种饷，赁与田器，勿收租五岁，除算三年。"④

随着汉王朝对武威移民数量的增加和经济社会的发展，到了西汉晚期的汉平帝元始二年（2 年），武威郡共有户一万七千五百八十一，口七万六千四百一十九⑤。这个统计不包括从外地派遣的军政官员、屯田卒以及大量的隐匿人口，如果把他们也算上，武威郡的人口估计在 12—15 万。从人口密度来看，汉代的武威郡在河西四郡中也是比较高的。据刘仲辉的计算，西汉时期敦煌郡的人口密度是 0.3，酒泉郡是 1.3，张掖郡 0.7，武威郡是 0.9⑥，在河西四郡中仅次于酒泉郡。大量移民的涌入和人口的增加，在为武威地区补充农业劳动力的同时，也带来了中原地区先进的耕作技术，有力地推动了汉代武威地区农业生产的发展。

---

① 班固：《汉书》卷九十六上，中华书局 1962 年，第 3873 页。
② 班固：《汉书》卷六，中华书局 1962 年，第 189 页。
③ 甘肃省博物馆：《甘肃武威磨嘴子汉墓发掘》，《考古》1960 年第 9 期。
④ 范晔：《后汉书》卷三，中华书局 1965 年，第 145 页。
⑤ 班固：《汉书》卷二十八下，中华书局 1962 年，第 1612 页。
⑥ 刘仲辉：《两汉凉州建置沿革及人口状况研究》，郑州大学硕士学位论文，2007 年，第 57 页。

二、农业生产技术的发展

1. 品种多样的农业生产工具

汉代，铁农具普遍使用，主要有翻土的锸，起土时用的铲，刨地时用的镢，碎土和平地用的耙，耕地用的犁，挖土用的镢，除草用的锄，收割用的镰刀，播种用的楼足等。成书于西汉时期的《盐铁论·水旱》中就提到："铁器，民之大用也。器用便利，则用力少而得作多，农夫乐事劝功。用不具，则田畴荒，谷不殖。[1]"考古发现的实物资料也证实了铁制农具已经在武威在内的河西地区广泛使用，可以说随着铁农具的普遍使用和改进，大大促进了农业生产的发展。

犁是汉代最主要的农业生产工具，由犁铧、犁镵和犁冠组成。武威磨嘴子东汉墓出土了犁，犁头涂黑呈尖状，以示铁犁[2]。民勤县北新沟西约30里的古城遗址中也有铁犁[3]。汉代仍使用套在木叶犁底上的"V"字形铁犁，但其上口加宽，侧翼加长、后延，锋角变小，更有利于刺穿土壤。

犁铧是犁的入土部件，具有发土、挤压、碎土、翻土的功能。安在犁上的铧，一般都是"全铁制"。古浪县土门镇曾出土一件汉代舌形大铧，长36.5厘米、宽40厘米，底面板平，上面突起，中间有凸脊，后面有等腰三角形的銎，以纳木犁头。与今天的木犁使用已经没有太大的区别，足见汉代武威农业生产工具的进步。

为了使犁铧在耕地时既能破土划沟，也能翻土碎土，汉代在犁铧上加装了犁壁，可以在冬耕的时候冻死害虫，也能在春耕时提高耕地的温度。

除了犁，河西地区还发现了其他的汉代铁制农具。武威磨嘴子汉墓群就

---

① 王利器：《盐铁论校注》，中华书局1992年，第429页。

② 刘兴林编著：《战国秦汉考古·下编·汉代考古》，南京大学出版社2019年11月出版。

③ 王宗维：《汉代丝绸之路的咽喉—河西路》，昆仑出版社2001年，第306页。

发现一件铁刀[①]；敦煌悬泉置遗址出土了230件铁器，主要有犁、锸、铧、削、镰、锛、铲、刀等[②]；敦煌甜水井汉代遗址出土了残锄形器、残锸形器、铁镰、铁锛、铁刀等[③]；敦煌马圈湾汉代烽燧遗址也出土有铁镰、铁锸刀、铁锄等农具和刀、剑、削、斧刃、铁钉等其他铁器[④]；永昌县乱墩子滩1号壁画墓有一男子手持镰刀收割的场景[⑤]。

楼车，据东汉崔寔《政论》的记载，由三只楼脚组成，就是三脚楼。播种时，用一头牛拉着楼车，楼脚在平整好的土地上开沟播种，同时进行覆盖和镇压，一举数得，省时省力，故其效率可以达到"日种一顷"。1930年在居延西汉遗址发现了一件木制农具，它的尖端应附有小型的铁铧，应该是楼车

嘉峪关魏晋壁画墓·耙地图

---

① 甘肃省博物馆：《武威磨嘴子汉墓发掘》，《考古》1960年第9期。

② 何双全：《甘肃敦煌汉代悬泉置遗址发掘简报》，《文物》2000年第5期。

③ 敦煌文物研究所考古组，敦煌县文化馆：《敦煌甜水井汉代遗址的调查》，《考古》1975年第2期。

④《敦煌马圈湾汉代烽燧遗址发掘报告》，选入吴礽骧、李永良、马建华释校：《敦煌汉简释文》，甘肃人民出版社1991年，第291—292页。

⑤ 李勇杰：《甘肃永昌乱墩子滩1号壁画墓调查简报》，《甘肃广播电视大学学报》2019年第3期。

的足①。这样的耧铧可以将开沟、下种和复土一次完成，大大提高了农业生产效率。

在嘉峪关的魏晋壁画墓中，还有耙田图和耱田图，耙和耱都用牛来牵引，人站在它们的上面，以增加重量。这说明魏晋时期耙和耱的使用已经相当普遍，我们或许可以猜测东汉中后期河西走廊已经出现了这样的耕作技术。邢义田就将居延汉简中从木或者金字旁的"齿"字释为"鎡"，并推测它是汉晋时期河西地区一种由牛牵引的"丁"字形横向列有尖铁或木齿，用于碎土和整田的农具，很可能就是后世的耙②。

2. 不断提高的生产技术——牛耕、代田法和区田法

汉代牛耕一般实行"二牛抬杠"，即两头牛抬着犁衡，一人牵引着一张长辕的犁，一人扶着犁并驱牛。这样的生产技术在武威及整个河西走廊非常普遍，永昌县乱墩子滩壁画墓就有"二牛抬杠"耕作图，图中上栏右侧一男子手

磨嘴子 M48 出土木牛和木犁

① 王仲殊：《汉代考古学概说》，中华书局 1984 年，第 34 页。
② 邢义田：《一种汉晋河西和边塞使用的农具——鎡》，收于《今尘集：秦汉时代的简牍、画像与文化流播》中西书局 2019 年，第 553—575 页。

持犁辕，脚踏犁梢，驱动二牛耕地；下栏为一男子右手握着缰绳，二牛抬一杠[①]。东汉中后期后，有了"二人一牛"和"一人一牛"的耦犁。相比二牛抬杠，一牛挽犁需要的人力畜力大大减少，生产效率提高了很多。武威磨嘴子 M48 就出土一件彩绘木牛拉犁，由一头木牛和一具木犁模型组成[②]。在高台骆驼城汉晋画像砖墓中，就有"二牛一农夫"和"一牛一农夫"的耕作图[③]。这些都形象地说明东汉中后期以后，包括武威在内的河西地区农业生产的进步。

为了适应西北地区抗旱的需要，汉代还出现了代田法。这种耕作的方法是：在 1 亩地里犁出若干条并行的沟，将从沟里犁起的土壤堆在沟旁形成 1 尺高的垄，将种子播种于沟内，随着作物生长起来，逐次地将垄上的土推下来，培雍苗根。最终，直到垄被削平，所有的土全部推回沟内。次年，又在先前垄的位置，开出新沟[④]。代田法很好地适应了西北地区干旱、风沙大的自然环境，有利于增强作物的抗风能力，充分吸收土壤的水分和养分，起到抗旱保墒的作用，还可以休养地力，一般要比普通的耕作方法增产 25% 以上，甚至是成倍增产。

区田法记载于西汉时期著名农学家氾胜之撰写的《氾胜之书》。区田法有两种形式。一种是沟状区种法，是长方形区，令 1 亩之地，长 18 丈，宽 4.8 尺。将 18 丈长的地面，横断 15 个町，町间分为 14 条道，以通人行。横着町每隔 1 尺凿一条 1 尺宽 1 尺深的沟，将凿沟掘出的土壤堆放在沟间。在这种区田中，采取等距唐播的方法，在沟中播种禾、黍、豆、麦等作物。另一种是小方形区田，可以在斜坡或者土地狭窄地区进行耕作[⑤]。区田法的特点在于集中

---

① 李勇杰：《甘肃永昌乱墩子滩 1 号壁画墓调查简报》，《甘肃广播电视大学学报》2019 年第 3 期。

② 甘肃省博物馆：《武威磨嘴子三座汉墓发掘简报》，《文物》1972 年第 12 期。

③ 施爱民：《甘肃高台骆驼城画像砖墓调查》，《文物》1997 年第 12 期。

④ 许倬云：《汉代农业：早期中国农业经济的形成》，江苏人民出版社 1998 年，第 119—120 页。

⑤ 汪受宽：《甘肃通史·秦汉卷》，甘肃人民出版社 2009 年，第 227 页。

施肥，灌溉方便，产量很高。

汉代时期，武威在内的河西地区耕作技术的进步还体现在选种和施肥等环节。居延汉简和敦煌汉简中就有不同作物种子的记载，如"大茅种一斗卅五，凡直七千三百五十二"等。汉代人已经掌握了施肥技术，东汉王充在《论衡》中就提到："深耕细锄，厚加粪壤。"[①]居延汉简中也有"以九月旦始运粪"的记载。这都说明在汉代，人们已经掌握了粪肥对农作物的作用。河西汉墓中发掘出陶制房屋、农舍等模型里就有厕所，这说明厕所既是住所组成部分，也有收集粪肥的作用。

先进的农业生产工具的使用和耕作技术的实施，推动了粗放型农业向精耕细作型农业的转变，使汉代武威乃至河西走廊粮食种植的推广和粮食产量的增加都有了保障，也大大推动了这一时期的农业繁荣。同时，粮食产量的增加，使武威在内的河西地区基本实现了粮食自给，两汉时期河西地区驻军和军事行动的军粮也大多数由河西当地的编户和军屯来提供，就近解决了军需物资的供应问题。

3.灌溉设施及汲水工具

两汉时期，随着河西地区社会经济的开发，水利灌溉越来越受到各级官吏和民众的重视。两汉之际的窦融管理河西地区时，针对当地气候干旱、降水稀少的特点，设置了主管水利的官员专门负责灌溉，并且还鼓励当地民众自己修建水渠，发展水利事业。他曾组织张掖、武威的民众在祁连山麓修筑水渠，引祁连山雪水灌溉。东汉初期，任延担任武威太守，他根据"河西旧少雨泽"的气候特点，"乃为置水官吏，修理沟渠，皆蒙其利"[②]。就在任延的任期当中，他设置了主管水利的官员，修理水利设施以灌溉土地，大大提高了农业生产水平。

---

① 黄晖：《论衡校释》，中华书局 1990 年，第 73 页。
② 范晔：《后汉书》卷七十六，中华书局 1965 年，第 2463 页。

汉代也是砖井发育和发展的时期。砖井较陶管井耐压力强，井壁厚而渗水好，更有利于农田的灌溉①。武威雷台墓内有一汉代水井，这口井贯穿了整个夯土层，与古墓的墓道紧紧相邻。经过专家考证，井里的砖块同样来自东汉时期，经测绘发现，这口井并不垂直，开口处直径 0.95 米，井底直径 0.86 米，而中部直径达 1.15 米，也就是说古井整体是呈腰鼓状的。这口古井到 20 世纪 90 年代中期才逐渐干涸。

武威汉墓中也经常有井的明器发现。凉州区东河乡王景寨出土一件汉代绿釉陶井，圆口，圆柱形井身，平底，口沿置水桶②；新华乡磨嘴子汉墓群也出土一件绿釉陶井，棱柱形，有井架，井架为屋脊形，井面四方形，上置有一小桶。在汉代，井边往往还有辘轳等汲水工具。从以上考古遗迹、文物可以看出汉代武威井的构造和形制，反映出这一时期凿井、砌井技术的高超。

在汉代，还发明了"井渠法"，非常适合在气候干旱、蒸发量大的河西地区推广。《汉书·沟洫志》记载："于是为发卒万人穿渠，自征引洛水至商颜下。

嘉峪关魏晋壁画墓·井饮图

① 刘兴林编著：《战国秦汉考古·汉代考古》，南京大学出版社 2019 年。
② 陈晓峰主编：《武威文物精品图集》，读者出版社 2019 年，第 105 页。

岸善崩，乃凿井，深者四十余丈。往往为井，井下相通行水。水隤以绝商颜，东至山领十余里间。井渠之生自此始。"①居延汉简中就有关于井水灌溉的内容："第十三燧长贤，卅井水五十步，阔二丈五，立泉二尺五，上可治田，督给吏卒□。"

井的开凿和灌溉技术的进步，使得包括武威在内的河西走廊灌溉不再局限于只依靠祁连山的冰雪融水及自然降水，从而促进了农业生产的发展。

4. 粮食加工、运输和储存工具

谷物收获后，要经过打场、扬场，其情形在嘉峪关魏晋壁画墓中就可以看到。我们有理由相信，在东汉时期的武威，也有着打场、扬场的谷物加工过程。

嘉峪关魏晋壁画墓·扬场图

汉代的粮食加工工具主要有磨、碓、杵臼等，它们的改进发明，不仅提高了谷物的生产效率，大大节省了劳动力，而且还改变了当时的饮食结构。磨是汉代最常见的食物加工工具，最初叫硙，汉代才称之为磨。石磨是由两块短圆柱形石块和磨盘构成，一般放置在石头或者土坯搭成的台子上。在使用时，粮

① 班固:《汉书》卷二十九下，中华书局 1962 年，第 1681 页。

食通过上方的孔进入两层中间，在滚动时被磨碎形成粉状。武威新华乡磨嘴子汉墓就出土一件汉代石磨。

谷物的加工已经普遍使用，如前所述，汉代包括武威在内的河西地区，发现有石臼、石杵等粮食加工工具。此外，践碓在汉代也被普遍使用，这是一种简单的机械装置，用人力践踏，以舂捣谷物[1]。

汉代武威农业用车主要有牛车（大车）、驴车和独轮车等。车不仅可以运输粮食，还可以运输土壤、肥料等，在农业生产中起着重要的作用。

汉代武威用来储存粮食的工具主要有粮仓、陶瓮等。武威出土了多件汉代陶仓明器，主要有圆形和方形两种。今武威市凉州区中坝镇就出土一件汉代黄釉陶仓，"人"字形屋脊顶，正方体仓，仓身正面开窗，窗外两侧塑桥形孔，连接窗盖所用。

铁农具、牛耕和先进农业生产技术的使用，有效地提升了粮食产量，从而促使市场粮食价格下降，汉宣帝时期"金城湟中谷斛八钱"。河西走廊沿长城一带，建有许多粮仓，应该是存储剩余粮食之用。据《后汉书》记载，窦融主政河西时期还曾出现过"兵马精强，仓库有蓄，民庶殷富"[2]的繁荣景象。班固在《汉书》中还称赞说"自武威以西……是以其俗风雨时节，谷籴常贱，少盗贼，有和气之应，贤于内郡"[3]，可见包括武威在内的河西走廊在两汉时期的确是比较殷富的。

---

① 王仲殊：《汉代考古学概说》，中华书局 1984 年，第 35 页。
② 范晔：《后汉书》卷二十三，中华书局 1965 年，第 799 页。
③ 班固：《汉书》卷二十八下，中华书局 1962 年，第 1644—1645 页。

第二节　汉代武威的畜牧业

一、汉代武威地区畜牧业的兴盛

作为河西走廊重要地区的武威，具有发展畜牧业得天独厚的自然条件。武威是典型的温带大陆性气候，气候干燥，光照充足，水草丰美，是天然的畜牧区。这里自古以来就是乌孙、月氏、匈奴的游牧区。《汉书·匈奴传》记载："其畜之所多则马、牛、羊，其奇畜则橐驼、驴、骡、駃騠、騊駼、驒騱。"[①]匈奴人的衣食住行基本都与畜牧业有关。《汉书·匈奴传》记载："自君王以下咸食畜肉，衣其皮革，被旃裘。"在长期从事畜牧业的过程中，匈奴人积累了很多有关养马的经验，提高了畜牧业的发展水平。据《汉书》记载，金日磾作为匈奴休屠王的太子被汉军俘获，"输黄门养马"，他所养之马膘肥体壮，还受到汉武帝的嘉奖。可以说，乌孙、月氏、匈奴等民族为汉代武威地区畜牧业的发展奠定了良好的基础。

汉代时期，武威处于半农半牧地区，这里既有维持牧业生产的农业产品，也有可供农业和军事需要的畜牧业[②]。其中，最重要的就是养马业。马作为古代军事和商贸活动的重要交通工具和战斗武器，历来受到统治者的重视。河西走廊自归属汉王朝统治后，陆续在这里设郡立县。河西地区的牧场规模也逐渐扩大，规模较大的就有山丹大马营草滩、天祝松山滩、酒泉盐池湾和阿克塞海子等[③]，武威地区也成为汉代重要的良马来源地。

---

① 班固：《汉书》卷九十四上，中华书局 1962 年，第 3743 页。
② 林剑鸣：《秦汉史》，上海人民出版社 2003 年，第 520—521 页。
③ 徐水兰：《汉代河西养马业研究》，兰州大学硕士学位论文，2016 年，第 22 页。

磨嘴子汉墓群就出土过一件彩绘黑木马，马的躯干、前胸和后臀浑厚，马腿坚定有力，马头塑造威武神气，特别是尖如竹笋的耳朵，鼓突如铃的眼睛[1]。雷台墓出土了享誉世界的铜奔马，马身颈粗鬃长，胸广臀圆，足细蹄阔，长尾飘举[2]。这两件出土文物以不同形式表现出"凉州大马"身形矫健、威猛有力的特性，从侧面反映出两汉时期武威养马技术的高超和畜牧业的发达。《汉书·地理志》因此赞誉道："习俗颇殊，地广民稀，水草宜畜牧，（故）凉州之畜为天下饶。"[3]

据《后汉书》记载，两汉之际占据河西地区的窦融在离开河西时，"官属宾客相随，驾乘千余两，马牛羊被野"[4]。路上到处是马、牛、羊，说明了汉代河西畜牧业经济的发达。

武威铜奔马

---

① 甘肃省文物局编：《甘肃文物菁华》，文物出版社 2006 年，第 175 页。
② 甘肃省文物局编：《甘肃文物菁华》，文物出版社 2006 年，第 113 页。
③ 班固：《汉书》卷二十八下，中华书局 1962 年，第 1645 页。
④ 范晔：《后汉书》卷二十三，中华书局 1965 年，第 807 页。

东汉时期，武威地区地主庄园经济发达。2003 年，甘肃省文物考古研究所等单位联合开展了对武威磨嘴子遗址进行了第一次系统的野外考古发掘，出土了木马、木鸡、木狗、木牛等多件动物木雕[①]。从墓葬规模、随葬品的种类和数量来看，磨嘴子汉墓群的墓主人生前地位都不高，大多只是中下层官僚或者一般地主阶层。根据汉代"事死如事生"的习俗，这些中下层官僚或者地主的墓葬大致可以反映其生前的生产生活状况。墓葬中，以大量的木制马、牛、鸡、羊、狗等明器随葬，说明当时武威地区家畜、家禽的饲养是非常普遍的，这充分展现了东汉时期武威畜牧业的兴盛。

二、畜牧技术的发展和法令的完善

养猪是农耕文明的一个标志。武威磨嘴子汉墓群还曾出土一件陶溷明器，正面有一长方形厕门，侧后方塑有一猪[②]。它说明，汉代武威的养猪方式已经发生改变，由单一放养发展到圈养与放养相结合。农耕家庭极为重视积粪肥，猪圈积肥是农家肥的重要来源，所以就出现了这种把厕所和猪圈连为一体的"连茅圈"的建筑结构。人们把小麦、稻谷之类撒进猪圈，然后经过猪的踩踏，与粪肥混合成优质圈肥。同时，把厕所和猪圈两个污秽之地合为一体，不仅有效利用了空间，也减少了污染。

汉代，已经有了比较成熟的牲畜饲养管理技术，表现在掌握牲畜配种季节，保护孕畜、母畜、幼畜，合理使用牲畜，饲料储存等方面[③]。在敦煌悬泉置出土汉简中，还有着对马的专门看护和医治[④]，都体现了这一时期兽医学和畜牧业生产技术的进步。

---

① 甘肃省文物考古研究所、日本秋田县埋藏文化财中心、甘肃省博物馆：《2003 年甘肃武威磨嘴子墓地发掘简报》，《考古与文物》2012 年第 5 期。

② 陈晓峰主编：《武威文物精品图集》，读者出版社 2019 年，第 105 页。

③ 林剑鸣：《秦汉史》，上海人民出版社 2003 年，第 523 页。

④ 徐水兰：《汉代河西养马业研究》，兰州大学硕士学位论文，2016 年，第 26—28 页。

敦煌悬泉置遗址还发现了马厩①，敦煌汉简中还有很多"厩佐""厩啬夫"之类的官名，如"悬泉厩佐长富受敦煌仓佐曹成""悬泉厩啬夫欣敢言之"等。这些都表明在汉代河西地区对马的管理已经越来越专业化。

随着丝绸之路的开通，苜蓿从西域传入了河西走廊。武威应该在当时就有了苜蓿的种植。苜蓿以"牧草之王"著称，不仅产量高，而且草质优良，对繁育良种马、增强牲畜的体质和挽力发挥了重要作用，是马等家禽家畜的优质饲料。

汉王朝也出台了相关政令对牛、马等进行保护，汉代禁止随意宰杀耕牛。居延汉简中就有"部吏毋屠杀马牛者"的官府文书。

汉代武威的农业和畜牧业发展产生了深远的影响，改变了武威单一的经济结构，逐渐形成了亦农亦牧、农牧并举的经济模式，为以后历代王朝管理武威提供了借鉴。畜牧业的发展也为农业生产提供了马、牛等役畜，带动了武威地区农业生产和经济贸易的发展，这一时期牛耕、牛车、马车等都在文献或者考古出土中多有发现。同时，武威地区畜养的大量优质马、牛等牲畜传入中原，对中原的农业、交通运输业和商业的发展发挥了重要的促进作用，也对汉朝骑兵建设做出了贡献。

---

① 何双全：《甘肃敦煌汉代悬泉置遗址发掘简报》，《文物》2000 年第 5 期。

第三节　武威出土文物中展现的手工业

武威汉墓所出土汉代手工业品种繁多，综合反映了两汉时期社会经济的发展状况。

一、金属冶铸业的进步

1.铁器的普遍使用

在汉代，铁器的制造和使用已经非常普遍，人们的生产生活都离不开铁器。在武威乃至整个河西走廊，出土了大量的铁农具，有犁、刀、镰、锸、锄、锛等，它们的广泛使用，大大提高了农业生产的效率。此外，磨嘴子汉墓出土了铁刀、金属针[①]，文化巷汉墓出土了铁釜、铁钉[②]，雷台墓出土了铁镜、铁矛、伞橑股等[③]，建国街东汉墓出土了铁镜、铁钉[④]，武威热电厂汉墓出土了铁剑[⑤]，这些都反映出这一时期铁器在武威的普遍使用。

2.用途多样的铜器

汉代，青铜器在武威依然流行。武威汉墓群中发现了大量制作精美的青铜器，用途广泛。按照这些青铜器物的性能、用途，我们大致可以分为以下六类：

[①] 甘肃省博物馆：《甘肃武威磨嘴子汉墓发掘》，《考古》1960 年第 9 期。

[②] 武威市文物考古研究所：《武威市文化巷汉墓发掘简报》，《陇右文博》2003 年第 1 期。

[③] 甘肃省博物馆：《武威雷台汉墓》，《考古学报》1974 年第 2 期。

[④] 武威市文物考古研究所：《武威建国街东汉墓清理简报》，《陇右文博·武威专辑》2004 年。

[⑤] 武威市文物考古研究所：《武威热电厂汉墓清理简报》，《陇右文博》2019 年第 1 期。

其一，兵备武器，有剑、削、弩机等。

其二，日用器具，有案、壶、碗、盆、尊、洗、熏炉、博山炉、镜、钵、熨斗、釜、连枝灯、盘、耳杯、镯、带钩、铺首、泡钉、针筒、镫斗等。

从这些日用器具我们可以看到，这一时期青铜器已经被推广到日常生活的各个方面，连枝灯、熨斗、博山炉、薰炉等都是这一时期新兴的铜器。其中，连枝灯和博山炉往往制作得非常精美。雷台墓就出土一件十二盏铜连枝灯（编号112），高146厘米。灯座为覆钵形，座上竖立干枝三段，每段干枝的两旁有连

雷台墓出土·十二盏铜连枝灯

环，环上镂空花片饰。每段干枝衔接处有孔，孔内插"十"字形架三。"十"字形架的末端各有一孔，每孔横插透雕叶饰片各一，每一叶饰上托小盏一具，每盏沿边上插有桃形叶饰片各一。干枝的最顶端承托连环，环上又承托人骑鹿形花饰。原为十二小盏，现存八盏[①]。灯座十二盏铜连枝灯展现了汉代铜器制作工艺的精髓，其形制精美细腻、样式新颖，反映出当时汉代高超的青铜铸造水平和独特的审美趣味。

其三，车马机具，有当卢、车軎、铃、盖弓帽、环、衔、马蹄、马头

① 甘肃省博物馆：《武威雷台汉墓》，《考古学报》1974年第2期。

饰等。

其四，度量衡类，如撮、斛等。武威磨嘴子汉墓群出土一件铜撮，据计算，它的容积是 2.638944 立方厘米。同墓还出土一件木斗，容积为 2507.112958 立方厘米，也就是 2.507112958 升[1]，这件铜撮的容积为木斗的千分之一。古浪县黑松驿陈家台出土一件汉代铜斛，斛上有铭文"大司农平斛，建武十一年（35年）正月造"，现藏于中国国家博物馆。斛高 24.4 厘米，口径 34.5 厘米，容积为 19600 毫升。

古浪县出土铜斛

其五，货币。汉代武威出土的铜钱有汉半两、五铢钱，新莽时期的大泉五十、货布、货泉、小泉直一等。同时，货币还是汉墓分期断代的重要依据。

其六，明器。汉代时期，马是财富的象征，车马冥器随葬是一种非常常见的风俗。武威雷台墓出土铜马三十九件，其中有铭文的八件。铜车十四辆，其中斧车一辆、轺车四辆、"小车"二辆、"輂车"三辆、大车三辆、牛车一辆。此外，有铜牛一件，铜凳一件[2]。其中就有享誉世界的铜奔马。

---

[1] 甘肃省博物馆：《甘肃武威磨嘴子汉墓发掘》，《考古》1960年第9期。
[2] 甘肃省博物馆：《武威雷台汉墓》，《考古学报》1974年第2期。

雷台墓出土·铜车马仪仗队

3. 高超的青铜器加工工艺

从武威出土的青铜器来看，汉代青铜器加工工艺已经相当成熟。青铜器的连接工艺也已十分繁多，有焊接、铆接、铸接、插接、镶接等多种方式。雷台墓出土的铜俑、车、马均用范模铸型；先分铸不同部位，然后焊接或铆接。马耳、马尾和雄胜，分别另铸，然后在马身上打孔插入。车辀、马鞍皆铸成[①]。铜车马采用了如此多的连接方式，体现出当时青铜器连接工艺的发达和工匠技艺的高超。

青铜器有铸造纹饰，但更多的为采取镶嵌、错金银、鎏金银、镂空、透

---

① 甘肃省博物馆：《武威雷台汉墓》，《考古学报》1974 年第 2 期。

雕等工艺制作的装饰，一件器物往往采用多种工艺①。雷台墓出土一件鎏金错银铜樽，腹部有对称的兽面衔环铺首两个。兽面上镶嵌红、绿宝石，兽口涂红。器身内外和器盖内外斗以鎏金错银组成细致的云气纹和各种奇禽异兽的纹样②。这件铜樽使用了鎏金、错银及镶嵌三种工艺。铜樽上精美的云兽纹饰、炫丽夺目的金银工艺的运用，使其成为汉晋时期青铜器的珍品，这样的青铜器在当时可以说是极少见的。同墓出土一件十三盏铜连枝灯，编号113号，高112厘米。该灯的制作工艺非常讲究，灯座为倒置喇叭形，座面饰"瑞兽"纹和云气纹，灯杆分为三段，套插而成。每段干枝的两旁有连环，环上有镂空片饰，内雕镂二人像，相对而立。每段干枝衔接处有孔，孔内插"十"字形架，尽头均横插透雕叶饰，作鸾凤缠枝纹。叶氏末端上托小盏灯一个，每个小盏灯的沿边上又插桃形叶饰各三个。此灯原有十三盏，现存六盏③。这件铜连枝灯使用了镂空、透雕等多种连接工艺，都代表着这一时期青铜手工业技术的发达。

雷台墓出土·鎏金错银铜樽
（左图为樽盖，右图为樽）

---

① 韩国河：《中国古代物质文化史·秦汉》，开明出版社2014年，第154页。
② 甘肃省博物馆：《武威雷台汉墓》，《考古学报》1974年第2期。
③ 甘肃省博物馆：《武威雷台汉墓》，《考古学报》1974年第2期。

4. 种类繁多的武威汉代铜镜

在河西走廊的汉墓中，随葬的铜镜的流行年代一般与墓葬年代相当或略早于墓葬，所以铜镜可以作为墓葬年代的参考依据[①]。目前，在武威汉墓中发现的铜镜，大致可以分为以下三个时期：

西汉中后期：这一时期，地纹逐渐消失，弦钮变为圆钮（半球状）、连峰钮和兽形钮等，花纹严格对称于镜的圆面中心，或者以四乳为基点将镜背分为四区，其间布置主题纹饰。代表性的铜镜是星云纹镜、日光镜类和昭明镜。

星云纹镜，因乳丁甚多，又称百乳镜，西汉中期较为流行，到西汉晚期时数量明显减少。主纹由众多的乳纹构成，多是圆锥形凸起，四周连成一圈。乳纹之间，常用圆形曲线相连，因形似天文星象，故称"星云镜"。

从武帝开始，铜镜以铭文作为主要纹饰，最主要的就是日光镜和昭明镜。日光镜于西汉武帝开始出现，西汉中期和中晚期比较流行。日光镜因其上刻有铭文"见日之光，天下大明"而得名。古浪县黑松驿董家台汉代木椁墓[②]、磨嘴子 M15[③] 都有日光镜出土，可借此推测这两座墓葬的埋葬年代。昭明镜与日光镜一样，也流行于西汉中晚期，但是延续时间比日光镜更长，在新莽时期依然可见。镜铭全文是"内清质以昭明，光辉象夫日月，心忽扬而愿忠，然雍塞而不泄"。磨嘴子 M48 出土一件昭明镜，结合墓葬形制和其他出土物，推断该墓为西汉晚期墓葬[④]。

西汉晚期至东汉初期（含新莽时期）：这一时期，镜背纹饰由静化趋于动化，出现了象征祥瑞的青龙、白虎、朱雀、玄武四神及各种瑞兽、禽鸟等形

---

① 郭丽娜：《河西走廊东区汉墓研究》，吉林大学 2022 年硕士学位论文，第 19 页。

② 甘肃省文物管理委员会：《甘肃古浪峡黑松驿董家台汉代木椁墓清理概况》，《文物参考资料》1955 年第 7 期。

③ 甘肃省博物馆：《甘肃武威磨嘴子汉墓发掘》，《考古》1960 年第 9 期。

④ 甘肃省博物馆：《武威磨嘴子三座汉墓发掘简报》，《文物》1972 年第 12 期。

象，图案生动活泼，具有强烈的现实感 ①。流行的镜类有博局镜、四乳禽兽镜、多乳禽兽镜等。

博局镜，旧称规矩镜，因镜纹有规则的 TLV 形装饰格式而得名。外国学者也称之为 TLV 镜。在博局镜上，一般都用四神图案作装饰，所以称为博局四神镜。博局镜在新莽时期至东汉初期最为流行。磨嘴子 M9 出土一件八乳博局镜和七乳四神镜 ②，结合该墓其他随葬品可以推测应该是西汉晚期至东汉初期的墓葬。磨嘴子 M17 出土一件博局镜 ③，M20 出土一件四乳四兽镜 ④，M62 出土一件简化的四螭镜 ⑤，M1 出土一件四乳四螭镜 ⑥，文化巷出土两件博局四神镜 ⑦。结合墓葬形制和其他随葬品，可推测出 M17 和 M20 应该为东汉初期墓葬，M62 为新莽时期墓葬，M1 为西汉晚期至东汉初期，文化巷汉墓为东汉中晚期墓葬。

东汉中期至晚期：这一时期铜镜中出现了一种新的样式，以浮雕技法表现画面，其题材有神仙和灵兽，有的是人物、鸟兽、花草，前者称"神兽镜"，后者称"画像镜"。这一时期铜镜也注重了边缘修饰，多在边缘上饰花纹 ⑧。很多铜镜上还带有"长宜高官或长宜子孙、位至三公"等吉祥语作为铭文。主要的有双夔纹镜、连弧纹镜、蝙蝠纹镜、画像镜、神兽镜等。

连弧纹镜类，以内向连弧纹为主题纹饰，铭文仅作从属装饰。有素连弧纹

---

① 河北省文物考古所编：《历代铜镜纹饰》，河北美术出版社 1996 年，第 5 页。

② 甘肃省文物考古研究所、日本秋田县埋藏文化财中心、甘肃省博物馆：《2003 年甘肃武威磨嘴子墓地发掘简报》，《考古与文物》2012 年第 5 期。

③ 甘肃省博物馆：《甘肃武威磨嘴子汉墓发掘》，《考古》1960 年第 9 期。

④ 甘肃省博物馆：《甘肃武威磨嘴子汉墓发掘》，《考古》1960 年第 9 期。

⑤ 甘肃省博物馆：《武威磨嘴子三座汉墓发掘简报》，《文物》1972 年第 12 期。

⑥ 武威市文物考古研究所：《甘肃武威磨嘴子汉墓发掘简报》，《文物》2011 年第 6 期。

⑦ 武威市文物考古研究所：《武威市文化巷汉墓发掘简报》，《陇右文博》2003 年第 1 期。

⑧ 河北省文物考古所编：《历代铜镜纹饰》，河北美术出版社 1996 年，第 6 页。

镜、云雷连弧纹镜和长宜子孙连弧纹镜等，流行于东汉中晚期[①]。王景寨 M1 出土一件内向连弧纹镜[②]。结合墓葬形制和其他随葬品，王景寨 M1 均为东汉中晚期墓葬。

5. 其他民族的青铜器技术

2006 年凉州区张义镇出土了一件大型青铜镀。器物整体为圆球形。下面为喇叭形圈足底，通高 1.18 米，重约 150 多千克。从器物表面看，4 环扣以下外面有一圈铸缝，4 环扣以上外面，上下有 3 道铸缝，内壁光滑无缝。整个器物除了 3 虎耳外，其他为一次铸成[③]。据专家推断，这件青铜器最晚年代应该在汉武帝以前，是一件罕见的秦末汉初匈奴铸造的大型青铜镀。如此大的青铜镀在国内发现的匈奴青铜器中都是少有的，反映出当时匈奴国力之强盛和青铜器铸造工艺的高超。

张义镇出土·青铜镀

① 河北省文物考古所编：《历代铜镜纹饰》，河北美术出版社 1996 年，第 8 页。
② 武威市文物考古研究所：《武威王景寨汉墓清理简报》，《陇右文博》2003 年第 1 期。
③ 王奎：《武威出土的大型青铜镀》，《陇右文博》2006 年第 2 期。

二、纺织、草编和制革工艺的繁荣

1. 纺织业的兴盛

汉代时期，武威地区尚不能生产丝绸，各种丝绸服饰都是从外地输入。但是从武威出土的丝绸来看，很多都是当时一流的丝织品，也反映了汉代丝织业的发达和兴盛。

（1）纺织原料

从武威出土的丝织物来看，纺织原料主要是丝、麻、葛和毛。比如磨嘴子 M3 壁画中就有一头戴毡帽形象，M6 还出土了麻布棉衣、麻布长袍、布鞋等 [1]；磨嘴子 M25 出土了麻织鞋 [2]；磨嘴子 M6 出土丝麻织品、丝绵、丝织质铭旌 [3]；此外，其他磨嘴子汉墓还曾出土布鞋、布袜、布袋等 [4]。武威汉墓出土的丝织品可能不是本地生产的，但是布鞋、布袋、布袜、麻织鞋等麻布或者麻织品应该是出自本地。

（2）织物的染色及种类

汉代，印染业发达，从武威汉墓出土的丝织品反映出当时色染的颜色很多，主要有黄、红、蓝、绿、棕、青。除了色染，武威汉墓中出土的汉代丝织物种类也较为丰富，有麻布、青纱、绢、罗、绦、锦、丝绵、漆缅纱等，其中，漆缅纱是用生漆平涂在用经线交叉编结的丝织物上形成的，汉代多用来作冠帽。此外，磨嘴子汉墓还出土了"轧纹绉"，是甘肃发现的稀有丝织物，它的制法，很可能是用两种刻有阴、阳吻合的模板对轧而成 [5]。

---

[1] 甘肃省文物考古研究所、日本秋田县埋藏文化财中心、甘肃省博物馆：《2003 年甘肃武威磨嘴子墓地发掘简报》，《考古与文物》2012 年第 5 期。

[2] 甘肃省文物考古研究所：《甘肃武威磨嘴子东汉墓（M25）发掘简报》，《文物》2005 年第 11 期。

[3] 甘肃省博物馆：《甘肃武威磨嘴子 6 号汉墓》，《考古》1960 年第 5 期。

[4] 甘肃省博物馆：《武威磨嘴子汉墓发掘》，《考古》1960 年第 9 期。

[5] 甘肃省博物馆：《武威磨嘴子三座汉墓发掘简报》，《文物》1972 年第 12 期。

磨嘴子汉墓出土·屯戍人物图绢底平绣

注：这幅刺绣人物图似乎为初学之作，尚未全部完成。左立者着黑色窄袖紧身长袍，戴单梁冠，似为小吏。右立者长发及肩，着交领右衽长袍。两者之间似为营门，周围立有盾牌和戟戈，反映了汉代军营屯戍的场景。

（3）纺织工具

磨嘴子汉墓出土一件木锭①，制作精巧，打磨光滑，是珍贵的汉代纺织工具。木锭是纬车的部件，纬车的主体结构是一个大的木制圆轮和一个带有木锭的支架，两部分相隔一定距离固定在同一底座上，并由绳索一端绕圆轮半周，在另一端牵动木锭中部，形成传动装置。操作时，将木锭上套一竹管，手摇摇

---

① 甘肃省博物馆：《武威磨嘴子汉墓发掘》，《考古》1960 年第 9 期。

把使圆轮不断旋转，牵动木锭转动，使线源源不断地绕到木锭竹管上[1]。这说明当时在武威似乎有一定规模的纺织生产，而且纺织技术在当时并不比中原地区落后多少。同墓中还出土了卷线板、针、刺绣品等。

（4）武威文物中代表性的丝织品

磨嘴子 M48 和 M46 出土的丝织品，是西汉晚期丝织品中的精品。其中保存较好的有起毛锦、绢、纱等。起毛锦是由三组经线与两组纬线重叠交织而成。经线每厘米密 132 根，纬线每厘米密 46 根，质地细软，比长沙马王堆一号墓出土的起毛锦的织纹更为紧密；绒圈高度基本一样，只有 0.1 毫米的差度[2]。

武威磨嘴子汉墓出土一件织锦针黹盒，由盖和盒组成。整个针黹盒以苇草作胎，外面包裱白、褐两色云气纹锦，织锦花纹富丽精细，结构复杂。中部缝缀绢地卷草纹刺绣。针黹盒上的刺绣和织锦，至今仍然完好如新，十分珍贵。更为难得的是，针黹盒出土的时候，里面还装着丝带、丝线、刺绣花边以及铜针、线锭等女工用品[3]。

磨嘴子 M1 出土一件广山锦，棕色地，黄、褐、绿三色显花，经锦。经密26 根一厘米，纬密 16 根一厘米。在变体云纹之间，织有青龙、白虎，作相对奔走状。在龙、虎中间织"广""山"汉字[4]。同墓还出土一件织锦衣领边饰带，黄地，淡黄、褐、橘黄、石蓝显花，斜经组织。上下间以长方格对称，内用淡黄、褐色织出龙虎等图案，中间夹织橘黄、石蓝色间隔的长形条带[5]。

武威出土的这些珍贵的汉代丝织品，虽然大多不是武威本地所生产，但仍旧扩大了我们对汉代丝织物品和织造技术的认识，是研究汉代纺织、印染技术的重要实物资料，为研究古代丝绸的传播和丝绸之路沿线的历史文化提供了极

---

[1] 刘兴林编著：《战国秦汉考古·汉代考古》，南京大学出版社 2019 年。
[2] 甘肃省博物馆：《武威磨嘴子三座汉墓发掘简报》，《文物》1972 年第 12 期。
[3] 甘肃省文物局编：《甘肃文物菁华》，文物出版社 2006 年，第 320 页。
[4] 武威市文物考古研究所：《甘肃武威磨嘴子汉墓发掘简报》，《文物》2011 年第 6 期。
[5] 武威市文物考古研究所：《甘肃武威磨嘴子汉墓发掘简报》，《文物》2011 年第 6 期。

为宝贵的素材。

2. 草编制品的广泛使用

早在石器时代,编结就已成为中华先民制造实用物品的重要手段。两汉时期,草编制品已在民间广泛使用,据记载汉末三国时期的刘备就曾经卖草鞋为生。武威汉墓中出土了大量的草编物品,对我们了解当时人们的日常生活提供了珍贵的实物资料。磨嘴子 M6 出土一件竹编盒,长方体形,内外双层竹编器[①];磨嘴子 M25 出土一件竹编器和草席[②];磨嘴子 M6 出土有草垫、草绳[③];磨嘴子 M14 出土草编盒子,M23 出土草袋[④];1956 磨嘴子汉墓群出土了一件苇席,制作精细,"人"字形纹样[⑤]。

3. 具有地区特色的皮革加工业

汉代,武威地区气候相对中原地区比较寒冷,而且昼夜温差较大,尤其是在祁连山地。再加上本地畜牧业发达,毛皮资源较为丰富。因此,皮革加工就成为汉代武威地区富有特色的手工业。磨嘴子 M14 出土一件皮质刀鞘[⑥];磨嘴子 M48、M62 的男主人均身穿革履[⑦]。

三、漆器制造和木工手工业的多样化

1. 漆器制造

汉代是漆器发展的一个高峰期,这一时期漆器生产规模大,工艺技术多

---

① 甘肃省文物考古研究所、日本秋田县埋藏文化财中心、甘肃省博物馆:《2003 年甘肃武威磨嘴子墓地发掘简报》,《考古与文物》2012 年第 5 期。

② 甘肃省文物考古研究所:《甘肃武威磨嘴子东汉墓(M25)发掘简报》,《文物》2005 年第 11 期。

③ 甘肃省博物馆:《甘肃武威磨嘴子 6 号汉墓》,《考古》1960 年第 5 期。

④ 甘肃省博物馆:《武威磨嘴子汉墓发掘》,《考古》1960 年第 9 期。

⑤ 党国栋:《武威县磨嘴子古墓清理记要》,《文物参考资料》1958 年第 11 期。

⑥ 甘肃省博物馆:《武威磨嘴子汉墓发掘》,《考古》1960 年第 9 期。

⑦ 甘肃省博物馆:《武威磨嘴子三座汉墓发掘简报》,《文物》1972 年第 12 期。

样，产品种类丰富，流通发达①。从武威出土的漆器来看，耳杯、盒、案、几、盘、碟、碗、勺、式盘、樽、葫芦、盆等无一不有漆器制品，且许多漆器造型精美，镶嵌华丽，纹饰优美，堪称高级工艺艺术品。

（1）漆器的胎质、装饰与图案

从武威出土的两汉漆器来看，多以木胎为主，而后加以涂漆。但同时也出现了不少的夹纻胎，纻即麻布，做法是用木或泥做成内胎，再用涂漆灰的麻布等裱糊若干层，干实后，去掉内胎，最后在麻布壳上髹漆。如磨嘴子 M62 出土大小形制、纹饰相同的二件夹纻鎏金铜扣耳杯，同墓中还出土一件夹纻胎的漆案②；雷台墓也出土一件夹纻胎的漆樽③。

在漆上施花纹，主要有以下几种方法：一种是漆绘，用生漆制成半透明的漆液，加上各种颜料，描绘于已经涂漆的器物上，色泽光亮，不易脱落，大多数漆器的花纹都用此法描绘④。一种是油彩，用朱砂或者石绿等颜料调油，描绘在已经涂漆的器物上，这种方法所绘的花纹往往会因油料时间过长而老化，易于脱落。还有一种方法是针刻，是在已经涂漆的器物上用针等工具加以刻画，因此也称为针刻。此外，武威出土漆器中常见的装饰工艺还有贴金银箔、镶嵌等，如磨嘴子汉墓群出土一件漆盆，就采用了镶嵌鎏金的方法⑤。

武威出土汉代漆器上所绘花纹的纹样，内容丰富多彩，既有各种几何纹，也有鸟兽、车马出行、娱乐生活等图案。磨嘴子 M6 出土漆耳杯，其最上端朱绘一圈有圆圈和双斜线组成的纹饰，中间朱绘八只对称的凤鸟，最下端是由

---

① 韩国河：《中国古代物质文化史·秦汉》，开明出版社 2014 年，第 154 页。
② 甘肃省博物馆：《武威磨嘴子三座汉墓发掘简报》，《文物》1972 年第 12 期。
③ 甘肃省博物馆：《武威雷台汉墓》，《考古学报》1974 年第 2 期。
④ 王仲殊：《汉代考古学概说》，中华书局 1984 年，第 34 页。
⑤ 党国栋：《武威县磨嘴子古墓清理记要》，《文物参考资料》1958 年第 11 期。

两条细线条组成的两组弦纹，耳的下部亦由斜线和弧线组成的纹饰[①]。磨嘴子M48出土一件漆樽，上面绘有垂帐纹及车马出行和舞蹈等两组图画[②]。1956年磨嘴子古墓群出土一件漆葫芦，表明涂黑红二色漆，黑漆作底，红漆描绘花纹。纹饰布局分为三部：颈部为锯齿形纹，腹部似为云纹，底部为柿蒂纹[③]。此外，磨嘴子汉墓出土的多件漆器上绘有简单的鸟、云、同心圆、几何形、带形纹饰、流云纹等[④]。

汉代的漆器制作精良，色彩鲜艳，纹饰优美，是当时相当珍贵的器物，深得达官贵人的喜爱。由于漆器的珍贵，所以当时的贵族官僚往往会在上面书写姓名、官爵等文字，作为其拥有者的标识。磨嘴子M62的两件漆耳杯，就有"乘舆髹泪画木黄耳一升十六籥椑绥和元年考工：并造泪丰护臣讦啬夫臣孝主右丞臣忠守令臣丰省"[⑤]。"绥和"是西汉成帝时期的年号，"乘舆"是皇帝的代称，考工是西汉时期少府属下的工官。工官中的官员有"令""啬夫""右丞"等。

（2）武威文物中代表性的漆器

磨嘴子M62出土一件漆栻盘。天盘圆形，地盘正方形，中心有穿孔，与天盘的中心竹轴相连接。天盘刻同心圆两圈，中心圈内用竹珠镶出北斗七星。第二层阴刻十二月神，外层阴刻二十八宿。地盘刻字两层，内层阴刻十天干（缺戊己）、十二地支，顺时针排列。外层二十八宿，每边七宿，排列同天盘。盘中心有四条辐射状双线与四角相联。天盘现存150余个刻度，地盘有182个刻度[⑥]。这件漆栻盘是一种推算历数或者占卜所用的工具，是新中国成立后出土的第一件且比较完整的栻盘，对研究古代的天文、历法具有重要的

---

①　甘肃省文物考古研究所、日本秋田县埋藏文化财中心、甘肃省博物馆：《2003年甘肃武威磨嘴子墓地发掘简报》，《考古与文物》2012年第5期。

②　甘肃省博物馆：《武威磨嘴子三座汉墓发掘简报》，《文物》1972年第12期。

③　党国栋：《武威县磨嘴子古墓清理记要》，《文物参考资料》1958年第11期。

④　甘肃省博物馆：《武威磨嘴子三座汉墓发掘简报》，《文物》1972年第12期。

⑤　甘肃省博物馆：《武威磨嘴子三座汉墓发掘简报》，《文物》1972年第12期。

⑥　甘肃省博物馆：《武威磨嘴子三座汉墓发掘简报》，《文物》1972年第12期。

磨嘴子 M62 出土·漆栻盘

作用。

雷台墓出土一件漆樽，通体饰鎏金错银铜扣，制作精美。高 26.5 厘米、口径 24 厘米。筒身，平底，三兽面纹饰的蹄足，有盖。樽身上部有兽面衔环铺首三个。盖钉中心隆起，上有曲形提饰。提饰外表鎏金。盖沿线刻朱雀、玄武、青龙、白虎等纹饰，间以流云纹。盖与身的边扣皆鎏金，箍扣作瓦纹。樽身边扣和箍扣之间的扣件，线刻奇禽异兽，间以流云纹[①]。此件鎏金错银铜扣漆樽，纹案多样，线条流畅，还采用镶金镀银的手法，造型极为精致华丽，是同时期甘肃出土漆器中的珍品。

① 甘肃省博物馆：《武威雷台汉墓》，《考古学报》1974 年第 2 期。

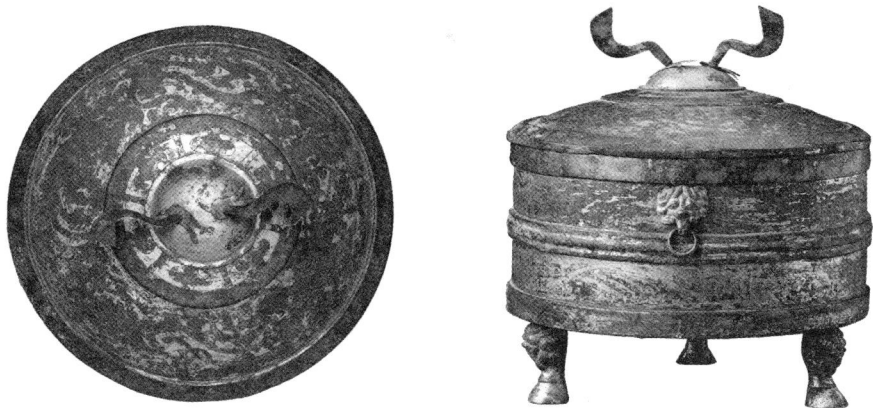

雷台墓出土·鎏金错银铜扣漆尊
（左图为樽盖，右图为樽）

2.木工手工业的发展

两汉时期，手工操作的木工工具品类已经相当丰富，主要包括截木材的锯，砍木材的斧、锛，凿木用的凿、锤，雕刻用的削刀、刻刀，打磨用的砂等。磨嘴子 M25 就出土了刨花和木板上的墨线①。

武威汉墓出土的木制品种类繁多，用途广泛，显示出这一时期较高的木工手工业技术水平。出土的木制品主要有木制院落、剑、棍、斗、档隔、犁、鸡房、木梳、耳杯、盘、盒、案、几、钗、奁、笄、车、独角兽、简、牍、人俑等，也有牛、鸡、虎、马、羊、狗、鸭等家禽家畜。其中，既有生活实用器，如木梳、盘、耳杯、盒、案、笄等，也有随葬的明器，如木俑人和牛、鸡、狗、独角兽、车、院落等。

从磨嘴子汉墓群出土的木棺来看，粘接方法多用榫卯结构，很少使用木钉。如 1959 年清理的磨嘴子 31 座墓葬，棺底棺盖及左右两帮都用束腰木榫接

① 甘肃省文物考古研究所：《甘肃武威磨嘴子东汉墓（M25）发掘简报》，《文物》2005年第 11 期。

缝，不用木钉，前后横隔用公母卯相套^①。不过从其他木制品来看，也有使用木钉的情况，如磨嘴子 M6 中的木盒，盒体木板之间用木钉连接^②。

我们从出土的车、马、牛等木俑来看，其制作方法既有整木刻削而成，如磨嘴子 M1 中的木牛和 B 型木马^③；也有其头、颈、身、腿等分别刻削而成，然后经过榫卯或者木钉粘接在一起，如磨嘴子 M1 中的 A 型木马^④ 和磨嘴子 M49 中的木马^⑤。

武威出土的木制品很多带有彩绘纹饰，使器物看起来鲜艳夺目，增强器物的观赏性和艺术性。如磨嘴子 M23 出土的木盒，盒外用朱、黑、粉三色彩绘火焰、兰草、云纹等花纹^⑥；磨嘴子 M12 也有一件彩绘木盒，长方形，盝顶形盖，盖顶涂红彩，通体施白，用红、黑、蓝三彩在器身、器盖上描绘云气纹，

磨嘴子 M12·彩绘云气纹木盒

---

① 甘肃省博物馆：《武威磨嘴子汉墓发掘》，《考古》1960 年第 9 期。

② 甘肃省文物考古研究所、日本秋田县埋藏文化财中心、甘肃省博物馆：《2003 年甘肃武威磨嘴子墓地发掘简报》，《考古与文物》2012 年第 5 期。

③ 武威市文物考古研究所：《甘肃武威磨嘴子汉墓发掘简报》，《文物》2011 年第 6 期。

④ 武威市文物考古研究所：《甘肃武威磨嘴子汉墓发掘简报》，《文物》2011 年第 6 期。

⑤ 甘肃省博物馆：《武威磨嘴子三座汉墓发掘简报》，《文物》1972 年第 12 期。

⑥ 甘肃省博物馆：《武威磨嘴子汉墓发掘》，《考古》1960 年第 9 期。

线条活泼而流畅，是汉代木器中的精品[①]；磨嘴子 M48 出土的 7 件男女木俑，以灰、白、黑色彩绘[②]。

四、陶瓷烧造业的发展

两汉时期，陶器的产量大、用途广，在人们的生产生活中发挥着重要的作用。武威汉墓中和汉代遗址中，出土了大量的陶器，有陶缶、罐、壶、瓮、盆、甑、勺、奁、盂、釜、樽、碗、盘、锅、桶、碟、钵、豆、耳杯等生活用具。一些器物还明显有使用过的痕迹，如古浪黑松驿董家台汉代木椁墓出土的粗红陶罐，腹部有明显的烧痕[③]。除了生活器具，武威汉墓还出土了陶灶、灯、井、仓、博山炉、鼎、案、陶屋、厕、楼院等随葬用的明器。同一种陶器有多种不同的类型，如磨嘴子汉墓群出土的陶灶，器形有马蹄形和正方形，灶眼有两眼到三眼的[④]；磨嘴子 M9 出土的陶樽有两个类型，陶壶有三个类型[⑤]。

武威出土的陶器，主要是泥质灰陶和红陶，灰陶一般呈青灰色，烧造温度一般在 1000℃以上，质地坚硬。从武威出土的灰陶器来看，上面有绳纹、阴旋纹、弦纹、凸棱纹等纹饰。在武威汉墓中，还出土了带有彩色花纹的陶器，这些陶器也属于灰陶和红陶，彩色花纹是在陶器烧造成之后再描绘的。彩绘色有红、黄、绿、黑、蓝、白等，如磨嘴子出土的彩绘云气纹陶壶，泥质红陶，主题纹饰为云气纹，黑色勾线，白色填涂；腹中部两组阴弦纹及压印的细绳纹[⑥]。

[①] 甘肃省文物局编：《甘肃文物菁华》，文物出版社 2006 年，第 176 页。
[②] 甘肃省博物馆：《武威磨嘴子三座汉墓发掘简报》，《文物》1972 年第 12 期。
[③] 甘肃省文物管理委员会：《甘肃古浪峡黑松驿董家台汉代木椁墓清理概况》，《文物参考资料》1955 年第 7 期。
[④] 甘肃省博物馆：《武威磨嘴子汉墓发掘》，《考古》1960 年第 9 期。
[⑤] 甘肃省文物考古研究所、日本秋田县埋藏文化财中心、甘肃省博物馆：《2003 年甘肃武威磨嘴子墓地发掘简报》，《考古与文物》2012 年第 5 期。
[⑥] 陈晓峰主编：《武威文物精品图集》，读者出版社 2019 年，第 109 页。

除了泥质灰陶和红陶，这一时期还出现了黄褐色和绿色的釉陶器。釉陶是在普通黏土胎表面，涂上含有氧化铅的各色釉，以铅的化合物为助熔剂，约在700℃的低温下烧制而成[1]。釉陶器的优点是色彩比较鲜艳，吸水性弱，不容易被污垢污染。但釉陶器主要作为随葬品，因为其烧造温度较低，不宜使用。武威出土的釉陶器很多比较精致，表明了这一时期制陶工艺的高超。如磨嘴子M62墓的釉陶"釉质晶莹，色泽鲜美"[2]。该墓出土的樽、鼎、豆、薰炉，器形小巧玲珑。其中薰炉高13.7厘米，炉盖作层林叠峦状，顶上栖一小鸟，鸟可以转动[3]。雷台墓出土的陶楼院施黄绿釉，造型精致，23个构件组装而成，可灵活拆卸[4]。武威汉墓发现的釉陶器出现在王莽时期，东汉时期釉陶比例逐渐上升。

建筑用陶主要是砖和瓦，被广泛用于生活建筑和地下墓葬之中。武威地区发现了大量的东汉中晚期砖室墓，表明这一时期砖室建筑的普及。

五、金银器、玉器、石器加工技术的兴盛

1. 金银器加工工艺

武威汉墓时常有金银器及相关文物出土，体现出墓主人的身份和地位，也反映了汉代金银器的加工工艺。

汉代的诸多金器采用铸模工艺，有些在铸模后还采取镂孔、镌刻、镶嵌等工艺进一步加工[5]。直接用黄金加工的器物有饰件、带扣等。从武威出土的金器来看，这一时期金银器加工技术有了很大的发展。凉州区韩佐镇出土一件汉代金头花，金质捶揲、焊接、镶嵌制成。造型似树，树梗粗壮，其上4片长方

---

① 韩国河：《中国古代物质文化史·秦汉》，开明出版社2014年，第175页。
② 甘肃省博物馆：《武威磨嘴子三座汉墓发掘简报》，《文物》1972年第12期。
③ 甘肃省博物馆：《武威磨嘴子三座汉墓发掘简报》，《文物》1972年第12期。
④ 甘肃省博物馆：《武威雷台汉墓》，《考古学报》1974年第2期。
⑤ 韩国河：《中国古代物质文化史·秦汉》，开明出版社2014年，第175页。

凉州区韩佐镇出土·汉·金头花

形叶，叶端焊小圆环，中心伸出弯曲的 8 枝细茎，茎 4 朵小花、3 个花苞，一茎端立一小鸟。原心又镶嵌有彩色宝石，花及鸟嘴部有一小细环，并挂有小圆片[1]。这种金头花造型精美，制作细致，这其中还使用了金粒焊接技术，即将小金粒和金丝焊接在器物表面，以达到装饰的目的。

　　武威出土的汉代金器精品还有王景寨出土的圆形金饰片，捶揲成薄片。上镂刻纹饰。中心为一圆孔，围绕 4 片桃形叶子，间隔菱形；外援有两圈锯齿纹[2]；古浪县泗水镇出土的汉代累丝焊珠金饰片，在长方形金片上，用累丝焊珠工艺做成似凤形的图案[3]；雷台墓出土金镞，呈梨形，上有柄环，为汉代西

---

[1] 甘肃省文物局编：《甘肃文物菁华》，文物出版社 2006 年，第 152 页。
[2] 陈晓峰主编：《武威文物精品图集》，读者出版社 2019 年，第 119 页。
[3] 陈晓峰主编：《武威文物精品图集》，读者出版社 2019 年，第 121 页。

北其他民族的耳饰 ①。此外，雷台墓出土了银印 ②，武威市博物馆还收藏了一件汉代银镯。

这一时期，鎏金技术在武威出土文物中较为常见。鎏金，汉代称为"涂金"，即在非金质器物的表面涂金，以达到器物似金的装饰效果 ③，如古浪县出土鎏金铜樽 ④ 等。

2. 玉器及琉璃器等

汉代，治玉业比较发达，这与汉代葬玉的风气盛行有关。武威汉墓中也多有玉器出土，雕琢极为精美，造型生动形象。这些玉器大致可以分为丧葬用玉、日常用玉、装饰用玉等。这一时期的治玉工艺也较为全面，首先是玉器的选择与切割，然后再经过雕、琢、刻、抛光等技术手段。

和田玉是我国雕琢玉器的上好材料，在汉代，被广泛运用到了玉器加工之中。汉代玉器制作过程中，多是雕和琢并用，"汉八刀"较为著名，是指在雕刻玉器时仅八刀就可以雕刻而成，刀法简练而且神态逼真 ⑤。武威磨嘴子就出土有这样的玉器——玉含蝉，和田白玉，玉质细腻光洁。颈部斜磨出一半月形凹痕，双翅宽大，收拢于背部，以弯长阴雕弧线呈现双翅。胸部有两道交叉斜磨阴线，数道短阴线表现腹褶 ⑥。造型简洁明快，是典型的"汉八刀"雕琢技法。此外，磨嘴子出土另一件玉蝉，青白玉，圆雕。玉蝉头中部凸起，下有穿孔，用于系挂，为佩玉。双面用阴线雕刻出蝉的双目、双翼、腹、尾等身体局

---

① 甘肃省博物馆：《武威雷台汉墓》，《考古学报》1974 年第 2 期。
② 甘肃省博物馆：《武威雷台汉墓》，《考古学报》1974 年第 2 期。
③ 韩国河：《中国古代物质文化史·秦汉》，开明出版社 2014 年，第 158 页。
④ 陈晓峰主编：《武威文物精品图集》，读者出版社 2019 年，第 36 页。
⑤ 韩国河：《中国古代物质文化史·秦汉》，开明出版社 2014 年，第 193 页。
⑥ 甘肃省文物局编：《甘肃文物菁华》，文物出版社 2006 年，第 68 页。

部轮廓[1]。磨嘴子 M6 出土的玉耳珰[2]，古浪黑松驿董家台汉代木椁墓出土的乳白色圆形玉饰片[3]，古浪县土门镇出土的玉纺轮[4]，雷台墓出土的玉带钩[5]都是这一时期玉器的珍品。

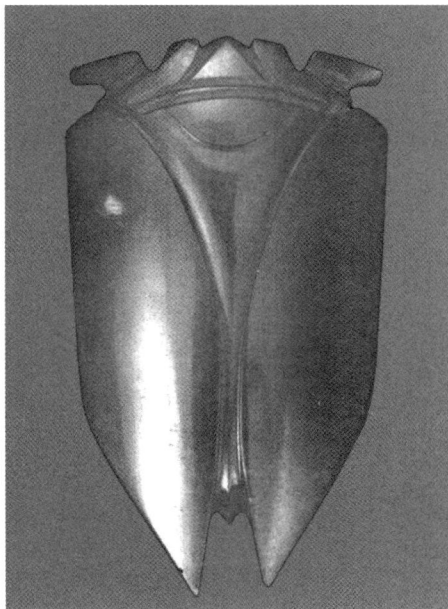

磨嘴子出土·汉·玉含蝉

除此之外，汉代治玉工艺的进步还体现在对非玉但是外形及质地像玉的材料，如玛瑙、水晶、琥珀、翡翠等材料的加工和使用。磨嘴子 M25 出土一件琉璃质耳珰[6]。1959 年磨嘴子汉墓群出土 23 件料质耳珰，7 件料珠，料珠有椭圆形、圆形，中有穿，色分绿、白、蓝三种[7]。雷台墓出土琥珀珠 8 枚，皆雕成虎形，深红色，发亮[8]。王景寨也出土 3 件琉璃耳珰，外表呈黑色，圆柱形，束腰，中心有孔[9]。以上类玉器制作精细，堪称这一时期治玉工艺的杰作。

---

① 陈晓峰主编：《武威文物精品图集》，读者出版社 2019 年，第 36 页。

② 甘肃省文物考古研究所、日本秋田县埋藏文化财中心、甘肃省博物馆：《2003 年甘肃武威磨嘴子墓地发掘简报》，《考古与文物》2012 年第 5 期。

③ 甘肃省文物管理委员会：《甘肃古浪峡黑松驿董家台汉代木椁墓清理概况》，《文物参考资料》1955 年第 7 期。

④ 陈晓峰主编：《武威文物精品图集》，读者出版社 2019 年，第 36 页。

⑤ 甘肃省博物馆：《武威雷台汉墓》，《考古学报》1974 年第 2 期。

⑥ 甘肃省文物考古研究所：《甘肃武威磨嘴子东汉墓（M25）发掘简报》，《文物》2005 年第 11 期。

⑦ 甘肃省博物馆：《武威磨嘴子汉墓发掘》，《考古》1960 年第 9 期。

⑧ 甘肃省博物馆：《武威雷台汉墓》，《考古学报》1974 年第 2 期。

⑨ 武威市文物考古研究所：《武威王景寨汉墓清理简报》，《陇右文博》2003 年第 1 期。

3. 石器

两汉石器，随着铁器的广泛使用以及对石材需求量的增加，石工手工业得到了较快的发展。

从武威汉墓中来看，多用石块、石板来封门，这些石块、石板的修建均与石工手工业密切相关。此外，武威汉墓还出土了不少石制器物，如磨嘴子M49出土的石灯、漆匣石砚[1]，雷台墓出土的石灯、石砚[2]，凉州区永昌镇和寨村出土的摇钱树石座[3]，212地质大队出土的石雕卧羊[4]等。这些石器都经过了工匠精心的采石、雕刻和加工等程序。如摇钱树石座，圆柱形，顶部正中有一方孔，用以插摇钱树，腹部浮雕四神。外沿刻有三角形的鹿、鹤、树、人、瑞兽等图案[5]。

此外，武威汉代的酿造业、骨器加工业等也都有一定程度的发展，在此不一一列举。

通过以上汉代铸造业、丝织业、漆器制造业、木工手工业、

磨嘴子出土·汉·浮雕人物石摇钱树座

① 甘肃省博物馆：《武威磨嘴子三座汉墓发掘简报》，《文物》1972年第12期。
② 甘肃省博物馆：《武威雷台汉墓》，《考古学报》1974年第2期。
③ 党菊红：《武威和寨校东大队发现一座汉代墓葬》，收于《武威文物及其背后的故事》，甘肃教育出版社2016年，第1—9页。
④ 陈晓峰主编：《武威文物精品图集》，读者出版社2019年7月，第114页。
⑤ 党菊红：《武威和寨校东大队发现一座汉代墓葬》，收于《武威文物及其背后的故事》，甘肃教育出版社2016年，第1—9页。

制陶业、金银器加工业等的介绍，可以了解到汉代手工业的蓬勃发展和繁荣景象。其中虽然有很大一部分出土文物并不是武威或者河西地区所生产的，但也反映出这些手工业制品在武威地区的广泛使用。同时，这些出土文物背后所反映的汉代武威政治、经济、文化、社会生活、工艺技术等也值得我们去深入研究。

第四节　汉代武威的商业贸易和对外交往

随着农业、畜牧业和手工业的发展，并且凭借在丝绸之路中优越的地理位置，汉代武威地区在商业贸易和对外交往也取得了一定程度的发展。

一、汉代军事屯田和移民对商业的带动

数量众多的屯田士卒和武威当地的编户齐民一起，构成了武威地区市场消费的主要力量。大量的屯田士卒驻守在武威，为满足日常生活的需要，屯田兵在本地市场购买粮食、衣物等必需品，这就为武威商业的发展提供了稳定可靠的消费群体。

我们可以从居延本地屯田兵的消费来观察包括武威在内的河西地区的商业活动。据居延汉简中有关记录："出钱四千三百卅五　籴得粟五十一石石八十五"；"出钱二百六十四余五斗　籴曲二石四斗"；"受甲渠君钱千　出二百五十买羊一　出百八十买鸡五只　出七十二买驼四于　出百六十八籴米七斗　出百卅沽洒一石三斗　凡出八百六钱　今余钱二百"。从以上简文中可以看到，屯田兵的日常消费，包括有粮食、用来酿酒的麹、牛、羊、酒等。屯田兵的消费并不是单向的，他们有时也会把自己多余的东西卖给当地的民众。

汉代大量迁入武威地区的移民，他们既是生产者，也是消费者，这些为数众多的移民也带动了商业贸易的发展。

二、关市贸易的繁荣

关市是古代指设在交通要道的集市，后来专指设在边境同周边民族通商的市场。武威为汉代丝绸之路必经之地，其周边生活着匈奴、羌等部族。由于东

汉初年北匈奴势力的西移，河西就成为汉匈联系的主要通道，武威（姑臧）则是双方贸易的中心①。

《后汉书·孔奋列传》记载："时天下扰乱，唯河西独安，而姑臧称为富邑，通货羌胡，市日四合。"②以往的关市，一日三合，因姑臧城商业贸易兴盛，故一日四合，武威和匈奴、羌等民族的贸易之兴盛由此可见。又《后汉书·南匈奴列传》记载："元和元年，武威太守孟云上言北单于复愿与吏人合市，诏书听云遣驿使迎呼慰纳之。北单于乃遣大且渠伊莫訾王等，驱牛马万余头来与汉贾客交易。"③这说明包括武威在内的河西地区和匈奴、羌等民族商业贸易规模之大，交换的物品应该主要是牛、马、布帛和粮食等物品。对两汉时期的商业贸易，中唐诗人元稹的《西凉伎》中就描述道："吾闻昔日西凉州，人烟扑地桑柘稠。蒲萄酒熟恣行乐，红艳青旗朱粉楼。"④清代顾祖禹在《读史方舆纪要》中也说："自汉开河西，姑臧尝为都会。"⑤

三、考古文物中所见汉代武威的商业贸易和对外交往

汉代，随着丝绸之路的开通，大量的中原丝织品通过河西走廊进入新疆等地。磨嘴子 M1 出土了数量较多的丝织品，其中广山锦是以往武威汉墓中未曾发现过的。它与 1980 年新疆楼兰城郊墓地出土的广山锦和 1995 年新疆尼雅遗址出土的广山锦相似⑥。这为我们研究汉晋时期丝绸贸易的往来和丝绸文化的传播提供了有力的实物资料。武威磨嘴子汉墓群也曾出土一件以和田玉为主要原料制作的玉含蝉⑦。这充分说明，丝绸之路贸易是双向的，中原地区的丝绸、

---

① 高荣：《先秦汉魏河西史略》，天津古籍出版社 2007 年，第 17 页。
② 范晔：《后汉书》卷三十一，中华书局 1965 年，第 1098 页。
③ 范晔：《后汉书》卷八十九，中华书局 1965 年，第 3950 页。
④ 彭定求等：《全唐诗》（增订本）卷四一九，中华书局 1991 年，第 4628 页。
⑤ 顾祖禹：《读史方舆纪要》卷六三，中华书局 2005 年，第 3006 页。
⑥ 武威市文物考古研究所：《甘肃武威磨嘴子汉墓发掘简报》，《文物》2011 年第 6 期。
⑦ 甘肃省文物局编：《甘肃文物菁华》，文物出版社 2006 年，第 68 页。

手工艺品等输往西域，而西域地区的玉器、水果、蔬菜、良种马等传入中原，促进了汉代东西文明的相互交流。

武威磨嘴子 M48 出土漆樽，上黑漆绘垂帐纹及车马出行和舞蹈等两组图画[①]，M62 出土两件夹纻鎏金铜扣耳杯，上面刻有"乘舆"等字样[②]。这两件是西汉晚期到东汉初期漆器中的精品，应该是从中原地区或者巴蜀地区传入武威的，其中夹纻鎏金铜扣耳杯为蜀地产品[③]。雷台墓出土的鎏金错银漆樽，经相关考证，也为蜀地产品[④]。

磨嘴子汉墓出土一件浮雕人物石摇钱树座，高 30 厘米，为上细下粗的圆柱形，顶部中有一圆孔，圆柱四周浮雕四个裸体人像。据相关研究，这种摇钱树风格为四川、云南、贵州等地特有，其他地区未见[⑤]。这从一定程度上反映了中原地区、巴蜀地区和武威的商业往来和文化交流，我们认为，武威地区应该也有物品输入到中原或者巴蜀地区，最有可能的是牲畜。

在商品交易方面，武威地区汉墓中还出土了大量的半两、五铢钱、王莽时期的大泉五十、货布等，这说明汉代武威地区的货币交易已经普及。而且根据居延汉简中记载的推测，这一时期河西各郡县治所也都有市场，不论官私用度，都可以到郡县市场购买[⑥]。汉王朝还专门设置了管理市场秩序的官员，居延汉简中经常出现市掾、市啬夫之类的职务。作为西汉边疆县的居延有这样的官职，那么两汉时期的武威郡、姑臧县、武威县等应该也有管理市场的市吏。

① 甘肃省博物馆：《武威磨嘴子三座汉墓发掘简报》，《文物》1972 年第 12 期。
② 甘肃省博物馆：《武威磨嘴子三座汉墓发掘简报》，《文物》1972 年第 12 期。
③ 李永平：《简牍和考古所见汉代河西走廊与蜀地之间的交往及相关的几个问题》，《四川文物》2004 年第 6 期。
④ 李永平：《简牍和考古所见汉代河西走廊与蜀地之间的交往及相关的几个问题》，《四川文物》2004 年第 6 期。
⑤ 辛欣：《甘肃省博物馆馆藏浮雕人物石摇钱树座的文化内涵探析》，《文物鉴定与鉴赏》，2019 年第 20 期。
⑥ 高荣：《先秦汉魏河西史略》，天津古籍出版社 2007 年，第 184 页。

可以看出，两汉时期的武威商业贸易繁荣，为汉代武威地区乃至河西走廊的社会稳定发展提供了保障，为丝绸之路的兴盛做出了贡献。此后的近两千年，行走在这条古道的商侣、僧人、外交使者等络绎不绝，为东西文明的交往交流交融做出了不可磨灭的贡献。

第四章

生活百态

人们的生活百态，主要通过衣、食、住、行、文化教育、艺体等表现出来。由于汉代武威地区日常生活的文字资料较少，本章除综合运用相关史书外，还采用大量的出土文物与简牍等来展示两汉时期武威的社会生活。

第一节　衣食住行

俗话说"人靠衣装马靠鞍"，形象地说明了服饰在人们生活中的重要作用。衣服最基本的功能是来御寒的，随着社会经济的发展，人们对衣服的改进，服饰也反映着一定时代人们的社会心理、文化素质和审美情趣[①]。

一般来说，汉代大多数人民衣服皆用麻帛，富人则用丝缣[②]。下面将结合出土文物就汉代武威冠服制度作一简要论述。

一、衣冠服饰

1.头衣

汉代士大夫和地主一般戴冠、帽，身份较低的人一般着巾帻或者露髻。但因为汉元帝的原因，巾帻身份发生了变化，"元帝额有壮发，不欲使人见，始进帻服之。群臣皆随焉。"[③]。因此，在非公众场合，不需要戴着严肃的冠冕。以上头衣在武威考古文物中都有反映。

汉代男女都蓄长发，束发用笄。男子要用布把头发包起来，就是所谓的巾帻，冠通常是戴在巾帻之上。不过，戴冠的主要是男子，女子一般都露发髻。贵族妇女还会在发髻上加各种各样的首饰。

周礼规定，男子 20 岁时举行冠礼，表示男子成年，不过一般只有贵族才举行冠礼。《论语》中就有"冠者五六人，童子六七人，浴乎沂，风乎舞雩，咏

---

① 汪受宽：《甘肃通史·秦汉卷》，甘肃人民出版社 2009 年，第 461 页。
② 林剑鸣：《秦汉史》，上海人民出版社 2003 年，第 978 页。
③ 蔡邕：《独断》卷下，《四部丛刊》三编景明弘治本。

而归 ①"，用"冠"来代指成年人，与童子相对。武威磨嘴子 M48 漆樽画中有一幅车马出行图，画一奔马，拉着轺车，车上的御者戴黑帻，主人戴进贤冠 ②。进贤冠是两汉时期较为常见的一种首服，上缀梁，以梁的多少区别等级，前高后低，是儒生和学者佩戴的帽子。这幅漆樽画反映出冠和帻代表着不同的阶层和身份，这与当时全国的情况是一致的。

汉代文士戴进贤冠，武将戴的则是武弁。自先秦以来，武士主要戴弁。弁是一种下丰上锐、略近椭圆形，且颔下有结缨的帽子，有些像后世的搭耳帽 ③。武弁是将弁和平上帻组合在一起，又叫"武弁大冠"或者"武冠"。虽然从根本上来说，武弁并不是冠，但是后来依然被视为冠。磨嘴子 M62 汉墓男主人头戴漆纚笼巾，内罩短耳屋形冠，边缘裹竹圈，内有巾帻抹额 ④。这件屋形冠即是武弁大冠。

东汉时期武威帽子的种类增多，从样式上分，有平顶帽、尖顶帽等；从材质上分，有布帽、毡帽等。其中，毡帽在今河西、新疆地区多地出土，反映出汉代河西走廊和西域地区服饰的相互影响。磨嘴子 M22 墓出土一件布帽，其形状略同于今天藏族冬天所戴圆形平顶帽 ⑤。

2. 身服

两汉时期大多数外衣有襟无领，内衣才有领。领有圆领和方领，一般人穿圆领，只有儒生才穿有带方领的衣服。按照规定，汉代平民只能穿不染色的衣服，官员的服色则分青、红、黄、白、绛五种，按照不同的季节穿着。这一时期普遍穿的衣服叫"常服"，分为长袍和短衣两大类。长袍多为官吏和地主所穿，平民除了在正式场合或者节庆日子会穿长衣之外，平时多穿灵活、方便的

① 杨伯峻：《论语译注》，中华书局 1980 年，第 119 页。
② 张朋川：《河西出土的汉晋绘画简述》，《文物》1978 年第 6 期。
③ 孙机：《汉代物质文化资料图说》（增订本），上海古籍出版社 2011 年，第 269 页。
④ 甘肃省博物馆：《武威磨嘴子三座汉墓发掘简报》，《文物》1972 年第 12 期。
⑤ 甘肃省博物馆：《武威磨嘴子汉墓发掘》，《考古》1960 年第 9 期。

短衣。

长袍类：起源于先秦时期的深衣，深衣是把上身的"衣"和下身的"裳"缝合在一起的衣服。秦汉时期的袍服分为禅衣、襜褕、腹袍，它们厚薄宽窄不同，因而可以在不同季节服用[①]。中原长袍的特点是右衽低领、曲裾，袖、衣长大，有宽缘，而且男女通用[②]。2003年武威磨嘴子M6汉墓出土一件木俑，很好地体现了汉代武威服饰的这一特点。木俑头戴帽，穿交领、右衽、广袖、长袍[③]。

短衣类：分为内衣和外衣两种。

内衣的代表是衫和裤。衫又称汉衣、汗襦，类似于今天的背心。裤为夹内衣[④]。

外短衣的代表是襦和袭，前者是一种及于膝上的绵夹衣，没有着棉絮的短上衣则成为袭。由于短衣仅及膝上，故下身必须着袴，即裤子[⑤]。"袴"也经常写作"绔"，我们经常说的"纨绔子弟"中，"纨绔"就是指用细绢做的裤子。古代只有富人才能穿得起这样的裤子，因此成为富家子弟的代名词。短衣有时候还会绣有各种好看的款式和花纹，比如《玉台新咏·古诗为焦仲卿妻作》中描绘到刘兰芝所穿的襦时就说"妾有绣腰襦，葳蕤自生光"[⑥]，这样的变化增强了衣服的审美价值和观赏性。

磨嘴子M48墓男主人外穿黄褐色绢面丝锦袍，内上身着蓝绢襦，下着绢裤，穿革履。女主人身着黄褐色麻布禅衫，腰束白绢带。内上身着浅蓝色绢面

---

① 汪受宽：《甘肃通史·秦汉卷》，甘肃人民出版社2009年，第461页。
② 刘尊志：《徐州汉墓与汉代社会研究》，郑州大学博士学位论文，2007年，第178页。
③ 甘肃省文物考古研究所、日本秋田县埋藏文化财中心、甘肃省博物馆：《2003年甘肃武威磨嘴子墓地发掘简报》，《考古与文物》2012年第5期。
④ 林剑鸣：《秦汉史》，上海人民出版社2003年4月，第983页。
⑤ 林剑鸣：《秦汉史》，上海人民出版社2003年4月，第983页。
⑥ 余冠英：《汉魏六朝诗选》，人民文学出版社1978年，第44页。

丝绵襦，下着黄色绢丝绵裙①。永昌县水泉子 M8 汉墓女主人身穿交领右衽褐色绢面丝锦袍。袍下分上衣下裙，上衣为一层黄色圆领襦衫，下衣刺有藤萝类植物纹锦绣，上将襦衫裹入裙内，下至脚踝②。

从磨嘴子 M48 墓和水泉子 M8 墓服饰可以看出，两汉时期武威人服饰应和大多数地区一样，外衣有长袍和外短衣，外短衣中襦是最为流行的。一般男子是上襦下裤，女子是上襦下裙。著名的乐府诗《陌上桑》中就有"缃绮为下裙，紫绮为上襦③"的说法。

3. 鞋、袜

"看人先看脚，足下亦有别"，穿什么样的鞋子，着什么样的袜，对汉朝的人来讲，是非常重要的事情。一双鞋袜，足以透露出他的身份地位。

鞋、袜子、鞋垫一般用皮革和麻布类制成。革履是用牛、羊等皮制成的低帮鞋，是汉代河西地区屯田戍卒所穿的一种鞋子，在武威汉墓中也有出土。不过也有鞋是用丝缕编织而成，如水泉子 M6 汉墓中就有丝缕编织而成的鞋，鞋面用丝缕编织，底面用麻织④。穿着丝缕编成的鞋子，自然是更加奢侈的行为，所以更可能是达官贵人才会穿。鞋一般是圆头，多为薄平底。

汉代袜子一般长一尺，也就是大概 23 厘米，上端有带子，穿的时候用带子束紧，这被称作"结袜"。磨嘴子 M22 号墓就出土了一件布袜⑤。两汉时期，有进门脱鞋的习俗，在房屋内，一般穿袜子在席子上走动。

4. 发式、梳妆品、首饰类

汉代武威的木俑和画像看到的男子形象都是戴着冠、帽或着巾帻，很少能

---

① 甘肃省博物馆:《武威磨嘴子三座汉墓发掘简报》,《文物》1972 年第 12 期。

② 甘肃省文物考古研究所:《甘肃永昌县水泉子汉墓群 2012 年发掘简报》,《考古》2017 年第 12 期。

③ 余冠英:《汉魏六朝诗选》,人民文学出版社 1978 年，第 27 页。

④ 甘肃省文物考古研究所:《甘肃永昌县水泉子汉墓群 2012 年发掘简报》,《考古》2017 年第 12 期。

⑤ 甘肃省博物馆:《武威磨嘴子汉墓发掘》,《考古》1960 年第 9 期。

看到发式。但是一般来说汉代男子头发后拢，在脑后绾结。

西汉时期女子发髻最流行的就是垂髻，在头上梳一个发髻，在脑后垂下一些头发，以带系扎。永昌县水泉子 M5 墓出土一件木女俑，垂发呈三角形，身穿右衽深衣 ①。东汉时候流行的是高髻崔嵬。磨嘴子 M48 和 M62 的女主人都是半高髻发式 ②，水泉子 M2 墓出土一件铭旌，其上绘有一女性，梳高髻、着交领衣 ③。发髻上往往还饰以笄，显得端庄秀美，是东汉时期女子偏爱的首饰，在武威汉墓中也经常发现。

汉代人非常注重自身的形象，许多人喜爱化妆，因此武威汉墓出土了大量的装饰品、梳妆品。

木梳和木篦是汉代人必备的梳妆品。汉代齿较疏的称梳子，较密的称为篦。篦是一种密齿梳子，用来除去发垢，有时也插在头上当发饰。到了唐朝，诗圣杜甫在《水宿遣兴奉呈群公》诗中就有"耳聋须画字，发短不胜篦 ④"，用篦来含蓄说自己年龄老迈，头发越来越少。与他的"白头搔更短，浑欲不胜簪"都从头发的变化，来表达诗人内心的痛苦和惆怅，流露出诗人忧国忧民的真切情感。

发带、竹发卡、耳珰、银镯、木簪、头花、发钗、料珠、玉珥等在武威汉墓也常有发现。

耳珰是汉代妇女戴的首饰，多为腰鼓形，一端较粗，常突起呈半球形状，戴的时候以细端塞入耳轮的穿孔中 ⑤。《玉台新咏·古诗为焦仲卿妻作》就有"腰若流纨素，耳著明月珰 ⑥"的诗句，以此来形容女子打扮地十分漂亮。磨嘴子

① 甘肃省文物考古研究所：《甘肃永昌县水泉子汉墓群 2012 年发掘简报》，《考古》2017 年第 12 期。

② 甘肃省博物馆：《武威磨嘴子三座汉墓发掘简报》，《文物》1972 年第 12 期。

③ 甘肃省文物考古研究所：《甘肃永昌水泉子汉墓发掘简报》，《文物》2009 年第 10 期。

④ 仇兆鳌：《杜诗详注》，中华书局 1979 年，第 1894—1895 页。

⑤ 孙机：《汉代物质文化资料图说》（增订本），上海古籍出版社 2011 年，第 284 页。

⑥ 余冠英：《汉魏六朝诗选》，人民文学出版社 1978 年，第 45 页。

汉墓群和民勤县黄蒿井汉墓都有耳珰出土。

料珠是用玛瑙、紫石英等为原料制成的半透明的珠子。光泽好，大部分用作装饰品，一般当作串饰使用。

除以上这些物品之外，武威汉墓还出土了铜镜、奁。奁是盛放工具，多放置梳妆品、首饰等物品。古浪县青石湾汉墓曾出土一件汉代绿釉陶奁，由盖、身两部分组成。汉代，不单单女子，男子也很注意自己的形象，所以武威汉墓出土这些物品也不足为奇。

5.武威市南郊出土汉代张德宗衣物疏

1974 年 10 月，武威县城南郊一座砖室墓，经推测为东汉中晚期墓葬，出土有绿釉陶钟、陶盘、漆奁、漆盒、木梳、木篦、木牍等，木牍长 20、宽 3 厘米，墨书隶体，双面书写，共计 127 字[①]。木牍内容是汉晋时期常见的衣物疏，现藏于武威市博物馆。这件衣物疏也能帮助我们了解汉代武威时期的服饰，具体释文内容如下 [②]：

　　正面：

　　（1）张德宗衣被（囊）疏

　　（2）（躯）长衣襦一领　　　　（6）缥绮直领季明新妇送大家

　　（3）直领二领　　　　　　　　（7）絮市三枚

　　（4）（练）襦一领　　　　　　（8）青𫄧一领

　　（5）□季明新妇送大家　　　　（9）（缣）胁一领送大家

　　（10）糸（履）一良送大家

　　① 党寿山：《武威出土的两件随葬衣物疏》，《陇右文博·武威专辑》2004 年。
　　② 释文参考了胡婷婷：《甘肃出土散见简牍集释》，西北师范大学硕士学位论文 2013 年，第 20—21 页。木牍中的文字为了方便，并未严格按照原简隶定。前面序号为笔者自加。

背面：

（11）新练一（良）送大家　（15）故被一领　　（19）故小青襦一领

（12）新绢裙一领送大家　（16）故襦短绸各一领　（20）镜敛一枚

（13）故裙五领　　　　　（17）（布）囊大小四领　（21）缠敛一枚

（14）新被一领送大家　　（18）新□缯白百五十匹

注释：

（1）张德宗衣被（囊）疏：墓主人张德宗，衣物疏中称"大家"，是一位贵族女子。"张德宗衣被囊疏"的意思是"张德宗的随葬衣物清单"。

（2）（躯）长衣襦一领：长的意思，参照胡婷婷的观点，释为"经常"，"躯长衣襦"的意思就是身上经常穿的襦衣，"一领"的意思是"一件"。

（3）直领二领："直领"本来是衣服的样式。尹湾二号汉墓木牍文字有"直领一领"，说明"直领"也用作服装的名称，则"直领"也为汉时女服，有点类似袒领上衣。

（4）（练）襦一领：练，意思是将生丝煮熟，使之柔软洁白。练襦就是用这种方法制作的丝织品襦衣。

（5）□季明新妇送大家："新妇"在汉晋时期，既是尊者称卑者之妻，也可以是妇女的称呼。如汉代应劭的《风俗通·怪神·世间多有精物妖怪百端》："楼上新妇，岂虚也哉！"王利器注释时说："汉魏六朝人通称妇为新妇，故上文言妇，此又言新妇也。"那么，这句话的意思就是"某件衣物是由季明妇人赠送给张德宗大家的"。

（6）缥绮直领季明新妇送大家："缥"，一种青白色的丝织品。"绮"，细绫，有花纹的丝织品。"缥绮直领"的意思就是青白色花纹的直领上衣。

（7）絮市："絮"的意思是粗丝绵。《说文》："絮，敝绵也。"意思是质量不好的丝绵。"市"，古代一种系于腰间，遮于官服或礼服下裳前的服饰。

（8）青裈："裈"通"裈"，古代一种满裆裤。"青裈"就是青色的裤子。

（9）（缣）胁："缣"，刘熙《释名》"缣，兼也，其丝细致，数兼于布绢也"，意思就是细的绢。"胁"，即"胁衣"，女子的内衣。

（10）纟（履）一良：意思是丝质的鞋一双。

（11）新纬：纬，即"袜"，穿在脚上的衣物。

（16）故襦短绸："故襦"，就是旧的襦衣。"短绸"即"短袖"，半袖的衣服。

（20）镜敛："敛"即"奁"，古代盛放器物的匣子。"镜奁"就是盛放镜子的匣子。下面（21）的奁是盛放丝织物的匣子。

从张德宗衣物疏来看，汉代武威女子的服饰外衣最主要的就是襦、半袖衣和袒领上衣（直领），下半身穿有市、裙子或者裤子，并穿有鞋袜和内衣。这与前面考古发掘和文献记载基本一致。这件衣物疏是我们研究汉晋时期河西走廊服饰的重要文献。

6. 其他民族服饰

汉代，匈奴、鲜卑等民族服饰的特点是：上身窄袖束腰褶衣；下身为裤，裤腿窄小。其中，左衽是古代少数民族服装与中原一带右衽袍服的一个显著区别[1]。服装质料多为皮毛。

在磨嘴子M72墓中，出土了一件木版画。木板上用墨线画一少数民族，有须、披发，左衽、穿短袍，袍下有缘边，中系腰带，袍下露出裹腿，着鞋。从"披发左衽"的特征看，联系汉代凉州羌族活动，推测以上两幅画中人物形象可能是羌族[2]。同墓又有一块绢地刺绣屯戍图，上面描绘吏人头戴尖顶帻，身穿窄袖紧身衣，可能也是羌族[3]。

磨嘴子木版画和绢画人物衣着体现了汉代武威地区服饰的多样性和多民族

---

① 竺小恩：《敦煌服饰文化研究》，浙江大学出版社2011年，28-29页。

② 张朋川：《河西出土的汉晋绘画简述》，《文物》1978年第6期。

③ 汪受宽：《甘肃通史·秦汉卷》，甘肃人民出版社2009年，第462页。

交汇交融的地域民族特征。

二、饮食状况

"一日无食则饥，一日无衣则寒"，饮食和着装一样，都是维持生活不可缺少的东西。汉代，一般平民饮食比较简单，大多数人习惯一日两餐。古人云："朝食曰饔，夕食曰飧。"在上午七点到九点之间吃早饭，食物一般比较丰盛；下午三点到五点之间吃晚餐。居延汉简中就有"朝三升，暮三升"的记载，说明即使极费体力的军人也是朝暮两餐[①]。这样的饮食习惯一直延续到了近代。不过，汉代地主、贵族等也有一日三餐或四餐。

许倬云根据文献典籍和居延汉简提供的信息综合分析认为，汉代一个成年男子一个月的粮食消费量为 3 斛，一个成年家属为 2.1 斛，一个未成年人为 1.2 斛[②]。古浪县黑松驿陈家台出土一件汉代斛，据测算容积为 19600 毫升。按照许先生的观点，汉代武威一个五口之家，每一个月要消费粮食 11.4 斛，每年大概消费 140 斛粮食。

1. 两汉时期的武威主食

汉代武威地区的主食比较丰富，主要的粮食作物有粟、小麦、大麦、粱米、苜蓿、糜、青稞、麻、豌豆、扁豆、黑豆、稷等。磨嘴子汉墓群出土有粮食 23 包。有黑色如豆状者，白色形如小梨状者，有糜子、荞麦、枣，还有颗粒小如芙蓉籽者[③]。武威谷物的特点是适应河西地区气候环境、土壤条件的耐寒、耐旱作物。敦煌马圈湾烽燧遗址[④]也出土有粮食作物，也能方便我们更好

---

① 汪受宽：《甘肃通史·秦汉卷》，甘肃人民出版社 2009 年，第 465 页。

② 许倬云：《汉代农业：早期中国农业经济的形成》，江苏人民出版社 1998 年，第 70 页。

③ 甘肃省博物馆：《甘肃武威磨嘴子汉墓发掘》，《考古》1960 年第 9 期。

④《敦煌马圈湾汉代烽燧遗址发掘报告》，选入吴礽骧、李永良、马建华释校：《敦煌汉简释文》，甘肃人民出版社 1991 年，第 293—296 页。

地了解汉代河西地区的主食种类。

糜子，一种不黏的黍，又可称为"穄"，为汉代河西的主要口粮。

青稞，大麦的一种，粒大皮薄。汉简中通常写作"穬麦"。

豌豆，原产于地中海地区和西亚，汉代传入中国，在河西军民的口粮中所占比例很小。

粟与现在的谷子相同，颗粒圆，薄皮、白色或黄色[①]。

2. 主食的一般做法

普通的就有饼、饭、粥三种熟食方法[②]。

汉代的饼一般将麦磨成面后，去掉麦皮，然后加水，捏成饼状，放入开水锅蒸熟而成。因为当时还没有掌握面的发酵技术，所以蒸的饼是死面饼。还有把饼捏成麦饼用火烤熟，这种由西域传来的饼被称作"胡饼"，即今天的烧饼。

还有"汤饼"，其做法是将和好的面揪成片，用沸水煮熟，类似今天的面片，可能比今日之面片更厚[③]。

两汉时期的麦饭制作方法比饼简单。麦饭是将麦子蒸熟后晒干而成的食品，能够长期储存而不坏。东汉刘熙《释名》中就解释："干饭，饭而曝干之也。"因为干饭方便携带、保存，吃的时候主要干吃，或配着水，或汤吃，所以成为大多数汉代百姓常用的主食加工方法。

汉代，人们经常用小米、小麦、大豆等煮粥。粥比较细软，容易消化，老人或着肠胃不好的人大多会选择这样温补肠胃的食物，也是后世多以粥为赈灾食物的原因之一。

3. 肉类

肉类可以分为家庭养殖和野生两大类。汉代武威有"凉州之畜为天下饶"

---

① 何双全：《居延汉简所见汉代农作物小考》，《农业考古》1986 年第 2 期。
② 林剑鸣：《秦汉史》，上海人民出版社 2003 年，第 970 页。
③ 林剑鸣：《秦汉史》，上海人民出版社 2003 年，第 971 页。

的说法，肉食类品种繁多，武威墓葬出土的木雕中，就有羊、牛、鸡、马、狗、鸭等。

在汉代，马主要作为交通工具使用并且比较贵重，一般不轻易食用。牛作为耕田的重要生产工具，政府禁止私自宰杀耕牛。因此汉代武威主要肉食应该是猪、羊和狗。鸡作为最常见的家禽，在武威也大量养殖。1956 年在武威磨嘴子汉墓群出土了木鸡笼一件①，2003 年发掘的磨嘴子 M6 墓中出土了竹编盒 2 个，里面还装有鸡骨头等物品②。从以上两件文物中可以看出汉代武威养鸡、食鸡应该是比较普遍的。鸭、鹅等家禽也会作为主要肉类品。

鱼也是汉代武威人餐桌上常见的肉类。在 1959 年清理磨嘴子汉墓群时就出土了一件灶，灶面上堆饰了鱼等物品③，同样 2005 年磨嘴子 M1 墓也出土了一件灶，灶面模印了鱼的图案④。成书于汉晋时期的《凉州异物志》也记载："鲻鱼作鲙，味异无辈。⑤"鲻鱼是生活在浅海或者河口等半淡咸水海域的一种常见鱼类，用鲻鱼做成的细切肉味道很少有其他鱼类可比。

除此之外，从考古和文献资料可知，汉代河西走廊常见的动物有：野鹿、鼠、野狼、野兔、野鸡、雁、麻雀、野牛、野驼、野狐等。这类应该是作为日常肉类的补充，尤其是饥荒时期，由渔猎和采集来的食物更是民众填饱肚子的重要来源。《凉州异物志》就记载汉晋时期凉州有一种鸟叫鹥鸟（即白鹮子），其形状大如雄鸡，色赤或黑，其肉香美，可以烤，也可以做成腊肉⑥。

---

① 党国栋：《武威县磨嘴子古墓清理记要》，《文物》1958 年第 11 期。
② 甘肃省文物考古研究所、日本秋田县埋藏文化财中心、甘肃省博物馆：《2003 年甘肃武威磨嘴子墓地发掘简报》，《考古与文物》2012 年第 5 期。
③ 甘肃省博物馆：《甘肃武威磨嘴子汉墓发掘》，《考古》1960 年第 9 期。
④ 武威市文物考古研究所：《甘肃武威磨嘴子汉墓发掘简报》，《文物》2011 年第 6 期。
⑤ 武威市凉州文化研究院：《凉州府志备考校注》物产卷一，甘肃文化出版社 2022 年，第 40 页。
⑥ 武威市凉州文化研究院：《凉州府志备考校注》物产卷一，甘肃文化出版社 2022 年，第 33 页。

敦煌马圈湾汉代烽燧遗址出土有黄羊夹和投石等狩猎工具①，嘉峪关魏晋壁画墓中，也有着为数不少与狩猎有关的画像砖，可见河西走廊的人们有着悠久的狩猎传统。

4. 蔬菜水果、干果类

汉代在河西地区广泛种植的蔬菜有葵、韭葱、瓠、葱、芜菁、大蒜、生姜、苜蓿、藿、芥菜、笋、菠菜、黄瓜、豆芽、萝卜等。其中苜蓿、黄瓜、菠菜、葱、蒜等都是由丝绸之路从西域传入汉朝的。

水果种类较多，主要有橘子、葡萄、西瓜、杏、李、桃、柿子、桑葚、石榴等。其中葡萄、石榴等是由丝绸之路从西域传入。在悬泉置遗址就出土了胡桃、杏桃等水果遗物。②

常见的干果有桑葚、枣、核桃等。枣应该是汉代武威地区常吃的一种干果，在1959年和2005年清理磨嘴子汉墓群时都有红枣发现③。桑葚也是汉代武威地区常见的食物，到了前凉时，东晋会稽王司马道子向张天锡询问西土所出的时候，张天锡还说："桑葚甜甘，鸱鸮革响，乳酪养性，人无妒心。④"

可以说汉代蔬菜水果的品种较之秦代增加了很多，极大地丰富了人们的饮食生活。

5. 酒、饮料类

酒是汉代武威最常见的一种饮品。粮食酿造的黍酒、稻酒、米酒，汉代已经有了。当时用来酿酒的原料主要为稻、青稞、糜、小麦、谷等粮食作物，此外也有用来酿造果酒的树木果实。汉代的武威，饮酒的风气盛行，《汉书·地

---

① 《敦煌马圈湾汉代烽燧遗址发掘报告》，选入吴礽骧、李永良、马建华释校：《敦煌汉简释文》，甘肃人民出版社1991年，第296页。

② 何双全：《甘肃敦煌汉代悬泉置遗址发掘简报》，《文物》2000年第5期。

③ 甘肃省博物馆：《甘肃武威磨嘴子汉墓发掘》，《考古》1960年第9期；武威市文物考古研究所：《甘肃武威磨嘴子汉墓发掘简报》，《文物》2011年第6期。

④ 房玄龄等：《晋书》卷八十六，中华书局1974年，第2252页。

理志》记载："自武威以西……习俗颇殊……酒礼之会，上下通焉，吏民相亲。"[①]武威磨嘴子汉墓群还出土了樽、陶耳杯、漆耳杯等[②]，武威怀安镇驿成村出土了陶缶[③]，以上都是常用的酒器，昔日汉人饮酒聚会的欢乐似乎就在眼前。可见东汉时期武威酒文化的盛行。

这一时期，武威最有名的是葡萄酒。据裴松之《三国志》注引《三辅决录》记载，汉灵帝时期，凉州人孟佗为求得一官半职，便给张让送了一斛凉州葡萄酒，孟佗也因此被任命为凉州刺史[④]。中唐著名诗人刘禹锡的五言古诗《葡萄歌》中就用了"为君持一斗，往取凉州牧[⑤]"的典故。

据出土的汉简记载，河西走廊的驿站也有用酒来接待过往的官员和西域使者、客商等。汉代敦煌悬泉置出土汉简ⅡT0113②24记载："出钱百六十，沽酒一石六斗，至以食首属董并、叶贺所送莎车使者一人……"[⑥]武威作为汉代河西重镇、丝绸之路重要枢纽，驿站应该也有用酒来接待过往的官员和西域使者、客商的。另外，根据张显成的研究，《武威医药简》中有用酒来入药的例子[⑦]。

除了酒之外，浆也是汉代武威重要的饮品。浆就是今天的浆水，用米粉或者面粉调水熬制发酵而成。浆制作简便，清凉爽口解渴，特别受人喜爱。直到今天，浆水面依然是甘肃东部地区重要的饮食。河西地区人们也会把浆水作为重要的防暑饮品。

---

① 班固：《汉书》卷二十八下，中华书局1962年，第1645页。

② 甘肃省文物考古研究所、日本秋田县埋藏文化财中心、甘肃省博物馆：《2003年甘肃武威磨嘴子墓地发掘简报》，《考古与文物》2012年第5期。

③ 甘肃省文物管理委员会：《兰新铁路武威——永昌沿线工地古墓清理概况》，《文物》1956年第6期。

④ 陈寿著，裴松之注：《三国志》卷三，中华书局1959年，第92—93页。

⑤ 卞孝萱：《刘禹锡集》，中华书局1990年，第354页。

⑥ 孙占鳌、刘平生：《从出土汉牍看河西汉代饮食》，《甘肃社会科学》2014年第6期。

⑦ 张显成：《简帛药名研究》，西南师范大学出版社1997年，第21—23页。

河西地区也有独特的饮料——乳酪。酪是以动物乳汁所制成的半凝固食品。相传李陵所作《答苏武书》中就有"膻肉酪浆，以充饥渴"①的句子，说明匈奴、羌等北方游牧民族就有以牛羊乳酪为饮料的习惯。汉代武威是多民族聚居区，匈奴、月氏、羌等民族在此游牧生活，故乳酪也是汉代武威这个时候常喝的饮料。

6. 调味品

汉代，最重要的调味品是"盐""酱"和"豉"。

盐是人们生活之必需品，居延新简记载"永始三年计余盐五千四百一石四斗三龠"，可见汉代河西地区军民用盐数量之大。

先秦至秦汉时期的"酱"，或指用食盐或者酒腌制的肉酱。尽管肉酱、鱼酱在当时贵族、地主阶层已经相当普遍，然而民间一般食用的酱是用豆麦或谷物发酵制成的调味品②。敦煌汉简中有反映汉代河西军人消费"酱"的资料，如"黍米二斛，酱二斗"等。

"豉"，也就是豆豉。即用煮熟的大豆发酵而成的豆酱，也是汉代人饮食生活中最普遍的消费品之一。豉，有咸、淡两种口味，最早的记载见于汉代刘熙《释名·释饮食》一书，书中称赞豆豉为"五味调和，需之而成"。古人不但把豆豉用于调味，而且用于入药。在居延汉简中还可以看到消费"豉"的记载，如"度用豉半斗"等。王子今指出，《武威医药简》中还有"豉"作为药的记载："治金创肠出方冶龙骨三指撮鼓汁饮之□□禁□□□□。"其中"鼓"是"豉"的讹字，鼓汁就是豆豉汁③。

7. 食物的加工方法

汉代以前，人们吃的小麦基本都是连壳带皮的，这样的口感可以想象是多

---

① 阴法鲁主编：《古文观止译注》（修订本），北京大学出版社 2000 年，第 380 页。
② 王子今：《汉简河西社会史料研究》，商务印书馆 2017 年，第 186 页。
③ 王子今：《汉简河西社会史料研究》，商务印书馆 2017 年，第 190 页。

么难以下咽了。到了汉代，人们不仅可以吃脱皮的谷粒，并且已经掌握了把谷物磨成粉末的技术。小麦磨成粉后，口感大大提升，可以制作成各种美食，这也促使了小麦在汉代的推广种植。武威出土了一件汉代石磨，直径47.5厘米，厚7.5厘米。上下两方，圆形。上合中心有凸起的圆柱形磨眼，侧面有方形插孔，安插手柄。下合中心有方形磨眼，未穿透石磨。这件石磨的出土，反映了汉代武威食物加工技术的逐渐成熟。

汉代，主要的食物烹调方法有煮、烤、炒、蒸、脍、羹、菹等。

煮是汉代重要的一种食物烹饪方法，就是把食物放在釜等器皿中熬制。煮的食材多种多样，有主食如小麦、大麦等，也有肉类和蔬菜等。

炙，就是今天的烧烤，多用在烤肉类。就是把牛、羊、猪等肉类切成小块，用东西串起来，然后放在火上烤。嘉峪关壁画墓中就有烤炙肉块的画像。

炒，有点像今天的炒米、炒玉米、炒豆等，因为这样的方式粮食能长期保存并便于携带，所以常在行军或者旅行的时候吃。

脍，就是切生肉来吃。

羹，相当于后来的炖菜，在炖肉的时候放入盐、梅子等调料，然后用火煮熟。

菹，类似今天的咸菜、酸菜，就是把肉或蔬菜用各种调料来进行腌制。

8. 炊具及食具

汉代武威常见的炊具有灶、甑、釜等。

灶的形状和武威今天农村所用的烧柴灶大致相同，正面有正方形灶门，有方形灶面和马蹄形灶面，有的灶有后壁，有的没有后壁。灶面有三个灶眼呈"品"字形分布；也有两个灶眼的，前后分布；也有一个灶眼的。

釜一般呈扁圆腹、圆底形，有铁制、铜制和陶制。有的釜有两个耳。釜可以套在灶眼上，用来煮食物，是汉代常用的炊具。伪托汉末三国诗人曹植所作的《七步诗》中就有"萁在釜下燃，豆在釜中泣"的诗句。甑主要是陶制成，放在釜上面，底部有许多透蒸气的孔格，是用来蒸食物的，就像是现在的蒸锅或者蒸笼。磨嘴子 48 号墓出土两件灶，三灶眼，各附一釜一甑。[①]

食具主要有碗、壶、锅、盘、豆、耳杯、勺、盆、罐、杯、案、叉、俎、箸（筷子）等。平民食具一般是陶器，贵族、地主一般用漆器。

案是木制的盛食物的矮脚托盘。成语举案齐眉就与此相关。传说汉代人梁鸿的妻子给其送饭的时候，不敢抬起头来看他，而是把托盘举得跟眉毛一样高，后来形容夫妻相敬相爱。武威磨嘴子 M6 就出土一件漆案，案面呈长方形，四周有挡板，木板之间用木钉连接巩固。有蹄状四足[②]。

碗、盘、勺和今天的形制大致相同。耳杯一般呈椭圆形，两侧各有一耳，所以叫耳杯，用来盛酒或羹。豆是汉代盛食物的器皿，形状有点像高脚盘。俎是切肉或切菜时垫在下的砧板。《史记·项羽本纪》中就有"人为刀俎，我为鱼肉"的比喻，用来形容鸿门宴时候的刘邦集团处在被项羽宰割的地步。磨嘴子汉墓群出土 13 件灰陶灶，灶面上堆饰有勺、铲、案、挂钩、刷、叉等[③]。在悬泉置遗址，还发现有筷子、匕、耳杯、盘、勺等[④]。以上两座遗址可以反映出汉代河西走廊的食具。

三、交通出行

两汉时，武威地区居民出行的工具，主要是车辆和骑乘。

1. 车辆

一般来说，车有马车和牛车之分。马车比较小，用来载人。牛车较大，既可以载人也可以载货。汉代，贵族、地主一般出行乘马车，平民则是牛车。东汉时期已经出现了驴车。

---

① 甘肃省博物馆：《武威磨嘴子三座汉墓发掘简报》，《文物》1972 年第 12 期。

② 甘肃省文物考古研究所、日本秋田县埋藏文化财中心、甘肃省博物馆：《2003 年甘肃武威磨嘴子墓地发掘简报》，《考古与文物》2012 年第 5 期。

③ 甘肃省博物馆：《武威磨嘴子汉墓发掘》，《考古》1960 年第 9 期。

④ 何双全：《甘肃敦煌汉代悬泉置遗址发掘简报》，《文物》2000 年第 5 期。

车的车厢叫舆，舆的左右两旁立有木板或横杆可以凭倚，叫輢。前边的横木可以手扶，通常叫作轼。舆后边的横板叫轸。车辕又叫"辀"，为一根稍曲的木杠。汉代的车辕与先秦不同的是，车辕一般成双。驾车的马一般是一匹，必要时左右各加一马，称骖马。盖是一根由木柱支撑的像伞一样的东西，立在车舆上，主要起着遮阳避雨的作用。车上立盖，这是有一定身份地位的人拥有的东西。因此，后世把作为官员头衣的"冠"和"盖"连用，代指官吏。

磨嘴子 M6 墓出土一件车标本，由车轮、轴、辀、舆四部分组成。圆环形双轮由轮毂、轮辋组成，轮毂和轮辋上有安装轮辐留下的许多小洞，四周的辐条都向车毂集中，形成辐辏。车轴是一根四棱横梁，上承车舆，两端套车轮。轴的两端露出毂外，末端套有軎。轴头上有孔，用来纳"辖"，以防车轮脱落。舆的四角各有一直辀，和舆为一体。前辀比后辀长①。

汉代最常见的代步乘用车是马拉的轺车，是一般低级官员所乘坐的车。轺车的优点是轻便迅速，有车盖，四面无帷帐。它可以坐乘，也可以立乘，它既可以驾马，也可以驾牛。《晋书·舆服志》中提到，"轺车，古之时军车也。一马曰轺车，二马曰轺传"②。磨嘴子 M48 墓出土彩绘铜饰木质轺车马一组，我们可以了解汉代轺车的样子。车通高 97 厘米、长 80 厘米，分车舆、轮、辕、槽、伞盖等部分。舆为横长方形，前轼及两輢刻出方格形栏杆，轼的右部有覆瓦状伏栏。轮毂为壶形，辋六块，竹辐十六根，辕后端连舆底③。雷台墓也出土四件铜轺车，通长 36 厘米。双辕前曲，连横带轭有軛。两轮重毂，辐十二支。放舆輢较，树轼后敞，舆轴勾结有輹。舆底镂空，有菱形纹格。双辕后部承舆，固以柳钉。紧接舆前双辕之上，系结铜笭一具。四辆轺

---

① 甘肃省文物考古研究所、日本秋田县埋藏文化财中心、甘肃省博物馆：《2003 年甘肃武威磨嘴子墓地发掘简报》，《考古与文物》2012 年第 5 期。

② 房玄龄等：《晋书》卷二十五，中华书局，1974 年，第 763 页。

③ 甘肃省博物馆：《武威磨嘴子三座汉墓发掘简报》，《文物》1972 年第 12 期。

磨嘴子 M48 墓出土木轺车

车的舆上均设置华盖①。轺车在前凉的时候还被用来作为军车使用，《晋书·张重华传》记载，张重华的将领谢艾在和后赵军队作战时，"乘轺车，冠白帢，鸣鼓而行"②。

讲究一点的有"轩车"，除了车盖之外，车舆两侧有立屏，是高级官员所乘的车。还有一种叫"辒车"。刘熙《释名·释车》："辒车，载辒重卧息其中之车也。"辒车的车盖与周围屏蔽很严密，多为贵族妇女所乘，由于便于卧息，也宜于老弱和病人③。不过，辒车和其他马车一样，也被用来运送一些衣物用具等。高台骆驼城出土一件魏晋木牛辒车，由两辕、车舆、帷盖、车轮组成。车舆长方形，四角有立竿，上以黑色绢帛为帷盖。车舆前后有车门，车门两扇，可开合④。虽然是魏晋时期的牛辒车，但我们认为汉代河西走廊用马来牵

① 甘肃省博物馆：《武威雷台汉墓》，《考古学报》1974 年第 2 期。
② 房玄龄等：《晋书》卷八十六，中华书局 1974 年，第 2242 页。
③ 王仲殊：《汉代物质文化略说》，《考古通讯》1956 年第 1 期。
④ 甘肃省文物局编：《甘肃文物菁华》，文物出版社 2006 年 3 月，第 180 页。

高台县骆驼城出土木牛辎车

引的辎车应该也是有的。汉代贵族喜乘马车，魏晋时期流行牛车，达官贵人纷纷以乘牛车为荣。

　　常被妇女乘坐的另一种车是辇车。这种车的结构比辎车更简单，它的车厢上装有卷蓬，与架牛的大车相同。[①]武威雷台墓就出土一件铜"辇车"，通长 63 厘米。前辕后軨。两辕作带刺的树枝状，向上弯伸。有小轭，两轮高大，每轮辐条各十二支。车舆长方形，后方设有板门，一扇可以启闭[②]。雷台墓出土辇车的马胸前还铸着"守张掖长张君前夫人辇车马""守张掖长张君后夫人辇车马"等铭记，说明汉代到魏晋时期辇车是贵族妇女经常乘坐的车。

　　雷台墓还出土一件斧车[③]，这种车在车厢中树立大斧，是公卿以下、县令以上出行的时候用于前导的车。斧与钺为类，是权威的象征[④]。斧车和辎车的

　　① 孙机：《汉代物质文化资料图说》（增订本），上海古籍出版社 2011 年，第 94 页。
　　② 甘肃省博物馆：《武威雷台汉墓》，《考古学报》1974 年第 2 期。
　　③ 甘肃省博物馆：《武威雷台汉墓》，《考古学报》1974 年第 2 期。
　　④ 孙机：《汉代物质文化资料图说》（增订本），上海古籍出版社 2011 年，第 120 页。

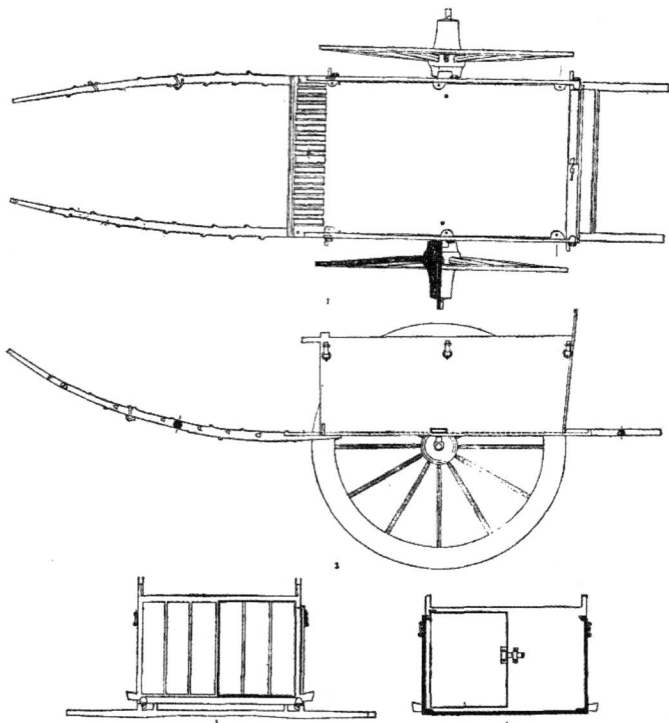

34 号 辇 车 结 构 图 （约 1/5）

1. 上视 2. 侧视 3. 车箱背视 4. 车箱横剖面

武威雷台墓出土辇车结构图

样式大小相同，区别在斧车没有华盖。

古人说"服牛乘马"，马车之外还有牛车。牛车分篷车与敞车两种。篷车在车厢上装卷篷即车枸篓①。敞车是没有篷的。武威磨嘴子汉墓群出土木牛车一件，车长 60 厘米，木车的两个车轮高大，超过了车厢。木车辐八根，双长辕，车舆为长方形，左、右、后三面箱板较高，前面较低，牛驾于辕中，作拉车状，是一件完整的运输牛车模型。这种高轮车是河西走廊车辆特有的样式，在沙漠戈壁行走时，轻灵平稳，不致深陷停滞。雷台墓出土一件牛车，由车、

---

① 孙机：《汉代物质文化资料图说》（增订本），上海古籍出版社 2011 年，第 118 页。

牛和一"驾车奴"组成。车全长 67.8 厘米。轮较小，辐十支。两辕前端置轭，驾在牛的颈背间。舆长方形。"驾车奴"手执赶牛棒。[①]在这件铜牛车中还出土一件铜凭几，牛车中放置凭几，是让人在乘车的时候有所依靠，可以坐卧。汉代运送粮食物资的车和今天农村的大车很相似，车上没有盖，但有的时候可以加篷，这种车大多是用牛来拉的。

西汉晚期，开始出现了独轮车。又因为这种车一人即可推运，所以称"木牛流马"即不吃草的牛马[②]。

武威磨嘴子汉墓群出土木牛车

2. 马饰

古人讲究马身上的饰物。马饰与驾驭用的马具不可分，多数就是在马具上加上金属或玉石的饰片[③]。汉代武威马文化兴盛，因此出土了许多马饰。

---

① 甘肃省博物馆：《武威雷台汉墓》，《考古学报》1974 年第 2 期。
② 林剑鸣：《秦汉史》，上海人民出版社 2003 年，第 1002 页。
③ 许嘉璐：《中国古代衣食住行》，北京出版社，1988 年，第 111 页。

两汉时期，马的配饰主要是鞧、靷、鞅、鞦、勒、鞍等。鞧是驾车时候套在马腹部的皮带。靷是引车前进的皮带，一端套在车上，一端套在牲口胸前。鞅是套在马颈上的皮带。鞦是套在马臀部上的皮带。勒是整套的笼头。其中，马所含的"嚼口"叫衔[①]。镳是鞍马口用具的一部分。与衔连在一起，衔横在马口中，镳在马口两旁。辔是驾驭牲口的嚼子和缰绳。鞯是垫马鞍的垫子。雷台墓出土铜武士、骑马十七件。其中，马皆仰首翘尾作嘶鸣状，头饰雄胜，尾作弧形，末端打结，四足伫立，矫健有力。背上附着马鞍，沿边有环，系结鞯、鞧等挽具。鞍下马身有鞯，马头上附有辔、勒、衔、镳等马具[②]。

此外，在磨嘴子汉墓群还出土了马头饰，其形有叶状、泡儿状[③]。在邱家小庄墓还出土了铜马蹄[④]。从以上出土物可以看出，汉代武威人对马可以说是十分重视了。

3. 骑乘

汉代，武威地区因为畜牧业兴盛，人们多骑牲畜以代步，尤其是月氏、乌孙和匈奴等游牧民族，更是如此。骑乘工具主要是马、牛、骆驼等，马是最常见的骑乘工具。民勤县就曾经出土一件青铜镂空双驼饰牌。骆驼的驯养，为跨越东西方之间的大沙漠提供了交通的便利。

四、居住情况

汉代是中国建筑史上技术趋于成熟的时期，建筑组合和结构上日臻完善，人们的居住环境和条件在秦代建筑的基础上有了一定的改善。由于年代久远，武威地区的汉代地面建筑已经消亡。不过，事死如事生，墓葬很大程度上可以

---

① 许嘉璐：《中国古代衣食住行》，北京出版社 1988 年，第 133 页。
② 甘肃省博物馆：《武威雷台汉墓》，《考古学报》1974 年第 2 期。
③ 甘肃省博物馆：《武威磨嘴子汉墓发掘》，《考古》1960 年第 9 期。
④ 甘肃省文物管理委员会：《兰新铁路武威——永昌沿线工地古墓清理概况》，《文物》1956 年第 6 期。

民勤县出土·青铜镂空双驼饰牌

反映现实生活，并且汉朝时也会把生前的生活场景做成陶制或者木制随葬品，这也为我们研究汉代武威人的生活和居住状况提供了条件。

汉代武威的居住情况主要体现在房屋布局、建筑装饰和室内家具方面。

1.房屋布局和建筑特点

汉代，在地面上修建的房屋平面多为长方形，大体分为基座、屋身、屋顶三段。房屋墙壁有的用木柱为架，中夹秸秆，内外涂抹草泥；有的为夯土版筑而成；有的为土坯加泥砌成；少量用砖砌成[①]。汉代，武威地区多森林草原广布，自然环境优越[②]，因此汉代武威木结构房屋应该是比较多的。除了堂屋之外，楼阁、亭台、门阙、仓楼构成了这一时期地主宅院的基本建筑类型。

两汉时期，受神话传说和谶纬学的影响，汉代在墙、窗、栋等处往往雕刻有各种形态各异的玄武、白虎、大象、胡人、神仙、玉女等图案。我们可以从两汉时期的武威墓葬中看到这些形象生动的绘画，如武威五坝山汉墓和磨嘴子汉墓，按照"事死如生"的习俗，墓主人生前建筑应该也有这样的绘画。我们

---

① 汪受宽：《甘肃通史·秦汉卷》，甘肃人民出版社 2009 年，第 456 页。
② 鲜肖威：《历史时期甘肃中部的森林——论甘肃中部环境变迁、水土流失的由来》，《甘肃林业科技》1981 年第 2 期。

依据汉代武威墓葬来推测这一时期的房屋布局和建筑风格。

现在已经发掘的武威汉代墓葬有三室、双室和单室墓。一般来讲，三室墓或者双室墓多为贵族、地主的墓葬，单室墓多为普通平民的墓葬。这与墓主人生前政治经济地位和居住情况应该是一致的。按照"事死如事生"的观念，墓葬中的"单室""双室"和"三室"应该是仿照地上生前房屋修建，就与我们平常说的"一进""二进"和"三进"院相同。以"进"为单位，每个庭院的基本结构应该是相同的，形成"前堂后室"的结构①。堂一般是屋主人进行礼节活动的地方，有点像现在的厅。堂后是室，有户相通。后世"登堂入室"的成语就与此相关。室是一般是作为寝室或者生活区。两汉时期居民宅院的基本格局是一堂两室，贵族或者富人一般有着两进、三进院甚至是多进的大宅院，一般都有院墙。贫民之家则是茅屋草庐为主，风一来就可以吹走"三重茅"，甚至一些低级官员可能也是住这样的房子。

东汉安帝以后，三室墓前室象征"庭"，中室即"明堂"，后室即后寝，三室的两侧又往往有耳室，即"外藏椁"②。武威和寨汉墓、雷台墓都是三室墓，现实生活中武威应该也有这样的院子。我们或许可以参考汉代成都画像砖中的房屋布局：一进大门是前院，即"庭"，北、东、西三面是木构的回廊。进入中门，则是后院，北面是三间单檐悬山式房屋，这便是堂。其东、西两侧仍是木构回廊。堂后北墙下仍有一批住房③。有的院子里还有侧室、车房、马厩、水井、牲畜圈、厕所和奴仆住的附属房屋。前院中往往还植有树木，汉乐府《庭中有奇树》中就有"庭中有奇树，绿叶发华滋"的描写。

屋顶则一般是庑殿顶、四角攒尖顶、悬山顶、囤顶、盝顶。每个房间都有窗户，有长方形、方形、圆形或者三角形等。东汉中后期武威砖石墓普遍

---

① 贾小军：《魏晋十六国河西社会生活史》，甘肃人民出版社 2011 年，第 254 页。

② 俞伟超：《汉代诸侯王与列侯墓葬的形制分析》，《中国考古学会第一次年会论文集》，文物出版社 1980 年，第 332 页。

③ 林剑鸣：《秦汉史》，上海人民出版社 2003 年，第 993 页。

铺设地砖，居住的房屋应该也有地砖。磨嘴子汉墓群出土一件木制院落，院落呈长方形。院内中部有简单的房屋，其做法是用一根长方形木桩，支撑一个木板制作的悬山形屋顶，顶面另制细木条，表示屋脊和筒瓦，顶为方形。院内后部两角各竖立一个长方形木桩，可能是角楼一类建筑物。院门向里，开设在东南角[①]。

　　两汉时期武威生活着匈奴、羌等游牧民族，住的是毛毡制成的穹庐，有点像今天的蒙古包。西汉远嫁到乌孙的刘细君《悲秋歌》"穹庐为室兮毡为墙，以肉为食兮酪为浆"[②]，就描绘了这样的房屋。

　　2. 东汉的庄园和坞壁

　　随着东汉武威庄园建筑的发展，营建楼阁园林、池塘园圃成为豪强地主的时代风尚。除了堂屋之外，楼阁、亭台、门阙构成了东汉时期庄园的基本要素。武威滕家庄墓前室底部设有台沿和院池。院池大概是方形的，俨若近代居家院落的形式[③]。推测出墓主人生前住宅应该有比较大的院池。

坞壁图

---

　　① 党国栋：《武威县磨嘴子古墓清理记要》，《文物》1958 年第 11 期。
　　② 余冠英：《汉魏六朝诗选》，人民文学出版社 1978 年，第 5—6 页。
　　③ 甘肃省博物馆：《甘肃武威滕家庄汉墓发掘简报》，《考古》1960 年第 6 期。

这一时期，在河西地区出现了集军事防御、经济生活于一体的坞壁和坞堡。小者称坞堡，大者为坞壁。坞内有用来储存粮食的粮仓，也有用来瞭望、防卫的角楼，还备有各种武器。大点的坞壁建在山间，凭借着有利的地形，据险而守，坞壁内还能进行手工业和农业生产。如果遇到动乱，便关闭堡门，进可攻退可守，堡内的粮食可以维持堡内人长期生活。

随着建筑技术的进步，尤其是木结构技术的发展，人口密度的增加和东汉时期成仙思潮的盛行，阁楼式住宅应运而生。武威雷台墓出土一件陶楼院，平面为长方形，四周院墙，正面开门，上建门楼，已失。门侧各出一斗拱，一斗三升，承挑门楼屋檐。门左右两旁上部各开一窗。院墙内左中右三面又设复墙，每面复墙各开小门。院中建有五层高楼，每层四面出檐，正面开设门窗。院墙四隅上建角楼，高二层。各角楼之间和门楼，均架设有栏杆的天桥相通[1]。武威和寨校东大队也出土有一件汉代陶楼，院中央矗立五层楼阁，每层都四面出檐，有下至上逐层缩小。院落四周围墙，内院右墙角有厕所，后为储物栏。围墙四隅为两层角楼[2]。门

雷台墓出土的"绿釉陶楼院"

---

[1] 甘肃省博物馆：《武威雷台汉墓》，《考古学报》1974 年第 2 期。

[2] 党菊红：《武威和寨校东大队发现一座汉代墓葬》，收于《武威文物及其背后的故事》，甘肃教育出版社 2016 年，第 5 页。

楼与角楼间有飞栈相连，飞栈有护墙，可以让防守人员安全往来，形成一个严密的防卫体系。中央阁楼和四个角楼的四壁均设有镂空菱格透窗，以方便观察四周环境。

从这两件陶楼可以想象汉代武威高楼称得上是"高耸入云"，无怪乎汉乐府都说"西北有高楼，上与浮云齐"了。这种院落和高层碉楼相结合的建筑形式，为研究东汉时期建筑技术和结构体系、地主庄园经济发展增添了宝贵的资料。

3.室内陈设

两汉时期武威主要的家庭用具有席、床、屏风等家具，灯、炉、罐、瓶、桶、镜、盒、壶、钟、盆等生活用具。

席是居家必备之物。两汉时候没有桌子、椅子和凳子，都是坐在地上。坐的时候在地上铺张席子，所以说叫"席地而坐"，睡觉也在席子上面。稍微讲究一点的人家，坐时在大席子上再铺一张小席子，称重席。席一般以竹篾或者草编成，武威磨嘴子M25墓就出土了一件草席[1]。

几为长方形，不高，类似现在武威农村的炕桌或者小茶几。但是几的作用和茶几不同，主要是坐时依靠休息，上面还可以放置物品。《说文解字》中对几的解释就是"坐所以凭也"。磨嘴子M62墓出土的木几长117厘米、宽19厘米、高26厘米，两端各有三条曲形足，足下弓形座[2]。

床，又称榻，但和现在的床不同，较矮、较小，可以坐，也可以卧。从东汉末年起，出现了一种"胡床"。胡床的床系用绳带交叉贯穿而成，可以折起，类似今天的"马扎"，所以又称绳床、校（交）椅。因为胡床轻巧便于搬动，所以常常移到室外使用[3]。武威现在的折叠椅、凳，即是由胡床发展

---

① 甘肃省文物考古研究所:《甘肃武威磨嘴子东汉墓（M25）发掘简报》,《文物》2005年第11期。

② 甘肃省博物馆:《武威磨嘴子三座汉墓发掘简报》,《文物》1972年第12期。

③ 许嘉璐:《中国古代衣食住行》,北京出版社1988年,第111页。

而来。

屏风是放在宽敞的室、堂不远处，用以挡风或者遮蔽视线的用具。一般用木料或者竹子做边框，下面装有屏足和底座。框子内蒙古以绢帛[1]。

博山炉是汉代常见的焚香所用的器具，当炉内燃烧香料时，烟气从镂空的山形中散出，是汉代常用熏香器具，可用来熏衣、熏被以除臭、避秽。博山炉一般是金属制品。2003年武威磨嘴子M6墓就出土一件博山炉，博山形器盖，浮雕树木，各树木顶部有一镂空圆孔。子母扣，敛口，圆唇，半圆形腹，平底。盖口径9.1厘米、炉身口径7.2厘米、底径8.2厘米、底座直径12.1厘米、通高14.5厘米[2]。

武威出土汉代带盘博山炉

装物品的竹箱称为笥、篚、籯、盒等，可以放食品和衣服。磨嘴子M48墓出土套色印花绢篚。长42厘米、宽25厘米、高14厘米，苇席胎，外裱一

---

[1] 汪受宽：《甘肃通史·秦汉卷》，甘肃人民出版社2009年，第458页。
[2] 甘肃省文物考古研究所、日本秋田县埋藏文化财中心、甘肃省博物馆：《2003年甘肃武威磨嘴子墓地发掘简报》，《考古与文物》2012年第5期。

层绛赭色薄绢，白、绿二色套印涡云纹[1]。1959 年在清理磨嘴子墓葬群时还出土了 16 件木盒，有椭圆形、圆形、长方形和正方形四种，内盛食物、柴火、枣等[2]。

[1] 甘肃省博物馆：《武威磨嘴子三座汉墓发掘简报》，《文物》1972 年第 12 期。
[2] 甘肃省博物馆：《武威磨嘴子汉墓发掘》，《考古》1960 年第 9 期。

第二节 文教事业

汉武帝统一河西走廊后，实行了许多维护社会稳定的举措，其中崇儒重教起到了至关重要的作用。汉王朝在武威郡大力推广中原文化，使得武威郡的文化事业取得了较快发展，为五凉文化的繁荣奠定了基础。

一、社会风俗的转变和公私学校的出现

汉代时期，武威郡地方长官曾积极推广中原文化，弘扬教化，移风易俗，这样的事例在《后汉书》中经常出现。如"（廉范）后频历武威、武都二郡太守，随俗化导，各得治宜"①；"其俗多妖忌，凡二月、五月产子及与父母同月生者，悉杀之。（张）奂示以义方，严加赏罚，风俗遂改"②。

除了移风易俗，汉武帝曾经下诏，"令天下郡国皆立学校官"③，在全国范围内实行，武威郡也不例外。东汉初期的武威郡太守任延，"造立校官，自掾（史）子孙，皆令诣学受业，复其徭役。章句既通，悉显拔荣进之。郡遂有儒雅之士"④。任延在武威郡兴办学校，设立学官，让掾史子孙都到学校去接受教育，使武威的文教事业得到了发展，使得郡中有了儒雅之人。磨嘴子6号汉墓出土日忌杂简中有"河平□年四月四日，诸文学弟子出谷五千雨斛"的记载。"文学"是指儒家学说。《史记·李斯列传》："臣请诸有文学《诗》《书》百家语

---

① 范晔：《后汉书》卷三十一，中华书局1965年，第1103页。
② 范晔：《后汉书》卷六十五，中华书局1965年，第2139页。
③ 班固：《汉书》卷八十九，中华书局1962年，第3626页。
④ 范晔：《后汉书》卷七十六，中华书局1965年，第2463页。

者，蠲除去之。"[1] 同时，也是学官名称，汉代于州郡及王国置文学，或称文学掾，或称文学史，为后世教官所由来。弟子是相对于业师来说的，这里的"文学弟子"就是郡国文学官的弟子。河平是西汉成帝刘骜的年号，墓主人可能是西汉晚期的经师或者武威郡的文学官。这说明武威郡在西汉中后期就已经有了学官。

二、内容丰富的教育

汉代时期，武威郡虽地处僻远，但是紧跟中原教育，内容丰富，尤其是儒学教育对当世及后世影响深远。

1.以儒学教育为主要内容

两汉时期儒学兴盛，武威郡的教化主要也是以儒学为主，从传世典籍和考古出土中我们可以一窥其貌。

武威磨嘴子汉墓出土的《仪礼》简是西汉时期讲授经学的教本，其在经学、简牍学、校勘学和文字学等方面有着巨大的贡献[2]。印证了儒学教育是武威郡教育的重要内容。磨嘴子 M48[3] 出土漆樽车马出行图中头戴进贤冠的儒生，磨

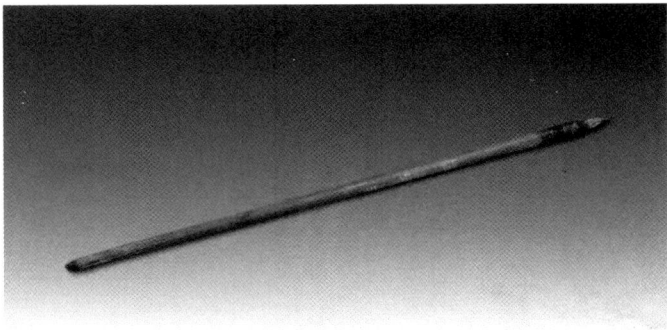

"白马作"毛笔

---

[1] 司马迁：《史记》卷八十七，中华书局 1959 年，第 2546 页。
[2] 甘肃省博物馆：《武威汉简在学术上的贡献》，《考古》1960 年第 8 期
[3] 甘肃省博物馆：《武威磨嘴子三座汉墓发掘简报》，《文物》1972 年第 12 期。

嘴子 M49 出土的"白马作"毛笔和漆匣石砚①，磨嘴子汉墓群出土的丸墨，这都表明这一时期武威郡儒学和文教事业的兴盛。

汉代以孝治国，武威出土的汉代"王杖简"和木鸠杖，表明汉代武威郡敬老尊老的风气，也体现出儒家"孝"的文化理念。

2. 律令教育和基础教育

两汉时期，汉王朝为了使政令能得到执行和落实，将政策法令张贴在显眼的地方，让百姓能知晓这些政令。

从武威旱滩坡出土的 17 枚简牍来看，内容都是当世实用的律令条文。主要涉及平民或者官吏殴打辱骂王杖持有者、关于上言变事的律令、保护农耕的法令、关于汉代徭役的法令和关于盗贼的法令等②。这些出土律令一方面可能与墓主人是中下层官吏的身份有关。将律令作为随葬品，在秦汉时期墓中也较为常见，如湖北云梦睡虎地秦简。但另一方面，这些竹简可能也是当地官员用来宣传汉代政策法令之用。这种做法在居延汉简中也可以经常看到，如居延汉简中"明白大编书乡亭市里□□□□，使吏民尽知之"。

这一时期，基础教育和启蒙教育在河西地区也有发展，从居延、敦煌和永昌县发现的识字简、练字简中就能看出，汉代对基础教育和启蒙教育的重视。汉代的基础教育对象，除了儿童之外，有戍边和屯田的军人、从内地迁往中原的移民和刑徒等。永昌县水泉子出土有《仓颉篇》，是中国古代启蒙识字书，最初内容有三篇 20 章，相传是由秦丞相李斯撰写，在汉代经过了多次修订。水泉子汉墓的《仓颉篇》在原本的基础上，遵循固有的编排体例，扩充文意，顺序训释，益四字为七字，变隔句押韵为句句押韵③。武威地区虽然目前还没有发现这样的识字简，但从河西其他地区来看这样的基础教育和启蒙教育

---

① 甘肃省博物馆：《武威磨嘴子三座汉墓发掘简报》，《文物》1972 年第 12 期。

② 李均明、刘军《武威旱滩坡出土汉简考述——兼论"挈令"》，《文物》1993 年第 10 期。

③ 张寸良、吴荭：《水泉子汉简初识》，《文物》2009 年第 10 期。

在当时也是推行的。

三、各类人才的出现

随着文教事业的发展和社会风俗的转变，武威郡涌现了一大批政治和军事人才，在汉代和三国时期的政治和军事舞台上发挥着重要的作用。

贾诩

东汉晚期至三国早期著名的军事战略家，曹操的重要谋士。贾诩原为董卓部将，后成为张绣的谋士。官渡之战前，贾诩劝张绣归降曹操，曹操便拜贾诩为执金吾，封都亭侯，迁冀州牧。

官渡之战时，贾诩力主与袁绍决战。曹操与关中联军在渭南相持不下时，贾诩献离间计，瓦解马超、韩遂，使得曹操顺利平定关中。在曹操的继承人这一问题上，贾诩以袁绍、刘表为例，暗示曹操不可废长立幼，从而暗助曹丕成为世子。曹丕即位后，为报答贾诩的恩情，拜贾诩为太尉。同年冬，贾诩与魏国公卿共劝曹丕即帝位。

陈寿评价贾诩时说："荀攸、贾诩，庶乎算无遗策，经达权变，其良、平之亚欤。"[①] 这个评价可以说是相当高了。

段颎

武威姑臧人，东汉名将，与皇甫规（字威明）、张奂（字然明）并称"凉州三明"。段颎少时就学习骑射，有文武智略，最初被举为孝廉，曾经担任宪陵园丞、阳陵令，有治理之才。汉桓帝时入军旅，先破鲜卑，后讨平东郭窦、公孙举起事，以功封列侯。延熹二年（159年）起戍边征战十余年，百战羌人，至永康元年（167年）平定西羌，建宁二年（169年）平定东羌，前后斩东西羌六万余级。累功封新丰县侯。

在历时十四年和诸羌的战争中，段颎亲自指挥的战役多达近两百次，胜多

---

① 陈寿：《三国志》卷十，中华书局1959年，第332页。

败少。蔡文姬的父亲、汉末名士蔡邕曾经评价段颎说："昔段颎良将，习兵善战，有事西羌，犹十余年。"①

段煨

武威姑臧人，东汉太尉、新丰县候段颎的弟弟，东汉末年将领。建安元年（196 年），汉献帝派遣段煨等人合力攻击李傕。他们击败李傕，并杀了他。汉献帝任段煨为安南将军（或作安西将军），接着又转任为镇远将军领北地郡太守，封闅乡侯。后被征召入朝任大鸿胪、光禄大夫，建安十四年（209 年），段煨以年老寿终。

---

① 范晔：《后汉书》卷九十，中华书局 1965 年，第 2991 页。

第三节 艺术、文体活动

一、乐舞、百戏

早在先秦时期，我国就有以丝竹、金石、革木制成各种乐器，后来又发明了鼓、缶、琴、瑟、竽、笙等。秦汉时期居住在河西地区的匈奴、羌等族也以乐舞著称，中原地区在吸收了中外各民族乐器的基础上，发明了羌笛、胡琴和箜篌等。汉代，击鼓配合着短箫或者竽籁的鼓吹之曲，发展为"鼓吹""骑吹"和"云吹"，又有鼓吹改变而为用长笛的"横吹"[①]。1974年居延遗址出土一件竹质单管乐器，通长约24厘米，经研究者断定，这件乐器可能是当时俗称横吹的古乐器[②]。从居延出土这件乐器来看，河西虽然地处偏远，但音乐却没有因地理而隔绝。

我国传统舞蹈的特点首先在于手和臂的动作，次之在于腰的动作，最后在足的动作。武威曾经发现了很多和舞蹈、杂技相关的汉代文物。如磨嘴子M48曾经出土一件漆樽，上面绘有一舞蹈图，图中三人均身着长衣长袖，体现了传统汉族舞蹈"长袖善舞"的特点[③]。磨嘴子M1出土木舞俑两个，一俑头梳髻，向左侧视，左臂举起，右臂屈至胸部，另一俑右臂向上斜举，左臂屈至胸前[④]。

百戏是我国古代乐舞杂技的统称，其名称起源于秦汉时期，一般包括吞刀、吐火、扛鼎、绳技等，还有各种装扮人物、动物的乐舞等。自汉武帝后，

---

① 谢国桢：《两汉社会生活概述》，北京出版社2014年，第148页。
② 汪受宽：《甘肃通史·秦汉卷》，甘肃人民出版社2009年，第436页。
③ 甘肃省博物馆：《武威磨嘴子三座汉墓发掘简报》，《文物》1972年第12期。
④ 党国栋：《武威县磨嘴子古墓清理记要》，《文物》1958年第11期。

西域的各种杂技也随着丝绸之路传入河西走廊，丰富了本地区百戏的内容。《旧唐书·音乐志》就说："大抵散乐杂戏多幻术，幻术皆出西域，天竺尤甚。汉武帝通西域，始以善幻人至中国。[①]"

磨嘴子曾经发现一座东汉壁画墓，其西壁上除绘有一细长颈的鸟外，其余部分平列绘人物像。其中一人双手撑地倒立；一人双手向上合拢，像是在表演走索（类似现在的走钢丝）这样的技艺；一人胡人面相，像是在表演滑稽戏；另有一人跪着，旁边是羊，像是在表演驯兽这样的技艺[②]。这幅壁画墓上的图像反映了汉代武威乐舞、杂技的盛行。

二、绘画和雕塑

汉代时期，武威地区的绘画艺术达到了较高的艺术水准。

武威韩佐镇五坝山有一座西汉壁画墓，迎着墓门的正壁，壁画正中以流畅的而弧曲的宽条线画一白虎，虎身满饰条纹，虎目圆睁，眼球用鲜亮的绿色绘出；左壁的中部和左部画《山林猎牧图》，画面中以黑色的奔动的粗弧线勾勒出层叠的山冈外廓，而且还沿着山形的内廓，用宽刷类的阔笔斜列或横列进行皴擦，这些艺术手法使山峦增加了厚度[③]，在山峦的右下部，绘了一头牛和一匹马（或驴），画的中部下方，画一只老虎，左部有一个骑马的猎人，正挽弓射箭狩猎。五坝山壁画中的《山林猎牧图》，以山、林、兽、仙为组成特点，描绘了汉代人对山川特有的观念，也使我们能进一步确认我国山水画产生于汉代[④]。这幅壁画在我国绘画史上有着重要的地位，为我们研究早期山水画和汉

---

① 刘昫等：《旧唐书》卷二十九，中华书局 1975 年，第 1073 页。

② 党寿山：《甘肃武威磨嘴子发现一座东汉壁画墓》，《考古》1995 年第 11 期。

③ 张朋川：《由五坝山西汉墓壁画论我国早期山水画》，选自《黄土上下：美术考古文萃》，上海三联书店 2020 年，第 119-129 页。

④ 张朋川：《由五坝山西汉墓壁画论我国早期山水画》，选自《黄土上下：美术考古文萃》，上海三联书店 2020 年，第 119-129 页。

武威五坝山壁画墓中的虎形象

代绘画提供了实证。

　　磨嘴子 M53 出土一件带有绘画的木屋，木屋四壁涂了一层薄薄的白粉，在前后及左壁上有用墨线绘的画。画中一女子身穿长裙在喂猪，猪仅用飞舞的几笔画成，鬃毛耸立，尾巴卷曲上举，表现了猪的健壮[①]。磨嘴子 M48 出土一件漆樽，上绘有车马出行图。此漆画熟练地运用了富有运动感的弧线，又以逗点状的墨点散列其中，更增强了画面的活泼飞动；此外还用几个形状不同的点子，来画脸部的五官与胡子，并在脸的半侧施以浅灰色，产生了明暗光影的效

磨嘴子汉墓·饲猪图木版画

---

① 张朋川：《河西出土的汉晋绘画简述》，《文物》1978 年第 6 期。

果①。以上两件绘画充分反映了这一时期武威绘画艺术的成就，是研究汉代绘画艺术的珍贵材料。

汉代武威的雕塑作品，以磨嘴子汉墓群出土的汉代木雕最具代表性。由于武威深居内陆，降雨量少，气候相对干燥，所以墓群中出土的近200件木俑大多保存完整。磨嘴子木俑品种繁多、内容广泛、制作精美，木俑有生活中常见的牛、马、羊、狗、鸡等各种动物；有各种人物俑，如翩翩起舞的舞蹈俑；有各种生产生活和交通运输的俑，如牛车俑、马车俑等。此外，木俑中还有木鸠杖和镇墓兽等。武威汉代木雕在造型上不仅重视雕刻的写实，也善于把握事物的典型特征，用抽象夸张的艺术手法对事物进行改造，与绘画技艺紧密结合。以一件长尾木狗为例，卧狗两支前腿伏地，后腿收贴于腹下，长尾拖地，引颈张望。木狗全身涂白、双目墨线勾画，使本来就雕刻凸现的眼睛更加突出。这种静中有动的雕刻手法表现了狗的机警、灵敏，反映出雕刻者善于捕捉握狗的典型特征的能力。可见，磨嘴子汉墓群出土的这些木俑具有很高的美学价值和艺术价值。

三、书法

汉代时期，小篆、隶书并行，但隶书更为流行，草书、行书、楷书也相继出现并趋于成熟。武威出土的汉简，为研究汉字形体演变和书写技艺提供了有力的实物资料。字体有隶书、楷书和章草，其中医药简都是章草。

《仪礼》简是西汉中后期一件有代表性的隶书作品，其书法已经接近比较成熟的隶书。早期的古隶结体大多带有瘦长感，而《仪礼》简通过折笔压缩和遏制了竖画的纵向发展，笔画左右伸展，再缩小横画之间的距离，使得字体横向取势明显，呈现出方扁横阔的成熟隶书形态②。其章法特点是重心偏左，字

---

① 张朋川：《河西出土的汉晋绘画简述》，《文物》1978年第6期。
② 陈雨晨：《西汉晚期简牍隶书风格研究及对我创作的启示——以〈武威汉简·仪礼〉为例》，华东师范大学2022年硕士学位论文，第12页。

间距较大，具有明显的"左敛右舒"的特点，是成熟的八分书在章法上的特点。《王杖简》书写风格健朗粗犷，粗重笔画的使用率较高。其结字特点和《仪礼简》相似，都是"左敛右舒"、左低右高，但是字与字之间间距比较紧密。总之，武威出土的汉简证明了隶书在西汉时期已经接近成熟，既是珍贵的书法作品，也是研究书法史的重要资料。

武威汉简中，《武威张伯升枢铭》用篆书书写，笔画盘曲、穿插，婉转妩媚，结体突出疏密对比，或强调撑满字格，形体平方匀整，饶有隶意，而笔势由小篆的圆匀婉转演变为屈曲缠绕[①]。

四、其他文体活动

博弈是中国古代游戏活动的重要组成部分。"博"是指六博，"弈"是指围棋。六博，又叫陆博，是中国古代一种掷采行棋的博弈类游戏，战国到汉代盛行，因使用六根博箸所以称为六博，以吃子为赢，后世的象棋可能就是从六博发展而来的。武威磨嘴子 M48 出土了一件彩绘木六博俑，两老者皆跪坐博弈。

磨嘴子汉墓群出土的六博俑

---

① 孙占鳌、尹伟先：《河西简牍综论》，甘肃人民出版社 2016 年，第 460 页。

左边老者左臂前伸，右边老者右臂前伸，手握棋子。两者中间放置棋盘，棋盘黑色涂底，上面用白色绘棋格，棋盘下衬黑色掷骰木秤[①]。六博俑反映出汉代武威地区文化、体育发展情况，是同类文物中的珍品。

投壶也是汉代非常流行的娱乐活动，投壶游戏，玩的时候把箭投入壶中，投中多者胜，有点像现在的飞镖之类。

在河西边塞，蹴鞠是军民常见的训练项目之一。霍去病为攻打匈奴深入河西腹地和塞外，"其在塞外，卒乏粮，或不能自振，而去病尚穿域蹋鞠也"[②]。1972年在甘肃敦煌马圈湾汉代烽燧遗址[③]发现一枚球形实物，直径5.5厘米，里面用丝绵填充，外面用麻布绳和白绢搓成的绳子捆扎而成。经研究，这就是汉代的蹴鞠。

骑射是河西地区男子学习的技能，凉州诸边郡长官每年八月要集中骑士举行射箭、驾车[④]。汉代武威的男子也是常年习武、骁勇善战的。《后汉书》记载，"凉州三明"之一的姑臧人段颎从小就学习弓马。从小就精于骑射的凉州男儿成了东汉后期一支重要的军事力量，被《三国演义》称之为"西凉铁骑"。自古凉州精骑便横行天下，史称"凉州大马，横行天下"，尤其适合沙漠戈壁的长距离持久奔袭作战，涌现出了张绣、贾诩、段煨、牛辅、徐荣、董越、马超、韩遂等一大批优秀的军事将领。

---

① 甘肃省文物局编：《甘肃文物菁华》，文物出版社2006年，第169页。

② 班固：《汉书》卷五十五，中华书局1962年，第2488页。

③《敦煌马圈湾汉代烽燧遗址发掘报告》，选入吴礽骧、李永良、马建华释校：《敦煌汉简释文》，甘肃人民出版社1991年，第296页。

④ 汪受宽：《甘肃通史·秦汉卷》，甘肃人民出版社2009年，第482页。

第五章

武威汉墓的考古调查及相关研究

"事死如事生"的观念决定了汉代厚葬之风的盛行，形成了特色鲜明而又内涵丰富的汉代丧葬文化。本章以武威地区发现的重要汉代墓葬为研究对象，介绍武威地区汉代墓葬特点及其反映的汉代武威社会思想和葬礼葬俗，向读者全方位、多角度地展示汉代武威社会面貌。

第一节 中华人民共和国成立以来武威汉墓的考古调查和发掘

一、第一阶段：1949 年至 1979 年的考古调查和发掘

这一时期武威市内主要的考古调查和发掘工作由甘肃省文物管理委员会和甘肃省博物馆承担。中国社会科学院考古研究所和北京大学考古系也进行了一系列考古工作，本地文化局等组织单位的工作人员也配合相关工作的进行[①]。

中华人民共和国成立初期，武威地区的考古工作基本围绕兰新铁路的建设而展开。为配合兰新铁路建设工程，甘肃省文物管理委员会先后对武威—永昌路段沿线的汉代墓葬进行了清理，其中重要的有古浪县黑松驿董家台汉代木椁墓和磨嘴子古墓群。

1954 年 7 月，为配合兰新铁路建设工程，甘肃省文物管理委员会在古浪峡黑松驿董家台清理了 5 座土坑木椁墓。出土有木器、石器、陶器、铜器、丝织品残片等。这一墓群地区于 1953 年冬至 1954 年春施工中还挖出陶器、铜器、钱币和玉器等[②]。董家台汉代木椁墓是武威地区少见的汉代木椁墓，时代大概是西汉中晚期，但从这一墓群发现的货布钱来看，应该也有新莽时期或者东汉早期墓葬。

1954 年，甘肃省文物管理委员会在兰新铁路武威——永昌沿线工地共清理了 20 座古墓。据发掘报告记载[③]，其中管家坡汉代砖室墓 3 座、支家庄汉代

---

① 刘燕：《石羊河流域考古史研究》，西北师范大学硕士学位论文，2019 年，第 25 页。

② 甘肃省文物管理委员会：《甘肃古浪峡黑松驿董家台汉代木椁墓清理概况》，《文物参考资料》1955 年第 7 期。

③ 甘肃省文物管理委员会：《兰新铁路武威——永昌沿线工地古墓清理概况》，《文物参考资料》1956 年第 6 期。

砖室墓 1 座、丘家小庄汉代砖室墓 6 座、二十里滩汉代砖室墓 1 座、罗家庄汉代砖室墓 1 座、李家夹嘴子汉代土洞墓土坑墓各 1 座、小儿下汉代砖室墓 2 座、永昌南滩汉代砖室墓 2 座。20 座古墓出土有灰陶器、金银器、料珠、玉片、石刻、铁器、漆器、铜钱等。不过，据后来研究，这其中大部分当时认定的汉墓，应该是魏晋时期的墓葬。

1956 年 3 月，甘肃省文管会兰新铁路文物清理组在新华镇发现磨嘴子古墓群和新石器时代遗址。1956 年 11 月，挖出古墓八座，其中一座底部尚保存完好，是一件单室土洞墓，连同其他清理的四座土洞墓出土和收集的重要随葬品有陶器、木器、漆器、幢幡、毛笔、苇席等。根据墓葬形制和随葬品推断，属于东汉初期至中期墓葬[①]。1959 年 7 月间，甘肃省博物馆文物工作队在磨嘴子发现竹、木简的东汉土洞墓，编号为 6 号墓，遗物有陶器、木器、漆器、铜器、竹、木简完整的有 385 支，残简有 225 片。其中就有著名的《仪礼简》[②]。同年 9 月 10 日至 11 月底，又继续在磨嘴子古墓群清理了墓葬 31 座东汉土洞墓，发掘出土的随葬品有陶器、木器、漆器、铜器、铁器、草编器等共计 610 件；货币有五铢、货泉、小泉直一、大泉五十、半两等共 1199 枚；另有《王杖十简》和鸠杖 13 枚[③]。1972 年 3 月至 4 月，甘肃省博物馆和武威地区文化局共同清理了磨嘴子汉墓 35 座，按顺序编号为 38—72 号墓，出土了一批陶器、木器、漆器、丝织物及草编织物等随葬品。其中西汉晚期至东汉初期的 48 号、62 号、49 号墓出土有大型彩绘铜饰木轺车（模型）、漆栻盘、有铭文的漆耳杯、套色印花绢篋、六博俑、丝织物残片和毛笔等都令人耳目一新[④]。

1959 年 12 月，甘肃省博物馆举办的文物、博物馆训练班在武威田野发掘实习期间，在武威县城西约 1.5 公里的滕家庄以南，清理了一座汉代砖室墓

---

① 党国栋：《武威县磨嘴子古墓清理记要》，《文物参考资料》1958 年第 11 期。
② 甘肃省博物馆：《甘肃武威磨嘴子 6 号汉墓》，《考古》1960 年第 5 期。
③ 甘肃省博物馆：《甘肃武威磨嘴子汉墓发掘》，《考古》1960 年第 9 期。
④ 甘肃省博物馆：《武威磨嘴子三座汉墓发掘简报》，《文物》1972 年第 12 期。

葬。该墓为带斜坡形墓道的砖筑复式墓，有甬道、前室、双后室、北耳室。出土的随葬品有陶器（主要是灰陶，但也有少量绿釉陶器）和铜器（剑、削、弩机、钱币）。该墓的年代，初步认定为东汉晚期或者魏晋时期[①]。

1969 年 10 月，新鲜人民公社新鲜大队第十三生产队在雷台底下发现一座汉墓，甘肃省博物馆会同武威县文化馆进行了清理。此墓发现盗洞两处，估计是入葬不久被盗的。虽曾遭盗掘，但随葬品依然十分丰富，总计出土遗物 231 件。其中铜器 171 件，特别是成组的铜车马，为以往发掘中少见。此外，还有金器 2 件，漆器 3 件，陶器 25 件，银印 4 枚，以及铁、骨、石、玉、琥珀等质地的器物[②]，举世闻名的铜奔马就出土于此墓。关于雷台墓的时代，历来争议较大，我们参照北京大学韦正的观点认为是跨越汉末魏晋时期的合葬墓[③]。雷台墓的墓葬结构与东汉晚期墓葬相似，如内蒙古和林格尔汉代壁画墓[④]就与雷台墓的结构很像，都是由墓道、墓门、甬道、前室、中室、后室及三个耳室构成的三室砖室墓。而且雷台墓随葬铜车马中铸有隶体铭文，如铜车马胸前铸"守左骑千人张掖长张君小车马，御奴一人""守左骑千人张掖长张君骑马一匹，牵马奴一人"。这种做法在内蒙古托克托县西汉晚期壁画墓中也能看到，如该墓后室有人物车马壁画，上面署有"辇车一乘""闵氏车牛一乘""驻马一匹奴一人牵"[⑤]。从以上我们可以看出，不管雷台墓的时代如何，它都是一座深受两汉文化影响的墓葬。

---

① 甘肃省博物馆:《甘肃武威滕家庄汉墓发掘简报》,《考古》1960 年第 6 期。

② 甘肃省博物馆:《武威雷台汉墓》,《考古学报》1974 年第 2 期。

③ 韦正:《魏晋南北朝考古》,北京大学出版社 2013 年，第 227 页。

④ 内蒙古文物工作队、内蒙古博物馆:《和林格尔发现一座重要的东汉壁画墓》,《文物》1974 年第 1 期。

⑤ 罗福颐:《内蒙古自治区托克托县新发现的汉墓壁画》,《文物》1956 年第 9 期。

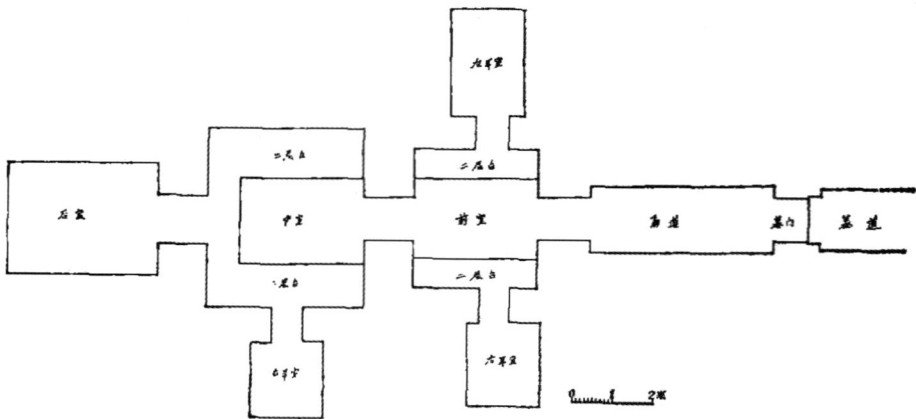

雷台墓平面图

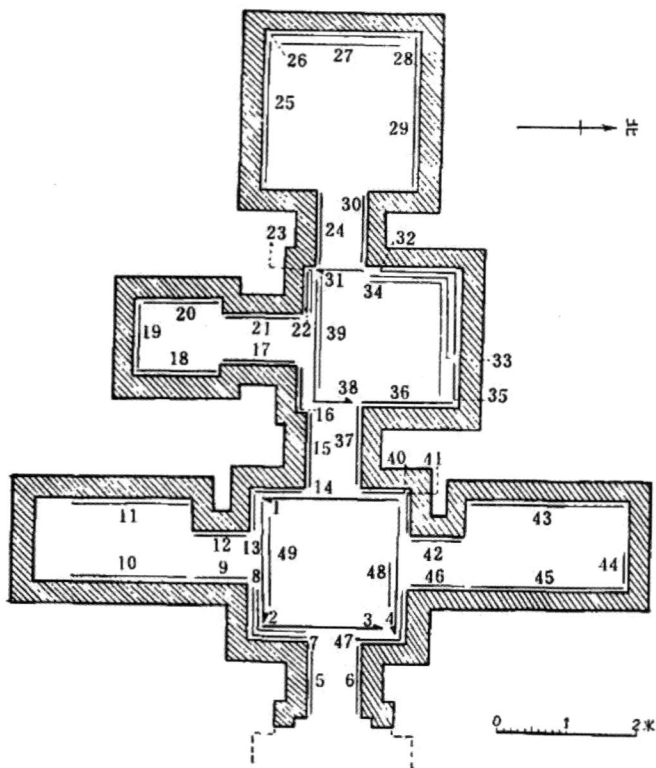

和林格尔东汉壁画墓平面图

　　旱滩坡古墓群位于武威市西南 12 公里处的祁连山北麓，由此东南方向绵延 25 公里就是磨嘴子。1972 年 11 月，甘肃省博物馆、武威县文化馆在柏树镇旱滩坡清理了一座带有斜坡墓道的汉代单室土洞墓。此墓时代为东汉早期，出土有木质鸠杖、陶壶、陶仓、陶井、陶灶、陶盘、五铢钱、木质简牍和料珠等。经整理，木质简牍内容全是有关医学的记载，其中包括了针灸科、内科、外科、五官科和妇科等[①]。1975 年 6 月，武威地文化馆又在墓葬群进行了发掘，共清理墓葬 7 座，出土了大量的铜器和钱币[②]。

　　1973 年冬至 1974 年春，武威县文物管理委员会在今永昌镇和寨村清理汉代墓葬 4 座，出土陶楼院、陶马、陶羊、铜钱等文物 80 余件[③]。1975 年 11 月，武威县文管会会同地区文物学习班在和寨校东大队清理了一座古墓。墓葬为带斜坡墓道，用小砖砌成的长方形多室墓，分前、中、后三室。出土的随葬品主要是陶马车、马、人俑、鹅、鸡、羊、仓、井、灶、罐、楼院和摇钱树石座[④]。根据墓葬的形制和随葬品推断，该墓的年代应该是东汉晚期到魏晋时期。

　　这一时期是武威汉墓发掘的起步和发展阶段，发现的众多汉代遗址和文物，带动了大量海内外学者对武威地区汉代考古和历史文化的研究工作。但是也存在田野发掘质量参差不齐，存在断代比较模糊，如古浪峡董家台木椁墓就未曾说明墓葬时代，部分简报缺少图像资料的情况。

二、第二阶段：1980 年以来的考古调查与发掘

　　20 世纪 80 年代以来，随着考古机构更加规范化、专业考古队伍不断充

　　① 甘肃省博物馆、甘肃省武威县文化馆：《武威旱滩坡汉墓发掘简报——出土大批医药简牍》，《文物》1973 年第 12 期。

　　② 刘燕：《石羊河流域考古史研究》，西北师范大学硕士学位论文，2019 年，第 41 页。

　　③ 武威市文物考古研究所编：《武威考古研究文集》，读者出版社 2023 年，前言第 4 页。

　　④ 党菊红：《武威和寨校东大队发现一座汉代墓葬》，收于《武威文物及其背后的故事》，甘肃教育出版社 2016 年，第 1—9 页。

实，加上与中央科研单位、高校的合作，甘肃的考古工作得到了蓬勃发展^①。

1984 年至 1987 年，甘肃省博物馆先后对五坝山墓群进行了两次抢救性发掘，发现马家窑文化墓葬 3 座、两汉墓葬 120 座、晋墓 5 座、西夏墓葬 4 座。^② 汉墓时代上起王莽时期，下至东汉晚期，以东汉初期为最多。墓葬均为带有斜坡形墓道的长方形单室土洞墓，出土文物有铁、铜、木、漆、陶、丝织品和粮食等，其中以龟形铜灶、木牍、木鸠杖、帛书最为珍贵^③。3 号西汉晚期壁画是迄今全国发现的时代最早的山水画壁画^④。

1981 年 9 月，武威县文管会在调查文物时，当时新华公社的袁德礼上交了 26 枚"王杖诏书令"木简。该简出土于磨嘴子汉墓群，这是继"王杖十简"以后，又一次王杖简册的重要发现^⑤。1989 年 7 月，武威市博物馆在磨嘴子古墓群清理了一座东汉晚期壁画墓，因墓葬早年被盗，墓内遗物无存。墓葬规模较大，为带有斜坡式墓道的横前室双后室土洞墓，壁画绘在前室后半部的墓壁与顶部的白灰面上。顶部绘天象图，左面为太阳，太阳中立金乌；右面为月亮，月亮中有蟾蜍；西壁绘百戏图；南壁绘有羽人；北壁绘有"仙人骑白象"图^⑥。(注：王丽霞老师认为南壁的羽人图和北壁的"仙人骑白象"图应该也是百戏图的一部分，类似于今天的驯兽表演。）2003 年 10 月至 11 月，甘肃省文物考古研究所对磨嘴子汉墓群编号为 2003WMM25 的带有长条台阶形墓道的单室土洞墓进行了清理，出土有木器、陶器、铜钱、草编器、麻织鞋、发带、耳

---

① 王辉：《20 世纪甘肃考古的回顾与展望》，《考古》，2003 年第 6 期。

② 武威市文物考古研究所编：《武威考古研究文集》，读者出版社 2023 年，第 162 页。

③ 何双全：《武威县韩佐五坝山汉墓群》，收入中国考古学会编：《中国考古学年鉴 1985》，文物出版社 1985 年，第 245—246 页。

④ 张朋川：《由五坝山西汉墓壁画论我国早期山水画》，选自《黄土上下：美术考古文萃》，上海三联书店出版社 2020 年，第 119-129 页。

⑤ 武威市文物考古研究所编：《武威考古研究文集》，读者出版社 2023 年，前言第 5 页。

⑥ 党寿山：《甘肃武威磨嘴子发现一座东汉壁画墓》，《考古》1995 年第 11 期。

珰、刨花等随葬品，根据该墓的形制和随葬品综合分析，为东汉中期墓葬[①]。
2003 年 11 月至 12 月，由甘肃省文物考古研究所、甘肃省博物馆和日本秋天县埋藏文化财中心共同组成的考古队对磨嘴子汉墓群进行了第一次系统的野外考古发掘。共发掘墓葬 25 座，均为带斜坡墓道的土洞墓，长方形墓室，多为男女双人合葬，均有木棺。M3、M6、M9 三座为其中具有代表性的墓葬，三座墓葬均为西汉晚期至东汉初期墓葬，其中出土器物有釉陶器、木器、漆器、骨器、铜钱、玉耳珰、竹质器等[②]。2005 年，武威市文物考古研究所在磨嘴子汉墓群清理了一座带有斜坡式墓道的单室土洞墓，编号为 M1。出土有陶罐 1 件、陶壶 3 件、陶灶 1 件、木梳 1 件、木俑 9 件、木马 9 件、木牛 2 件、木鸡 2 件、铜镜 1 件、竹钗 1 件、丝袋 1 件，还有较完整的纺织品 6 块以及五铢钱 44 枚等[③]。根据墓葬形制和随葬品推断，该墓为西汉晚期至东汉初期。

1989 年 8 月，武威地区文物普查队在武威柏树乡的旱滩坡墓群普查时，发现 1 座带有斜坡式墓道的单室土洞墓。出土文物有木简 1 束、木鸠杖、陶器、铜镜和钱币等。木简 16 枚，均系松木质，内容主要分为两部分，一类是养老受王杖之制和关于王杖授受之律令，另一类是坐赃为盗、虫灾、火灾等刑律[④]。该墓的时代为东汉中晚期。

1990 年 3 月，武威市博物馆对武威市东南约 20 公里的甘肃省少管所农场发现的三座汉墓进行了清理发掘。M1 为前后室砖室墓，M2 和 M3 为单室砖墓。三座墓共出土文物 67 件，钱币 76 枚，其中陶器 61 件，铜器 3 件，琉璃耳珰

① 甘肃省文物考古研究所：《甘肃武威磨嘴子东汉墓（M25）发掘简报》，《文物》2005 年第 11 期。
② 甘肃省文物考古研究所、日本秋田县埋藏文化财中心、甘肃省博物馆：《2003 年甘肃武威磨嘴子墓地发掘简报》，《考古与文物》2012 年第 5 期。
③ 武威市文物考古研究所：《甘肃武威磨嘴子汉墓发掘简报》，《文物》2011 年第 6 期。
④ 武威地区博物馆：《甘肃武威旱滩坡东汉墓》，《文物》1993 年第 10 期。

3 件 ①。根据墓葬形制和出土文物推断，M1 和 M3 应为东汉中晚期，M2 为王莽时期。

2002 年 3 月，武威市文物考古研究所对武威市文化巷的一座带有斜坡形墓道的汉代砖石墓进行了清理。墓室用青灰色的条砖砌成，为夫妻合葬双室墓。墓室平面均为长方形，拱形券顶。出土的随葬品有陶、铁、铜、漆四大类 ②。从墓葬形制和出土器物来看，其时代属于东汉中期。

2002 年 4 月，武威市文物考古研究所对凉州区南大街南段的一座汉代砖石墓进行了清理。该墓为前后室券顶砖室墓，前后室均为长方形。出土的随葬品有泥质红陶 9 件，铜弩机郭，钱币 44 枚 ③。根据墓葬形制和随葬品考证，为东汉晚期墓葬。

2003 年 4 月，武威市文物考古研究所在武威市城区建国街发现了 5 座古墓葬，对其中 1 座保存较为完好的前后室砖室墓墓葬进行了清理发掘。出土的随葬品有陶器 19 件、铜耳杯、铁器 2 件、钱币 5 枚 ④。该墓的年代为东汉晚期或魏晋时期，墓壁用青、灰色砖砌成菱形图案的做法与武威臧家庄魏晋墓 ⑤ 和西关魏晋墓 ⑥ 相似，从这个角度来说是魏晋墓的可能性更大。

2015 年 9 月至 10 月，武威市文物考古研究所在凉州区高坝镇的热电厂清理了两座汉代砖室墓。M1 为单室墓，由墓门、甬道和墓室组成，时代为东汉早期；M2 为前后室砖室墓，由墓门、甬道、前室、过洞和后室组成，时代为

① 武威市文物考古研究所：《武威王景寨汉墓清理简报》，《陇右文博》2003 年第 1 期。

② 武威市文物考古研究所：《武威市文化巷汉墓发掘简报》，《陇右文博》2003 年第 1 期。

③ 武威市文物考古研究所：《武威南大街汉墓发掘简报》，《陇右文博·武威专辑》2004 年。

④ 武威市文物考古研究所：《武威建国街东汉墓清理简报》，《陇右文博·武威专辑》2004 年。

⑤ 武威地区博物馆：《武威臧家庄魏晋墓清理简报》，《陇右文博》2001 年第 2 期。

⑥ 武威市文物考古研究所：《武威市西关魏晋墓发掘简报》，《陇右文博》2006 年第 2 期。

东汉中后期。两座墓共出土文物 21 件，钱币 170 多枚。其中陶器 7 件，铜器 13 件，铁器 1 件^①。

这一阶段，田野发掘科学细致，报告编写图像准确，描述清晰^②。

---

① 武威市文物考古研究所:《武威热电厂汉墓清理发掘简报》,《陇右文博》2019 年第 1 期。

② 陈宗瑞:《甘肃地区汉墓研究》, 山东大学 2015 年硕士学位论文。

第二节　武威地区汉墓的特点和研究概况

一、武威地区汉墓的特点

汉代开始之前，中原地区普遍流行的墓圹是长方形的土坑，是从地面一直往下挖，称为"竖穴"。西汉时期中期以后，中原地区开始流行在地下横掏土洞，作为墓圹，称为"横穴"[①]。武威地区汉墓从西汉时期中期开始主要流行以木椁墓为代表的竖穴墓，一直延续到东汉中期，而中原地区在西汉晚期时木椁墓就基本消失了。横穴式的砖室墓在王莽或者东汉初期才开始流行，而中原地区在西汉中期就已经流行有小砖砌筑的墓室。这都体现了武威汉代墓葬既有与中原文化的共同特性，也有着与中原文化相比的滞后性。

目前，武威地区发现的汉墓主要集中在东汉时期，尤其是东汉中后期的墓葬较多。就墓葬形制来看，主要是土洞墓和砖室墓，木椁墓仅有少量发现。就分布来看，武威地区祁连山麓、杂木河两岸的丘陵地带，土质含碱性大，土质非常坚硬，土层厚，所以多土洞墓，如磨嘴子汉墓群、五坝山汉墓等。从武威发现的土洞墓来看，以单室土洞墓居多，而且大多数土洞墓都带有斜坡墓道。武威地区的砖室墓，主要集中在铁路沿线和市内，如建国街汉墓、文化巷汉墓、南大街汉墓、王景寨汉墓、热电厂汉墓等。这种情况充分说明，今武威市凉州区及其附近，在汉代是一个重要的居民点和军事据点。值得注意的是，武威地区的很多汉代墓葬，破坏了新石器等时代的遗址和墓葬。在此类墓地里，新石器等时代陶片和汉代陶片往往共存，其文化面貌也较为复杂[②]。

---

① 王仲殊：《汉代考古学概说》，中华书局 1984 年，第 85 页。
② 杜斗城：《河西汉墓记》，《敦煌学辑刊》1992 年第 1 期。

从目前发现的汉墓来看，墓道与墓室方向基本一致，一般墓道填土为花土，其中夹杂有大石块、石子、陶片等，多使用土坯、石块、石板、砾石、木棍等来封门，有的砖室墓会用砖来封堵。部分墓葬还会用白灰面来涂抹墙皮，有的墓葬还有照墙。墓室中既有单人墓葬，也有夫妻合葬墓，多人合葬墓数量较少。东汉中后期以后，有的墓室中还出现了二层台。从葬具和葬式来看，磨嘴子男女木棺涂色各异。如 M22 三棺，中间为男棺，两帮涂红色，左右两边为女棺，两帮涂棕色[①]。单室墓木棺放置在墓室后部，双室墓和三室墓木棺则放在后室，前室陈列随葬品。棺内底部还往往铺有草木灰，这种做法在魏晋时期的河西墓葬中都有发现，如玉门金鸡梁十六国墓[②]和敦煌佛爷庙湾五凉时期墓葬[③]。武威已发现的汉墓大多数都为仰身直肢葬，不论是单室、双室还是多室墓，墓主人头部都朝墓门。

自然地理因素和丧葬礼俗的延续是洞室墓在武威地区大量流行的主要原因。马家窑文化之后的齐家文化、四坝文化、沙井文化中均见有数量不等的土洞墓，河西地区洞室墓的繁荣应与沙井文化时期洞室墓的大量流行有密切关系[④]。目前，河西走廊的民勤县、永昌县都有沙井文化遗址发现，山丹民乐八卦营汉墓群部分墓葬也带有沙井文化的特征，武威地区汉墓也应该会受到沙井文化的影响。但从目前已发现的汉代墓葬来看，还未见有明显的沙井、匈奴等游牧民族特征的墓葬，这与民乐八卦营汉墓群中部分沙井文化、羌文化因素墓

①　蒲朝绂：《武威汉墓的分期与年代》，《西北史地》1990 年第 1 期。

②　甘肃省文物考古研究所：《甘肃玉门金鸡梁十六国墓葬发掘简报》，《文物》2011 年第 2 期。

③　甘肃省敦煌县博物馆：《敦煌佛爷庙湾五凉时期墓葬发掘简报》，《文物》1983 年第 10 期。

④　陈宗瑞：《甘肃地区汉墓研究》，山东大学 2015 年硕士学位论文，第 62 页。

葬 ① 和永昌县水泉子汉墓群 ② 带有匈奴文化和当地土著文化因素的墓葬不同。

从武威地区发现的汉晋时期墓葬来看，出土木俑的主要是洞室墓，如1959 年磨嘴子汉墓群清理的 31 座墓葬，1959 年发掘的 6 号墓，2003 年发掘的磨嘴子 M3、M6，2005 年清理的磨嘴子 M1，旱滩坡前凉墓出土的男、女侍俑 ③ 等。砖室墓中则出土了泥质俑类，如武威和寨汉晋墓出土的陶马、陶羊，武威市第一粮库魏晋墓出土的陶马、陶牛 ④，武威市城区新建路职业学院出土的陶奔马、男女俑 ⑤ 等。汉晋时期洞室墓大量出土木质俑，砖室墓出土泥质俑，这也给我们提出了一个疑问。为什么会出现这样的现象？这个问题还有待于进一步研究。

二、武威地区汉墓的研究概况

1990 年，甘肃省文物考古研究所蒲朝绂在《武威汉墓的分期与年代》一文 ⑥ 中从墓葬形制、陶器的组合及演变、墓葬的时代及货币与铜镜等几个方面论述了武威汉墓的分期和特点。随着武威地区更多汉墓的发掘和研究的深入，对武威地区汉墓有了更为详细的认识和研究。

1992 年，杜斗城在《河西汉墓记》一文 ⑦ 中介绍了把河西汉墓分为三区，即石羊河水系及永昌县的西大河水系一带（大部分地属武威地区）、黑河流域

---

① 甘肃省文物考古研究所编著：《民乐八卦营——汉代墓群考古发掘报告》，科学出版社，2014 年，第 187 页。

② 甘肃省文物考古研究所：《甘肃永昌县水泉子汉墓群 2012 年发掘简报》，《考古》2017 年第 12 期。

③ 田建：《甘肃武威旱滩坡出土前凉文物》，《文博》1990 年第 3 期。

④ 武威市文物考古研究所：《武威市第一粮库魏晋墓发掘简报》，《陇右文博》2005 年第 2 期。

⑤ 张振华：《武威出土陶奔马》，选入武威市文物考古研究所编：《武威考古研究文集》，读者出版社 2003 年，第 442—444 页。

⑥ 蒲朝绂：《武威汉墓的分期与年代》，《西北史地》1990 年第 1 期。

⑦ 杜斗城：《河西汉墓记》，《敦煌学辑刊》1992 年第 C1 期。

及山丹、民乐的部分地区（大部分地属张掖地区）和北大河、疏勒河及党河流域（大部分地属酒泉地区）。他还分析了河西汉墓的基本形制和特点，认为三区的汉墓虽然情况复杂，但共性很强。三区的汉代器物，如壶、罐、仓、灶、井、子母砖和铜生活用器等，无论是在器型和制作方法上，皆千篇一律。最后，杜先生认为，河西地区的汉墓，也有同中原有别的地方，但这些区别并不是质的区别，有很多地方可能是地理和时间的因素。

2015 年，陈宗瑞在《甘肃地区汉墓研究》一文 [①] 中将甘肃省内汉墓划分为陇东、河西两大地区。他在类型学的基础上，将河西地区汉墓分为四期，分别是西汉中晚期、新莽时期、东汉早期和东汉中后期。

2022 年，郭丽娜在《河西走廊东区汉墓研究》一文 [②] 中对河西走廊东区汉墓墓葬形制和随葬陶器进行了类型学分析，提出了河西走廊东区汉墓的分期与断代，并论述了各时期墓葬形制及随葬器物特点。

除了对整体汉墓的研究，还有很多对单个墓葬的探讨研究。中国社会科学院考古研究所黄展岳在《关于武威雷台汉墓的墓主问题》一文 [③] 中重点分析了雷台墓出土的四枚银印，认为在考古发掘和研究中要坚持实事求是的态度。甘肃省文物考古研究所何双全在《武威雷台汉墓年代商榷》一文 [④] 中对雷台墓的墓葬结构和随葬品进行了分析，认为雷台墓的年代应在晋末前凉初，即晋愍帝建兴元年（313 年）以后。

虽然关于武威汉墓研究的专著、文章非常丰富，但目前还没有见到对武威汉墓反映的社会思想和葬礼进行研究的综合性文章或者专著。笔者在参考前辈学者研究的基础上，试着就武威汉墓中反映的社会思想和葬礼葬俗进行探究，以丰富汉代武威社会思想和葬礼葬俗方面的研究。

① 陈宗瑞：《甘肃地区汉墓研究》，山东大学 2015 年硕士学位论文。
② 郭丽娜：《河西走廊东区汉墓研究》，吉林大学 2022 年硕士学位论文。
③ 黄展岳：《关于武威雷台汉墓的墓主问题》，《考古》1979 年第 6 期。
④ 何双全：《武威雷台汉墓年代商榷》，《中国文物报》1992 年 8 月 9 日。

第三节　武威汉墓反映的社会思想

在两汉时期的武威，有两种思想曾经在社会发展中起着重要的作用，一种是从汉武帝时期就开始成为主流的儒家思想，另一种是东汉时期的道教思想。这两种思想在武威汉墓中都有着显著的反映。

一、儒家思想

从汉武帝"独尊儒术"以来，儒家思想就成为西汉中期以后的统治思想，并深刻影响着两汉时期的社会生活。武威汉墓反映的内容多种多样，有天人合一、谶纬思想、伦理道德等等，这些思想相互交织，互有影响。

董仲舒对"天人合一"的思想进行过阐释："天亦有喜怒之气，哀乐之心，与人相副，以类合之，天人一也。[①]"他将阴阳、五行、自然现象等全部包摄在"天"的体系之中。

儒家的天人合一思想在武威汉墓中多有体现。从东汉中后期开始，双室墓中多出现前室穹窿顶，后室拱顶的双室墓，后来发展到双穹窿顶墓室和多穹窿顶墓室。这种结构的墓室很可能就是"天人合一"思想的反映。汉代人认为宇宙是"天圆地方"，而弧形顶、穹窿顶结构象征着"天"，方形墓室结构象征着"地"。最典型的就是东汉磨嘴子一座壁画墓，其前后室均为弧形顶，后室平面为方形。顶部有壁画，绘天象图，左面为太阳，太阳中立金乌；右面为月亮，月亮中有蟾蜍。日月周围的天空，衬以升腾的朵朵行云[②]。

---

① 苏舆：《春秋繁露义证》，中华书局 2019 年，第 302 页。
② 党寿山：《甘肃武威磨嘴子发现一座东汉壁画墓》，《考古》1995 年第 11 期。

陪葬品方面，最明显的就是玉器，一方面，古人认为玉器可以保护尸体不朽，另一方面，玉器在当时人的思想中又有升仙、通天的功能[①]。武威汉墓中就有墓主人口中含玉的例子。除了玉器，镜子一方面是生活必需品，另一方面也蕴含着升仙的思想，有着辟邪和护卫灵魂的作用。磨嘴子 M9 墓主人左脚前放置一件铜镜[②]，如此贴身的位置自然不完全是墓主人生性爱美能解释的，也是希望在自己死后铜镜能让自己在另一个世界平安顺遂。

壁画是墓葬装饰的一个重要形式，展现着当时丰富的现实生活和诠释着人们的精神世界。武威汉代壁画墓既有现实生活，也有神仙生活和对升仙思想的企求，体现出天与人之间的统一。韩佐镇五坝山汉墓右壁壁画右侧绘一个仙人，在仙人面前，有四个长裙曳地的立女和一小童。壁画的中部是宴居场面，两人相对跪坐，中间站立着侍者[③]。这幅画反映了人们现实世界和精神世界的和谐统一，正是天人合一思想的体现。武威汉墓中出土的图画也经常有日、月同出的现象。日月代表阴阳，象征世间的夫妻，男有月、女有日，阴阳互补，象征着夫妻恩爱、天人合一。

伦理思想是儒家思想的另一重要组成部分，董仲舒建立了一整套以"三纲""五常"为核心的，以天人感应、阴阳五行说为理论基础的神学化了的伦理思想体系。武威汉墓很多内容都是儒家伦理思想影响下的产物。儒家伦理孝道推动了厚葬风气的盛行，深处河西走廊的武威汉墓中也常见厚葬之风。从西汉中期以后，夫妻合葬由原来的"同茔异穴墓"逐渐变为"夫妻同穴合葬"，这反映了汉代以家庭为纽带的血缘关系的逐渐加强。同时，受儒家伦理思想的影响，家族观念逐渐加强，汉晋时期铜镜上开始出现"长宜子孙"等字样。

---

① 刘尊志：《徐州汉墓与汉代社会研究》，科学出版社 2011 年，第 157 页。

② 甘肃省文物考古研究所、日本秋田县埋藏文化财中心、甘肃省博物馆：《2003 年甘肃武威磨嘴子墓地发掘简报》，《考古与文物》2012 年第 5 期。

③ 张朋川：《由五坝山西汉墓壁画论我国早期山水画》，选自《黄土上下：美术考古文萃》，上海三联书店出版社 2020 年，第 119—129 页。

二、道教思想

道教对汉代社会的方方面面影响深远，武威汉墓也深受道教思想的影响。

原始道教在武威壁画墓中体现更多，主要有神兽、常青树等，都有着辟邪、驱鬼的作用。武威韩佐镇五坝山汉墓正壁壁画有一白虎，在猛虎身后，有一直干大树，树干上有复道黑色弧线和黑点组成的树皮纹[①]。虎和树的图像为《山海经》中的开明兽和不死树，正壁壁画中的虎和树有为墓主人升仙而驱逐鬼魅的作用。同样，磨嘴子 M3 壁画绘有一白虎[②]，也是起着同样的作用。

---

① 张朋川：《由五坝山西汉墓壁画论我国早期山水画》，选自《黄土上下：美术考古文萃》，上海三联书店出版社，2020 年，第 119-129 页。

② 甘肃省文物考古研究所、日本秋田县埋藏文化财中心、甘肃省博物馆：《2003 年甘肃武威磨嘴子墓地发掘简报》，《考古与文物》2012 年第 5 期。

第四节　丧葬思想

一、事死如事生思想

汉代人讲究"事死如事生"。《荀子·礼论》中说："丧礼者，以生者饰死者也，大象其生以送其死也。故事死如生，事亡如存，终始一也。[①]"汉代人相信人死之后，在地下仍然过着类似地上的生活，对待死者应该"事死如事生"，因此陵墓的地上、地下建筑和随葬生活用品都仿照现实生活。武威汉墓反映的事死如事生思想主要表现在墓葬形制的逐渐宅第化和随葬品的趋于生活化。

1.墓葬形制的逐渐宅第化

西汉时期，武威竖穴式的木椁墓还依然在流行，但开始向着横穴式的单室土洞墓转变，并逐渐形成以横穴式为主体的墓葬风格。西汉晚期，墓葬建造技术更为成熟，墓道与墓室开始分离，有的墓道出现了甬道。由于夫妻合葬墓的出现，促使了墓室结构的立体式发展，两面坡样式的屋顶状墓室取代以往的平顶墓，更像夫妻生前共处一室的景象[②]。第二型墓葬[③]在拱顶的基础上出现了仿"阳宅"的"人"字形坡顶，个别墓葬处于由龛向耳室的发展阶段，可以看作"宅第化"进程在洞室墓中的开始。第三型墓葬开始出现前室覆斗（或穹窿），后室拱顶的双室墓，前后室墓已经有了明显的分工，形成考古学上的"前堂后室"结构。在此之前，随葬品除部分放置在棺木之上外，大部分集中放置在棺木正前方。随着新的墓室结构的变化，侧室（耳室）承担了放置部分随葬品的

---

① 王先谦:《荀子集解》，中华书局 1988 年，第 366 页。

② 韩国河:《秦汉魏晋丧葬制度研究》，陕西人民出版社 1999 年，第 269 页。

③ 本文所论武威汉墓"五种类型"参考蒲朝绂《武威汉墓的分期与年代》，《西北史地》1990 年第 1 期。

功能①。第四型墓葬为双穹窿顶或多穹窿顶墓室，前室正方形左右两壁下多设二层台，二层台也有三壁下相连的，俨若方形院落②。从武威汉墓来看，这一时期室的功能已经明确，耳室的作用逐渐清晰，盛放的随葬品有了固定内容，即车马器和仓厨器，以象征生前的车马库和厨房、仓库等，形成了典型的院落布局模式。第五型墓葬为横前堂，单后室双棺墓。武威王景寨墓前堂规模很大，祭奠物品陈列在前室中央，使前室既为祭奠场所，也作棺室。东汉晚期，受中原文化的影响，还出现了横前堂双后室墓，如磨嘴子东汉壁画墓③。

可以看出，武威汉代墓葬的宅第化趋势是逐渐加深的，从最早的竖穴式木椁墓到横穴土洞墓，进而发展到砖室墓的出现，这种墓葬形制的变化突显了墓葬宅第化的趋势逐渐深化。从墓顶形制的多样化，武威汉墓经历了平顶→"人"字形顶→弧顶→拱顶→券顶→穹窿顶，最终统一在券顶、穹窿顶上。单室墓到双室墓、三室墓，墓室的功能也日趋丰富，前堂后室的结构也仿照了现实中的居住环境。到了东汉中后期，墓室结构进一步趋向于现实房屋，出现了台沿和院池，如武威滕家庄汉墓④。墓葬形制宅第化的另一个表现是墓壁的装饰，如武威不少汉墓墓壁都以白灰涂抹墙皮，并且墓壁绘有绘画。这些绘画很多是对现实生活的生动和真实再现，如磨嘴子汉墓群的人物图⑤、百戏图⑥，都反映了墓葬宅第化的特征。

武威雷台墓由墓门、甬道、前室附左右耳室、中室附右耳室、后室组成。券砌门外，有砖构门门框，照壁上绘着门、柱、梁、枋和斗拱。前室和前室南耳室内放置车马仪仗俑，中室主要放置铜器，中室南耳室放置陶器，后室则安

---

① 陈宗瑞：《甘肃地区汉墓研究》，山东大学 2015 年硕士学位论文，第 62 页。
② 蒲朝绂：《武威汉墓的分期与年代》，《西北史地》1990 年第 1 期。
③ 党寿山：《甘肃武威磨嘴子发现一座东汉壁画墓》，《考古》1995 年第 11 期。
④ 甘肃省博物馆：《甘肃武威滕家庄汉墓发掘简报》，《考古》1960 年第 6 期。
⑤ 甘肃省文物考古研究所、日本秋田县埋藏文化财中心、甘肃省博物馆：《2003 年甘肃武威磨嘴子墓地发掘简报》，《考古与文物》2012 年第 5 期。
⑥ 党寿山：《甘肃武威磨嘴子发现一座东汉壁画墓》，《考古》1995 年第 11 期。

雷台墓平面图

放木棺 ①。从雷台墓照壁和各室安放的随葬物来看，是典型的仿照生前修造的墓葬，并且各室都有自己的功能。如前室耳室可能象征着车马厩，中室南耳室可能象征着厨房，出土有碗、瓮、罐、盆、壶、灶等陶器。

2. 随葬品趋于生活化

"事死如事生"观念的另一体现是随葬品趋于生活化。随着时间推进，汉代墓穴随葬品逐渐占据主导地位，且日益种类增多、数量丰富。黄晓芬在《汉墓的考古学研究》一书中将汉墓随葬品分为礼乐器、生活实用品、威信依仗用具、镇墓辟邪品、贡献祭祀品和明器六大类 ②：

　　礼乐器，以酒器、食器、水器等为主，标志着墓主人生前的社会地位，一般以青铜器为主，其中也有不少属于仿照青铜器造型和纹饰而制作的陶器群在内。

　　生活实用品，以饮食、家具、衣装寝具、装饰品、文房用具等为基本组合，如金银器、木竹器、玉石器、毛棉织物等，大多是墓主人生前喜欢的物品。

　　威信依仗用具，主要有兵器、武具、车马器、依仗用具等，用来展示墓主人生前的身份和地位。

① 甘肃省博物馆：《武威雷台汉墓》，《考古学报》1974 年第 2 期。
② 黄晓芬：《汉墓的考古学研究》，岳麓书社 2003 年，第 203—204 页。

镇墓辟邪品，镇墓兽、买地券、漆书魂瓶等，器物本身具有辟邪性质。

贡献祭祀品，以鼎、豆、盘、俎为主，或者附加几、案、耳杯等，构成一组以祭祀贡献为特点的器物组合。其中不少器物在出土时还存放着埋葬时候供献用的动物骨骼或者果实种子。

明器，模仿日常生活所需的器皿、道具、建筑设施等的造型，统一制作专用于丧葬的模型器物。如人物、动物俑、车马武士俑，仓·灶、井、厕的器物组合，还有陶制家宅、城堡阁楼等。一般以陶制和木制品为主，也有少量石制。

武威地区随葬品的变化趋势与中原地区基本一致，都经历了仿铜陶礼器向模型明器转变的过程。也就是第一类随葬品逐渐减少，同时第二类和第三类也逐渐趋于小型化，并从各种材质制作的实用器物逐渐向陶制模型器物转化。

武威汉墓随葬品的演变，早期是壶、罐、灶、釜、甑等，中期开始出现仓、井、俑等，晚期是陶案、耳杯、灯台、火炉、狗、羊、牛、马、鸡、鸭等，以及楼阁、亭台、房舍等模型[①]。可以看出，武威汉墓随葬品日益生活化的趋势随时间愈发明显，早期还有壶这类陶礼器，到后来陶礼器逐渐消失，中期仓、井、灶这类与饮食、起居相关的生活模型器开始大量出现，到东汉晚期的案、耳杯、几都是模仿现实生活中的明器，羊、狗、鸡等木制器到东汉晚期出现的陶制或木制楼阁、亭台、房舍等无一不是对现实生活的模仿。

按照"事死如事生"的观念，生前有什么，人死后也要享受什么，因此武威有条件的汉墓基本都"厚资多藏，器用如生人"。

东汉早期墓中，为了让墓主人在另外一个世界能过上美好的生活，随葬了

---

① 蒲朝绂：《武威汉墓的分期与年代》，《西北史地》1990年第1期。

不少食物，如磨嘴子汉墓群就出土了粮食 23 包，有糜子、荞麦、枣等[①]。

漆器是两汉时期的珍贵器物，本身制作精巧，色彩鲜艳，花纹优美，装饰精致而又耐用，从而成为汉代贵族及富有家庭的特有消费品，体现墓主人死后以示富贵和永久享用的心态[②]。因此，武威汉墓也葬有大量的漆器。武威汉墓出土的漆器有饮食器的耳杯、盘、碟、碗、勺、樽，承托食物的案，日常生活用的几、盒，仿照人物、动物的俑，占卜用的漆式盘等。这有力地说明了汉墓厚葬的心态，但从东汉中后期开始，贵重的铜器、漆器开始逐渐减少。

家禽、家畜等的流行是东汉时期武威地主庄园生活的真实写照。武威东汉中晚期的墓葬中大量出现木制的家禽、家畜等，有牛、鸡、狗、马、羊、猪等，充分显示了汉代武威畜牧业和庄园经济的发达，也是墓主人希望在死后能继续保持这样的生活状况。同时，武威汉墓中出土大量的粮食、家禽俑、家畜俑也反映出汉代的武威先民对农业生产和食物的重视。与庄园经济相关的还有井、仓、阁楼等，如武威和寨墓与雷台墓出土的陶楼院，反映了东汉晚期到魏晋时期河西地区的坞壁生活。

其他反映生活化的随葬品还有取暖用的火炉，盒、笥、篚等储物用品，梳、篦、耳珰、簪等梳妆品和装饰品，书写用的笔、墨、砚等，可以说是应有尽有。他们的墓主人把生前用的所有东西几乎都搬到了地下，随葬品呈现出生活化的特点。汉代人认为，将这些物品纳入墓中，可以增殖，生生不息。

二、升仙思想

汉代人认为，人们死后可以借助灵魂升入仙界。伴随着汉代谶纬思想和道教学说的影响，东汉时期升仙思想更为盛行，从贵族到平民都有迷恋成仙者。

武威汉墓反映的升仙思想主要在以下三个方面：

---

① 甘肃省博物馆：《甘肃武威磨嘴子汉墓发掘》，《考古》1960 年第 9 期。
② 韩国河：《秦汉魏晋丧葬制度研究》，陕西人民出版社 1999 年，第 285 页。

一是墓葬的性质和结构。东汉以后，武威汉墓较多的墓室顶部为弧顶或穹窿顶，一些砖室墓的顶部中心还有藻井，这都体现了一定的升仙意识。

二是随葬品，较为典型的是玉器。汉代人认为，玉器能使尸体不朽，是灵魂升天的象征。磨嘴子 M62 墓主人口内含玉蝉和菱形玉片各一片①。汉代人认为，人的死就像是蜕变一样，用蝉作为饭含有复活重生的含义。武威汉墓出土有玉蝉，正是复活重生和升仙思想的体现。武威汉晋时期墓葬中的摇钱树也是在这种思想下出现的。武威和寨墓出土了一件摇钱树石座②。根据相关研究，摇钱树作为汉晋时期丧葬文化的一种特色工具，既有祈求丰产、追求财富的寓意，也有追求长生不老的神仙思想的内涵③。

三是武威汉墓壁画。武威汉墓壁画中有很多升仙的题材。武威磨嘴子壁画墓南壁左侧仅存一羊的前半部，羊旁有一人，长头长颈，肩臂和腰腿间，有长长的羽毛。此人的相貌与《山海经·海外南经》中所描绘的羽民国羽人十分相似。羽人即仙人，古人意欲长生不死，飞升成仙④。在韩佐镇五坝山汉代壁画墓也有仙人的图像，脸、手臂和脚皆作白色，嘴上有两片飘动的长须，左手托一黄色珠状物，上面飘绕着绿色飘带，赤足，身穿石青色的短羽衣，下露白和绿色的羽条⑤。这两幅壁画墓都反映出当时汉代武威地区人们想象中的飞仙场景。

① 甘肃省博物馆：《武威磨嘴子三座汉墓发掘简报》，《文物》1972 年第 12 期。

② 党菊红：《武威和寨校东大队发现一座汉代墓葬》，收于《武威文物及其背后的故事》，甘肃教育出版社 2016 年，第 1—9 页。

③ 何志国：《论摇钱树与多枝灯的关系》，《考古》2010 年第 1 期。

④ 党寿山：《甘肃武威磨嘴子发现一座东汉壁画墓》，《考古》1995 年第 11 期。

⑤ 张朋川：《由五坝山西汉墓壁画论我国早期山水画》，选自《黄土上下：美术考古文萃》，上海三联书店出版社 2020 年，第 119—129 页。

第五节　汉代武威的丧礼

在中国古代，"礼"几乎囊括了生活的方方面面，丧葬制度必然避免不了"礼"的影响。研究汉代武威丧礼，能揭示汉代武威生活的真实面貌，进一步推动武威汉代考古文物和历史文化的研究。武威出土《仪礼简》中就有《服传》简 37 枚，详细记载了有关丧服的礼节要求。《仪礼简》的出土，表明位于河西走廊的武威，在丧礼制度上也是遵循中原丧葬礼仪。

一、沐浴、饭含

《荀子·礼论》中提到："始卒，沐浴、鬠体、饭啥，象生执也。[①]"战国秦汉时期，人死之后首先就要进行沐浴、饭含的礼节。

1. 沐浴

沐是洗头发，浴是洗身体。这样的仪式在今天武威的农村地区依然有存留，只不过是用酒或者水在死者的脸上、身上擦擦而已。

2. 饭含

沐浴结束之后就要进行饭含之礼。饭含就是用珠、玉、贝、铜器之类的东西放到死者口中。古人之所以进行饭含之礼，是为了不让死者饿着肚子离去。饭含之礼在商周时就已经出现，两汉时期尤为流行。饭含一般为蝉形，也有月牙形，长玉片[②]，武威磨嘴子 M62 就出土一件玉含蝉。两汉时期，开始出现含

---

① 王先谦：《荀子集解》，中华书局 1988 年，第 366 页。
② 韩国河：《秦汉魏晋丧葬制度研究》，陕西人民出版社 1999 年，第 51 页。

"五铢钱"的现象。古浪县黑松驿董家台木椁墓 M3 墓主人口含铜带钩[①]，永昌县水泉子 M8 墓主人口中含有玻璃做的料器[②]。这说明河西走廊地区普遍受中原文化的影响，葬礼中都会有饭含之礼。

二、袭礼

1. 插笄

汉代，为死者沐浴结束后要用笄来固定发髻。武威磨嘴子汉墓群出土 3 件木笄，全都出自男者头部，有的穿在髻上[③]。除了笄之外，女子还会选择钗来固定发髻，磨嘴子 M48 女主人半高髻，簪竹钗一支；M62 女主人也是半高髻，簪竹钗一支[④]。

2. 设覆面

覆面是指覆死者面目的缁巾，用絮填充，主要用于人死后的覆盖面部。磨嘴子 M6 墓男、女主人均有丝织物覆面[⑤]；M48 墓男、女主人头部蒙覆丝绵的黄绢面罩，M62 女主人有米黄绢面罩[⑥]。设覆面后还要为死者穿上鞋，将在鞋后跟的丝带在脚背上系好，磨嘴子 M48 墓主人就穿着革履[⑦]。

3. 设握手

握手是放在尸体手中握的东西。磨嘴子 M62 男主人腰以下两侧近手部各

① 甘肃省文物管理委员会：《甘肃古浪峡黑松驿董家台汉代木椁墓清理概况》，《文物参考资料》1955 年第 7 期。

② 甘肃省文物考古研究所：《甘肃永昌县水泉子汉墓群 2012 年发掘简报》，《考古》2017 年第 12 期。

③ 甘肃省博物馆：《武威磨嘴子汉墓发掘》，《考古》1960 年第 9 期。

④ 甘肃省博物馆：《武威磨嘴子三座汉墓发掘简报》，《文物》1972 年第 12 期。

⑤ 甘肃省文物考古研究所、日本秋田县埋藏文化财中心、甘肃省博物馆：《2003 年甘肃武威磨嘴子墓地发掘简报》，《考古与文物》2012 年第 5 期。

⑥ 甘肃省博物馆：《武威磨嘴子三座汉墓发掘简报》，《文物》1972 年第 12 期。

⑦ 甘肃省博物馆：《武威磨嘴子三座汉墓发掘简报》，《文物》1972 年第 12 期。

有丝绢饰握手，为管状木筒，外饰丝绢①。

4. 衣衾缠尸

《汉书·龚胜传》："胜因敕以棺敛丧事：'衣周于身，棺周于衣。'"② 从《汉书》这一则记载可以看出，人死后要用衣服包裹，武威汉墓磨嘴子汉墓群就有敛以衣服的情形。磨嘴子 M6 女主人着交领麻布棉衣，下着蓝色棉裤，穿布鞋；M6 男主人着交领麻布长袍，腰间系腰带，下身着棉裤③；M48 男、女主人各穿有衣袍两套，M62 男主人则穿有衣袍三套④。以上这三座墓葬墓主人穿着均是袭衣。

除衣服之外，还会盖有衾被。衾是尸体入殓时盖尸的单被。磨嘴子 M62 男主人蒙有麻布衾，M48 男主人也外覆麻布单⑤；水泉子 M8 墓主人通体裹有两层米黄衾被⑥。除衾被之外，武威汉墓中很多还会用草席来包裹尸体，有的不着衣服，有的并穿长领衣服⑦。

随后还要对尸体进行捆绑，磨嘴子 M48 男主人衣敛后捆扎四道麻绳，女主人敛后扎三道丝带⑧。

三、放置铭旌

在以上的葬礼进行过程中，还要进行作铭的礼仪，目的就是为了让死者的灵魂有所依附。

---

① 甘肃省博物馆：《武威磨嘴子三座汉墓发掘简报》，《文物》1972 年第 12 期。

② 班固：《汉书》卷七十二，中华书局 1962 年，第 3085 页。

③ 甘肃省文物考古研究所、日本秋田县埋藏文化财中心、甘肃省博物馆：《2003 年甘肃武威磨嘴子墓地发掘简报》，《考古与文物》2012 年第 5 期。

④ 甘肃省博物馆：《武威磨嘴子三座汉墓发掘简报》，《文物》1972 年第 12 期。

⑤ 甘肃省博物馆：《武威磨嘴子三座汉墓发掘简报》，《文物》1972 年第 12 期。

⑥ 甘肃省文物考古研究所：《甘肃永昌县水泉子汉墓群 2012 年发掘简报》，《考古》2017 年第 12 期。

⑦ 甘肃省博物馆：《武威磨嘴子汉墓发掘》，《考古》1960 年第 9 期。

⑧ 甘肃省博物馆：《武威磨嘴子三座汉墓发掘简报》，《文物》1972 年第 12 期。

按照周代以来的丧礼，汉代出殡时张举着一种旌幡，入葬时被覆盖在棺材上；旌幡长二米余、宽约四十厘米，正与棺材的长度相等[①]。武威发现铭旌的墓约有六座，有的铭旌是丝织品，有的是麻织品，都是覆盖在棺材上。它们有的完全没有图画，有的只是简单地绘了太阳和月亮，但都书写着墓主人的姓名和籍贯等。

武威磨嘴子 M4 出土铭旌为红色丝麻织品，铭为篆体墨书十一字"姑臧西乡阉道里壶子梁之（柩）"，字的两旁还有绘画，最上端两角为圆券。券内隐约看出似为动物形，下部接续画虎，再下为云纹[②]。

磨嘴子 M22 出土铭旌长过于棺而宽却不及棺，铭为篆书"姑臧渠门里张□□之匛"（"之匛"二字为合书），墨书于深赭色丝织品上[③]。M23 出土铭旌用绛色麻织品制成，上端二图像代表日月，左边圆圈内朱墨绘金马，右边圆圈内绘蟾蜍、玉兔。旌身篆字两行："平陵敬事里张伯升之柩过所毋哭。"[④]平陵，在今陕西咸阳一带，此铭旌表明墓主是由关中地区迁徙到武威的；"过所毋哭"，此铭旌放在灵柩前，告诉那些送葬的人，当地的习俗是禁止哭葬的。

磨嘴子 M54 出土铭旌由绛红色绢制成，旌头涂成黑色。上端绘日月二图案；左边圈内绘大蟾蜍一只，下绘白兔，是为月；右边圈内绘一乌鸦，下绘九尾狐，是为日。旌上墨书篆体大字"姑臧东乡利居里壶出……"[⑤]。

从以上铭旌，我们可以看到武威出土铭旌的汉墓基本是东汉中前期墓葬，其中大多数是既有文字又有图画。从这可以看出，两汉时期武威的铭旌除延续招魂、引仙幡的作用之外，可能正在逐渐朝着纯文字形式的"墓志"发展，后来还出现了更易于保存的石刻墓志。此外，据陈锽研究，武威铭旌的"表柩"

---

① 王仲殊：《汉代考古学概说》，中华书局 1984 年，第 92 页。
② 党国栋：《武威县磨嘴子古墓清理记要》，《文物参考资料》1958 年第 11 期。
③ 甘肃省博物馆：《甘肃武威磨嘴子汉墓发掘》，《考古》1960 年第 9 期。
④ 甘肃省文物局编：《甘肃文物菁华》，文物出版社 2006 年，第 231 页。
⑤ 甘肃省文物局编：《甘肃文物菁华》，文物出版社 2006 年，第 231 页。

特征，完全符合"三礼"典籍①，这又是两汉时期武威葬礼深受中原葬礼影响的证据之一。

四、放置冥告文书

在安葬的时候，有的还会在棺材盖上放置冥告文书，武威韩佐镇五坝山汉墓就曾经出土了一件冥告文书。这座汉墓为带斜坡墓道的土洞墓，由墓道、墓门、墓室三部分组成。由于墓内干燥，随葬品和棺木都完整保存。从墓葬性质和随葬器物分析，时代应该为西汉晚期到新莽时期。该文书为长方形木牍，长25厘米、宽7厘米、厚0.5厘米。两面书写，共124字。内容为：

正面：

张掖西乡定武里田升宁，今归黄（泉），过所毋留难也。故为今
□□□。升宁自小妇得绥取升宁衣、履烧祠，皆得□过也。今升宁田
地，皆当归得孙赵季平所，可。□升宁田地，皆当地得孙任□。今
升宁田地，皆当归得。田地，皆当归得孙任胡。开口愿，皆自得绥
禁之。

背面：

物复以得任胡巫语言□□□□在张昊天知曲直，故为信②。

汉代地方管理体制实行郡、县、乡、里四级，"张掖"不在今天的张掖市，而是汉代的张掖县，属于武威郡所属，管辖约今韩佐、古城、张义、谢河、校尉一带。为了区别同名的张掖郡，也叫"小张掖"。定武里就是墓葬所在地，

---

① 陈锽：《超越生命——中国古代帛画综论》，中国美术学院出版社2012年，第754页。

② 中国简牍集成编委会：《中国简牍集成》第四册《甘肃卷》下，敦煌文艺出版社2011年，第211页。

今天的宏化村，在五坝山的东边。

墓主人名叫田升宁，应该是武威本地人，从木牍内容来看，是中小地主。妇人叫得绥。"过所"是古代过关用的凭证，"过所毋留难"是希望冥府关卡不要为难他。

这份冥告文书，除了有死者过所的作用，还宣布了墓主人田地资产的继承情况。墓主人在文书中将自己的土地分给了两个孙子，并在自己死后由妻子得绥来主持。墓主人把遗言写成文字，放入墓中，是证明自己生前清白，财产已经分配清楚。

磨嘴子 M15 墓棺盖上也发现有一件深赭色丝织品，隶书红字"姑臧北乡西夜里女子□宁死下世当归冢次□□□□□水社毋□河（苟）留□□（有天）帝教如律令"[①]。这件丝织品虽然在棺材盖上，但并不是铭旌，而是属于冥告文书、镇墓券之类的东西，"毋□河（苟）留"的意思与"过所，毋难留"的意思基本相同，而且文书中"毋难留""急急如律令"明显是受到汉代过所文牍的影响。

五、镇墓文和镇墓兽

镇墓文又叫"解除文"，主要在东汉时期的墓葬中被发现。东汉中期特别是后期，墓葬中流行镇墓券，在长方形的铜板或者铁板上刻有镇墓文，或者用朱书将镇墓文写在一种固定形式的陶瓶或者陶罐上。内容多为与道教有关的求福辟邪话语。镇墓兽从春秋战国时期就已经出现，多是木质独角或者双角的镇墓兽，形式基本一致。

六、丧期

汉代时期，三年丧是丧期制度中最长的丧期，也是历来被儒家学派最为看

---

① 陈锽：《超越生命——中国古代帛画综论》，中国美术学院出版社 2012 年，第 61 页。

重的一种丧期。韩国河《秦汉魏晋丧葬制度研究》一文中指出，汉代的三年之丧一般以大祥二十五个月内为正丧，但需再隔一个月，第二十七个月禫祭后服除，三年之丧才算服完①。

当然，除最长的三年之丧之外，汉代也有三个月、五个月、七个月、九个月、一年等不同时长的丧期。

武威汉墓反映的社会思想非常的丰富，其中既有中原文化的影响，也有自身独特的地域文化。而武威汉墓葬俗的研究和考察也有利于我们进一步了解近两千年前生活在这一片地区的人们的物质和精神生活。

---

① 韩国河：《秦汉魏晋丧葬制度研究》，陕西人民出版社1999年，第57页。

第六章

武威汉晋简牍

文字是记录语言的符号。根据相关考古资料，原始社会末期，人们就创造了具有文字性质的刻画符号，如大汶口文化陶尊上的图像文字。到了商周时期，人们把成熟的汉字刻在甲骨或者青铜器上。简牍出现得也很早，据《尚书·多士》记载："惟殷先人，有册有典。[①]"这说明在商周时期已经出现了简牍。不过，大量的简牍被发现还是在战国到秦汉时期，魏晋以后，简牍逐渐消失。因此，春秋战国到魏晋时期又可以称作书写材料的简牍时期。

　　武威地处河西走廊东端、丝绸之路的交通咽喉，汉唐时期，始终是河西走廊的政治、经济和文化中心，也是中原王朝经营和开发河西走廊的重点地区。这里土质干旱的有利条件，使得许多珍贵的简牍材料得以保存下来。截至目前，武威共出土简牍 647 枚，其时间上至西汉，下迄元代，前后约 1300 年。其中主要集中在汉晋时期，尤其是汉代尤多。这些简内容丰富，涉及政治、文化、科学等诸多领域，对研究中国历史，尤其是汉晋时期河西走廊的历史有着极其重要的学术价值。从书写载体看，魏晋时期简牍其实是汉代简牍的延续。本章主要对武威地区出土的魏晋简牍作讨论。

---

① 孔安国传、孔颖达正义:《尚书正义》，上海古籍出版社 2007 年，第 624 页。

第一节　武威简牍综述

一、简牍的形制

1. 简牍的形制

简牍是对竹、木等书写载体的概称，根据使用目的的不同，简牍的形态各异，形制也各有不同。武威地区较常见的简牍形制包括简、牍、札、两行等。

简与牍，历代学者有不同的定义。何双全认为[①]，窄者为简，宽者为牍，竹木既可为简，也可为牍。简，多用于书写书籍、律令、重要公文；而牍则多用于一般普通文书、账簿及私人信件。孙占鳌、尹伟先主编的《河西简牍综论》也认为[②]，牍多为木牍，与札不同之处是加宽好几倍，有的宽到 6 厘米，个别的达 15 厘米，故又叫作"方"或"版"。简，广义上来说是简牍的概称。狭义上来说，则同于"札"，在汉代主要是书写一行字的狭长形的竹、木质书写载体。在这里以这两家说法为是。

两行：与札长度相似，但稍宽，一般 1.5—1.8 厘米，通常可容纳两行字。

制作简牍的材料，除了竹子之外，还可以使用木。从武威地区已经发现的汉晋时期简牍来看，除了少部分竹简，大部分是松木质和杨木质。简牍可以重复使用，只需要将原简表层的字迹刮掉，露出空白的层面，就可以书写新的内容。

---

① 何双全：《简牍》，敦煌文艺出版社 2004 年，前言第 3 页。
② 孙占鳌、尹伟先：《河西简牍综论》，甘肃人民出版社 2016 年，第 7 页。

2. 简牍的长度

简牍的长度受材料、书写工具、书写习惯乃至使用者社会地位的制约①。

一尺。常规简牍的长度在 14 到 88 厘米，其中用来书写文书典籍的简牍在 23 到 28 厘米之间，23 厘米尤多。23 厘米相当于汉代的 1 尺，如磨嘴子 M6 出土短简，长 20—22 厘米；磨嘴子 M18 出土的《王杖十简》长约 23—24 厘米；1972 年武威旱滩坡出土医药简牍长度也是 23—23.4 厘米；1989 年旱滩坡出土的竹简也是长 21 厘米左右。1 尺左右的长度，应该是作为简牍书写和翻看最合适的长度。居延 A32 肩水金关遗址曾出土一件长 23.2 厘米的木尺。可以想象，这把木尺是配合 1 尺简牍，用于确定书写位置的②。

这类简用于普通的书籍和信札、文牍，后世用"尺牍"来称呼书信，即来源于此。

二尺四寸。常用来书写重要典籍或文书，《论衡·谢短》记载："二尺四寸，圣人文语，朝夕讲习，义类所及，故可务知。③"《仪礼》聘礼疏引郑玄论语序："易、诗、书、礼、乐、春秋，皆二尺四寸。"武威磨嘴子 6 号汉墓出土的《仪礼》，甲本木简和冰本竹简同长，为 55.5—56.0 厘米。换算成汉尺，竹木简的长度正是二尺四寸。

此外，皇帝诏令和律法则书写在三尺的简牍上，檄文则常用二尺简牍，重要的典籍和文书用一尺二寸的简牍书写，皇帝的诏令是一尺一寸。符、封检、木楬通常比简牍要短。居延汉简这较短的木楬只有 3.1 厘米。

至于简的宽度，则没有严格的规定。

3. 简牍的编联

简牍分为单简和编缀简两种。一尺的简札大致可以容纳 30 字左右。1959

---

① 李均明：《古代简牍》，文物出版社 2003 年，第 137 页。

②（日本）富谷至著、刘恒武、孔李波译：《文书行政的汉帝国》，江苏人民出版社 2013 年，第 28 页。

③ 黄晖：《论衡校释》，中华书局 1990 年，第 557 页。

年磨嘴子 M18 出土的《王杖十简》每简容字多则 37 字，少则 6 字；旱滩坡医药简每简容字 35 字左右；1989 年旱滩坡出土的《王杖诏令册》每简容字 11—28 字不等。二尺四寸的仪礼简上，每支简有 60—80 字，以 60 个字的最多。

单支简容纳字数有限，为书写更多的内容并使之有序，通常将简札编联成册。《后汉书·宦者列传》："自古书契多编以竹简，其用缣帛者谓之为纸。"① 编联成册，有的是先编联后书写，编绳处上下二字之间的距离较大，是书写时为编绳预留的位置。武威出土《仪礼简》就是采用这种方法。有的是先书写后编联，1989 武威旱滩坡出土牍版就是采用后者。

多数简册是直接用丝绳或者麻绳将单支简逐个系联在一起，有的简册则预先在每支简上编绳通过处刻上小契口，失编绳不易滑动② 。武威出土《仪礼》简乙本和《医药简》就使用了这种方法。编联的绳子至少有两道，有的简册可以有三到五道编绳。编联两道编绳的有武威出土日忌杂简，编联三道编绳的有武威出土医药简牍和《王杖十简》，编联四道编绳的有《仪礼简》甲乙本长木简，编联五道编绳的有《仪礼简》丙本。

大多数简牍都不带编号，带有编号的简牍很少。但是武威出土的《仪礼简》和《王杖诏书令》简则带有编号。《仪礼简》的正面或背面编有号码，相当于今天的页数；《王杖诏书令》简背有简序编号，只缺第 15 页。因为大多数简牍没有编号，所以针对具体简牍的排列顺序也有较大的争议。比如针对《王杖十简》的排列顺序，有多达 6 种以上的观点③ ，对武威医药简的简序也有一定争议④ 。

在编联后，往往会留出一两个空白简，正反两面都不书写文字。这样的简称为"赘简"，也就是简册开头之第一简、第二简，也叫首简。这类似于今天

① 范晔：《后汉书》卷七十八，中华书局 1965 年，第 2513 页。
② 李均明：《古代简牍》，文物出版社 2003 年，第 141 页。
③ 郝树声：《武威"王杖"简新考》，收入《简牍学研究》第四辑，甘肃人民出版社 2004 年。
④ 杨耀文：《武威汉代医简出土四十年研究综述》，《丝绸之路》2013 年第 2 期。

书籍的扉页、封面，如武威医药简。

简册经过编联、抄写后，为了方便保存，把它收在一起，这种叫收卷。汉代简册的收卷，为用卷帘或者卷画式的方法，以最后一简为中轴，有字的一面在内，没有字的一面在外，从左到右收卷。卷完后，简册的首简（第一、二简）在最外面一层的前面。武威《仪礼》简和《医药简》就是采用这样的方式。

二、武威汉晋简牍的出土与发现

据目前可知资料统计，从 1959 年至 1998 年止，在武威先后有 13 次发现，共出土简牍 647 枚。具体见下表[①]：

武威出土的主要简牍（单位：枚）

出土时间	地点	简牍名称	数量	释文收入
1945 年	武威南山喇嘛湾	屯戍文书简	7	《居延汉简补编》[②]
1959 年	新华镇磨嘴子 6 号墓	《仪礼》简	469	《武威汉简》[③]
1959 年	新华镇磨嘴子 6 号墓	日忌杂占简	11	《武威汉简》[④]
1959 年	新华镇磨嘴子 18 号墓	王杖十简	10	《武威磨嘴子汉墓出土王杖十简释文》《武威汉简》[⑤]
1972 年	柏树镇旱滩坡东汉墓	医药简	92	《武威汉代医简》[⑥]

---

① 表文内容参考陈雨菡、谢芷君、马晓欢、潘文岚:《甘肃出土散见简牍发掘情况汇辑》,《山西青年》2017 年第 9 期;胡婷婷:《甘肃出土散见简牍集释》,西北师范大学硕士学位论文,2013 年。

② 发掘经过见阎文儒:《河西考古杂记》（下）,《社会科学战线》1987 年第 1 期。

③ 中国科学院考古研究所、甘肃省博物馆:《武威汉简》,文物出版社 1964 年。

④ 甘肃省博物馆、中国科学院考古研究所:《武威汉简》,文物出版社 1964 年,第 136—139 页。

⑤ 考古研究所编辑室:《武威磨嘴子汉墓出土王杖十简释文》,《考古》1960 年第 9 期;中国科学院考古研究所、甘肃省博物馆:《武威汉简》,文物出版社 1964 年,第 140—147 页。

⑥ 甘肃省博物馆、武威县文化馆:《武威汉代医简》,文物出版社 1975 年。

出土时间	地点	简牍名称	数量	释文收入
1972 年	张义镇小西沟岘	西夏简	1	《甘肃武威发现的西夏文考释》①
1974 年	武威城南郊	张德宗衣物疏木牍	1	《武威出土的两件随葬衣物疏》②
1981 年	新华镇磨嘴子东汉墓群	王杖诏书令册	26	《武威新出王杖诏书令册》③
1984 年	韩佐镇五坝山 3 号墓	冥告文书	1	《散见简牍合辑》④
1985 年	柏树镇旱滩坡 19 号前凉墓	拜官板、衣物疏	5	《散见简牍合辑》⑤
1989 年	柏树镇旱滩坡汉墓	王杖授受律令	2	《甘肃武威旱滩坡东汉墓》⑥
1989 年	柏树镇旱滩坡东汉墓	坐赃为盗、虫灾、火灾等律令	14	《甘肃武威旱滩坡东汉墓》⑦
1991 年	新华镇红崖支渠三国墓	衣物疏	1	《武威出土的汉代衣物疏木牍》⑧
1991 年	新华镇头坝村魏晋墓群	衣物疏及道家咒文	4	《武威出土的汉代衣物疏木牍》⑨
1998 年	永昌镇刘沛村	木板买地券	1	《武威元墓清理简报》⑩
不详	不详	前凉姑臧郭富贵衣物疏	1	《美国麦克林氏藏前凉郭富贵衣物疏》⑪
不详	据传出土于磨嘴子墓葬群	建兴二十八年"松人"解除木牍	1	《香港中文大学文物馆藏简牍》⑫

① 王静如:《甘肃武威发现的西夏文考释》,《考古》1974 年第 3 期。

② 党寿山:《武威出土的两件随葬衣物疏》,《陇右文博·武威专辑》2004 年。

③ 武威县博物馆:《武威新出王杖诏书令册》,收入甘肃省文物工作队、甘肃省博物馆编:《汉简研究文集》,甘肃人民出版社 1984 年,第 34—61 页。

④ 李均明、何双全:《散见简牍合辑》,文物出版社 1990 年,第 25 页。

⑤ 李均明、何双全:《散见简牍合辑》,文物出版社 1990 年,第 26—27 页。

⑥ 武威地区博物馆:《甘肃武威旱滩坡东汉墓》,《文物》1993 年第 10 期。

⑦ 武威地区博物馆:《甘肃武威旱滩坡东汉墓》,《文物》1993 年第 10 期。

⑧ 梁继红:《武威出土的汉代衣物疏木牍》,《陇右文博》1997 年第 2 期。

⑨ 梁继红:《武威出土的汉代衣物疏木牍》,《陇右文博》1997 年第 2 期。

⑩ 梁继红:《武威元墓清理简报》,《陇右文博》2003 年第 2 期。

⑪ 张立东:《美国麦克林氏藏前凉郭富贵衣物疏》,《西域研究》2017 年第 2 期。

⑫ 陈松长:《香港中文大学文物馆藏简牍》,香港中文大学文物馆 2001 年,第 100—113 页。

以上只是笔者所能查阅到的有关武威地区出土的主要简牍资料，遗漏在所难免。考虑西夏和元代简牍不属于汉晋时期简牍，因而武威地区出土的汉晋时期主要简牍共有 645 枚。其中最重要的就是《仪礼》简、王杖简和医药简。

三、武威出土汉晋简牍的价值

1. 文字学和书法学价值

研究汉字形体演变是文字学的重要内容。数百枚珍贵的武威汉简为我们提供了大量的第一手文字资料，有力支撑了汉代隶书、楷书和早期草书的研究。同时，武威出土汉简保存了当时文字的演变和书写手法，通过对武威出土汉简简牍的研究，可以了解汉代书法演变的情况。

2. 文献学和简牍学价值

武威简牍内容丰富，最大限度地保存了汉代典籍的原貌，对我们了解汉代的简牍制度、书籍制度，了解古代儒家经典，具有极为重要的作用。如通过《仪礼》简，对于我们了解汉代《仪礼》的流传过程、简牍的编联、书写、删改等提供了珍贵材料。

3. 补史、证史、写史的价值

武威出土的汉晋简牍可以帮助我们更好地了解汉代历史，比如汉代鸠杖制度在《后汉书》中就记载："年始七十者，授之以王杖……王杖长（九）尺，端以鸠鸟为饰。"① 武威出土的《王杖十简》《王杖诏书令册》和木鸠杖等对《后汉书》记载的准确性有了相应的佐证。武威出土的律令简、衣物疏简牍等为我们研究汉代的律令刑罚和衣冠服饰提供了重要的参考，《武威医简》也是研究汉代医药史的重要资料。

---

① 司马彪:《后汉书》志第五，中华书局 1965 年，第 3124 页。

第二节　《仪礼》简

一、《仪礼》简的出土、整理和抄写年代

1959 年出土于磨嘴子 M6 汉墓 [①]，为单室土洞墓，由墓道、墓门、甬道、墓室四部分组成。墓室为长方形，墓内有木棺两口。竹、木简是顺置于男主人棺盖的前端，一部分是在男棺东侧的淤土下面清理出来的。根据墓葬形制和随葬品分析，时代应该是新莽时期。随葬的《仪礼》简是墓主人平日讲诵学习所用的，从同墓出土的日忌杂简"河平□年四月四日诸文学弟子出谷屋前余斛"说明墓主人生存于西汉成帝时期，身份应该是一位郡县官学的经师，即文学博士。《仪礼》是他的教科书，死后把他的教科书带入另一个世界。据发掘报告，当时竹、木简完整的有 385 支，残简约有 225 片。其中，木简多，竹简很少。木简有长的和短的两种，都是松木质。

随后，甘肃省博物馆《武威汉简在学术上的贡献》[②]，发表了对这次出土竹、木简的整理和相关研究。经过整理、缀合，并与书本对校，《仪礼》简分为甲乙丙三个版本。甲本是七篇《仪礼》，木简，为《士相见之礼》第三（16 枚）、《服传》第八（57 枚）、《特牲》第十（49 枚）、《少牢》第十一（45 枚）、《有司》第十二（74 枚）、《燕礼》第十三（51 枚）、《泰射》第十四（106 枚），应为 422 枚，缺失 24 枚，现存 398 枚；乙本是木简，一篇《服传》，它和甲本的《服传》是相同的抄本，37 枚；丙本是竹简写的"《丧服》经，竹简，34 枚。现存甲乙丙三本 469 枚，加日忌杂简 11 枚，共 480 枚，比原先缺少了 24 枚。甲乙丙三

---

① 甘肃省博物馆：《甘肃武威磨嘴子 6 号汉墓》，《考古》1960 年第 5 期。
② 甘肃省博物馆：《武威汉简在学术上的贡献》，《考古》1960 年第 8 期。

本九篇，共有 27332 字。

陈梦家先生在《武威汉简》[①]中指出，《仪礼》简九篇都是抄本，并且经过不同的书手抄写，所以同一篇中行款和书法也有区别。因为简文是墓主人生前讲诵时用的教本，所以有删改和标注的痕迹。其中，《服传》三本并存。陈先生推定甲乙本是西汉晚期的抄本，大约在成帝前后，所依据的原本应该是昭、宣时期的本子。丙本《丧服》年代较早，乙本或许稍微早于甲本。不过陈邦怀、何双全等[②]认为，《仪礼》简的抄写时代应该是在王莽时期，后者依据敦煌汉简和居延汉简，更有说服力。

二、《仪礼》简的篇次、篇题和家法

《仪礼》是儒家必读的经典之一，秦汉时期的儒家经典。《仪礼》称为"六艺"，即《易》《书》《诗》《礼》《乐》《春秋》。《乐经》早佚，便只有五经。到了汉武帝"罢黜百家，独尊儒术"以后，将五经列为官学，设五经博士。《礼》又分为《周礼》《仪礼》《礼记》。《周礼》主要记载了周王室官制和战国时期各国制度；《仪礼》主要记载春秋战国时期的祭祀、朝会、婚丧等礼仪，有点类似后世的节目单；《礼记》是解释说明《仪礼》的。《仪礼》在西汉立于学官，属于今文学。西汉礼学，开创于后仓，后仓的弟子有戴德、戴圣和庆普。《汉书·儒林传》："由是《礼》有大戴、小戴、庆氏之学。"[③]这三家是今文学。后来刘向编次《礼》，称为古文学。至今流传的《仪礼》有大戴本、小戴本和刘向别录 3 个本子。甲本的篇次不同于今本，也不同于大戴、小戴本和刘向别录本。不但篇次不同，就是篇题也有差异，现在列表如下：

---

① 中国科学院考古研究所、甘肃省博物馆编：《武威汉简》，文物出版社 1964 年，叙论部分。

② 陈邦怀：《读〈武威汉简〉》，《考古》1965 年 11 期；何双全：《简牍》，敦煌文艺出版社 2004 年，第 58—59 页。

③ 班固：《汉书》卷八十八，中华书局 1962 年，第 3615 页。

《仪礼》诸家篇次表 [①]

大戴本	小戴本	别录本	简本	今本
士冠第一	士冠第一	士冠第一	"士冠第一"	士冠礼第一
昏礼第二	昏礼第二	士昏第二	"士昏第二"	士昏礼第二
相见第三	相见第三	士相见第三	士相见之礼第三	士相见礼第三
士丧第四	乡饮第四	乡饮酒第四	"乡饮第四"	乡饮酒礼第四
既夕第五	乡射第五	乡射第五	"乡射第五"	乡射礼第五
士虞第六	燕礼第六	燕礼第六	"士丧第六"	燕礼第六
特牲第七	大射第七	大射第七	"既夕第七"	大射仪第七
少牢第八	士虞第八	聘礼第八	服传第八	聘礼第八
有司彻第九	丧服第九	公食大夫第九	"士虞"第九	公食大夫礼第九
乡饮酒第十	特牲第十	觐礼第十	特牲第十	觐礼第十
乡射第十一	少牢第十一	丧服第十一	少牢第十一	丧服第十一
燕礼第十二	有司彻第二	士丧第十二	有司第十二	士丧礼第十二
大射第十三	丧第十三	士丧下第十三	燕礼第十三	既夕礼第十三
聘礼第十四	既夕第十四	士虞第十四	泰射第十四	士虞礼第十四
公食第十五	聘礼第十五	特牲馈食第十五	"聘礼"	特牲馈食礼第十五
聘礼第十六	公食第十六	少牢馈食第十六	"公食第十六"	少牢馈食礼第十六
丧服第十七	觐礼第十七	少牢下第十七	"觐礼第十七"	有司第十七

　　根据《武威汉简》[②] 的整理，甲乙丙本不但有竹简、木简的区别，它们之间的内容也有区别，甲乙本是《服传》而丙本是《丧服》经记。从简本的篇次和大戴本、小戴本和庆普本比较来看，比较接近小戴。从文辞上来说，近于今文，

---

　　① 表文主要参考中国科学院考古研究所、甘肃省博物馆编：《武威汉简》，文物出版社 1964年。简本带引号的，为根据《武威汉简》补增。

　　② 中国科学院考古研究所、甘肃省博物馆编：《武威汉简》，文物出版社 1964年，叙论部分。

推测可能是庆普本^①。

不过，何双全认为《仪礼》简可能是王莽"改革本"^②。何先生认为，《仪礼》简篇次奇异，文字多变，内容增删，与传统本不合。师法混乱，正是颠倒五经的反映。王关仕认为^③，《仪礼》简非今本，而是古文本。

虽然学界对《仪礼》简属于哪个版本仍有争议，但是毫无争议的是，它是不同于大戴本、小戴本和刘向别录本的第四个本子，也是至今发现最早的《仪礼》写本。这对我们研究汉代经学和《仪礼》的版本、校勘是极为珍贵的第一手资料。

三、《仪礼》简的整理与研究

1959 年甘肃省博物馆《甘肃武威磨嘴子 6 号汉墓》对《仪礼》简的出土情况作了说明，介绍了墓葬结构、随葬物尤其是竹、木简的情况。随后，甘肃省博物馆发表了《武威汉简在学术上的贡献》，论述了武威汉简的经学价值和对简册制度研究的意义。

武威《仪礼》简的主要整理和研究由著名古文字学家陈梦家先生主持，中国科学院考古研究所、甘肃省博物馆出版了《武威汉简》一书，系统介绍了武威磨嘴子竹木简的发现、简本在经学和简册学上的价值，并公布了释文、校记，图版和摹本。该书是简牍整理的代表性成果，也是研究武威汉简的重要论著。

由于《仪礼》简的重要价值，出土以后立即引起了学术界的广泛关注。李解民在《〈武威汉简〉丙本〈丧服〉简的缀合》^④一文中提出，丙本第 27、28 两

---

① 甘肃省博物馆：《武威汉简在学术上的贡献》，《考古》1960 年第 8 期。
② 何双全：《简牍》，敦煌文艺出版社 2004 年，第 58—59 页。
③ 张焕君、刁小龙：《武威汉简〈仪礼〉研究四十年综述》，《中国史研究动态》2005 年第 5 期，后收入《武威汉简〈仪礼〉整理与研究》，武汉大学出版社 2009 年。
④ 李解民：《〈武威汉简〉丙本〈丧服〉简的缀合》，《文史》1992 年第 34 辑。

简应合为一简。沈文倬在《〈礼〉汉简异文释》①对武威《仪礼》简进行了全面的校释和考证，也是研究《仪礼》简极为重要的文章。张焕均、刁小龙的《武威汉简〈仪礼〉整理与研究》②是一本《仪礼》简整理研究的论著。陈荣杰的《〈武威汉简·仪礼〉释文校勘札记》③和《〈武威汉简·仪礼〉释文校勘九则》④中对《仪礼》简释文进行了讨论，在其硕士学位论文《〈武威汉简·仪礼〉整理研究》中⑤对《仪礼》简的文字进行了整理研究。杨捷在硕士学位论文《〈武威汉简·仪礼〉形声字研究》⑥中重点分析了《仪礼》简的形声字。陈绪波在《试论〈武威汉简〉的版本问题》⑦中结合前人的研究，指出简本是古文本。近年来，田河的《武威汉简集释》⑧是一本针对武威地区出土汉简做系统性整理研究的论著，该书部分简牍附有摹本和黑白照片，以方便学界和爱好者深入研究。

　　以上是针对《仪礼》简重要的研究专著和论文，其他有关《仪礼》简的研究数量更是汗牛充栋。此外，针对《仪礼》简文中书法的研究也很多，限于篇幅，在此不再述及。

---

① 沈文倬:《〈礼〉汉简异文释》,《文史》第 33—36 辑, 后收入《宗周礼乐文明考论》, 浙江大学出版社 1999 年, 第 244—434 页。
② 张焕君、刁小龙:《武威汉简〈仪礼　整理与研究》, 武汉大学出版社 2009 年。
③ 陈荣杰:《〈武威汉简·仪礼〉释文校勘札记》,《语文知识》2007 年第 21 期。
④ 陈荣杰:《〈武威汉简·仪礼〉释文校勘九则》,《考古》2009 年第 4 期。
⑤ 陈荣杰:《〈武威汉简·仪礼〉整理研究》, 西南大学硕士学位论文, 2006 年。
⑥ 杨捷:《〈武威汉简·仪礼〉形声字研究》, 河北大学硕士学位论文, 2010 年。
⑦ 陈绪波:《试论〈武威汉简〉的版本问题》,《敦煌研究》2015 年第 1 期。
⑧ 田河:《武威汉简集释》, 甘肃文化出版社 2020 年。

第三节　王杖十简、王杖诏书令和王杖断简

一、王杖十简 [①]

王杖十简，1959 年出土于磨嘴子 M18，共 10 枚，出土时几片还缠在鸠杖上。简长约 23—24 厘米，一简之中，文字分为上下两段。出土时因为原来的编绳烂绝，因此简文顺序混乱，《武威汉简》重新做了编次。但是学术界此后对《王杖十简》的编次顺序有较大争议，前后主要有八种观点 [②]。现在综合根据各家观点，列出《王杖十简》释文：

[1] 制诏丞相御史：高皇帝以来至本 [始] 二年，勝（朕）甚哀 [怜] 老小。高年受王杖，上有鸠，使百姓望见之

[2] 比于节，有敢妄骂詈殴之者，比逆不道。得出入官府郎（节）第，行驰道旁道。市卖，复毋所与。

[3] 如山东复，有旁人养谨者常养扶持，复除之。明在兰台石室之中。王杖不鲜明，

[4] 得更缮治之。河平元年，汝南西陵县昌里先，年七十，受王杖，颊部游徼吴赏，使从者

[5] 殴击先，用（因）诉地太守上谳廷尉，报：罪名

① 甘肃省博物馆：《甘肃武威磨嘴子汉墓发掘》，《考古》1960 年第 9 期；中国科学院考古研究所、甘肃省博物馆：《武威汉简》，文物出版社 1964 年。

② 参见郝树声：《武威"王杖"简新考》，收入《简牍学研究》第四辑，甘肃人民出版社 2004 年；胡婷婷：《甘肃出土散见简牍集释》，西北师范大学硕士学位论文，2013 年，第 5—6 页。

[6] 明白,赏当弃市。

[7] 制诏御史曰:年七十受王杖者,比六百石,入宫廷不趋;犯罪耐以上,毋二尺告劾;有敢征召、侵辱

[8] 者,比大逆不道。建始二年九月甲辰下。

[9] 兰台令第卅(卌)三,御史令第卌三,尚书令灭受在金。

[10] 孝平皇帝元始五年幼伯生,永平十五年受王杖。

现注释如下:

[1] "制诏"是汉代皇帝颁布诏书的起首语;"本始二年",公元前72年,西汉宣帝的年号。

[2] "比于节","节"本来是符节,古代使者所持以作凭证。"比于节",意思就是持王杖的人犹如持有符节,代表持有王杖的人地位尊贵;"詈",责骂;"比大不道",即"等同于大逆不道";"驰道","天子之道";"市卖",做生意;"复毋所与","复",免除,"所与",赋役、租金和商税之类。

[3] "如山东复",比照山东(崤山以东)一带的人免除赋税;"旁人",亲儿子之外的人;"兰台、石室",汉代藏图书、档案的地方。

[4] "缮治",修补;"河平元年",公元前28年,西汉成帝年号;"颎部游徼","游徼",如前所述,汉代"三老"之一,负责治安工作,"颎部"应该是游徼的辖境。

[5] "谳",将案情上报;廷尉,秦汉至北齐主管司法的最高官吏。

[7] "比六百石",汉代官秩等级名,位俸低于六百石的官吏,本级官吏月俸谷五十石,但从1989年旱滩坡东汉墓出土有"比吏六百石"的木简来看,似乎应该是待遇参照六百石的官员;"耐",轻刑之名,二岁刑以上为耐;"告劾",揭发罪状、弹劾过失。

[8] "建始二年九月甲辰",即公元前31年11月7日。

[9] "受在金",即诏书藏在金匮石室之中。

译文：

制诏御史、丞相：自高皇帝刘邦到本始二年（前72年）以来，朕很哀悯同情那些老人和小孩。年纪大的人赐给王杖，王杖上以鸠来装饰，让百姓看到王杖就好像看到符节一样。允许受王杖的老人自由出入官府或者天子驰道的旁道。如果他们做生意，免除他们的商业税，就如同山东一带的人一样。如果有其他人赡养老人，也免除他们的赋税。这种律令在兰台石室之内。王杖如果不鲜明的，就重新修补它。河平元年，汝南郡西陵里一个叫先的人，年龄七十，接受了王杖，颊部游徼的随从赏殴打了先。于是便先上诉到了郡守，郡守将案情上报到了廷尉，廷尉批复道，案情清楚明白，赏应该判死刑。

制诏御史：年龄七十接受王杖的人，待遇参照六百石的官员，进入宫廷不必小跑快走。犯了耐罪以上的，在没有弹劾他的罪状之前，有敢征召、凌辱的，等同于大逆不道之罪。建始二年（前31年）九月甲辰颁布此诏令。这项诏令记载在兰台令第三十二章、御史令第四十三章之中。尚书令灭接受了这条诏令，把它藏在金匮石室之中。孝平皇帝元始五年（5年），幼伯出生，永平十五年（72年）接受王杖。

二、王杖诏书令册

王杖诏书令册[1]，1981年武威县文物管理委员会从当时新华公社缠山大队社员袁德礼处征集"王杖诏书令"木简26枚。王杖诏书令册每简背面均有墨书编号，其中，只有第15简缺失，其他都保存良好。现根据各家观点，列出《王杖诏书令册》简释文：

[1] 制诏御史年七十以上，人所尊敬也。非首杀伤人，毋告劾也，

---

① 武威县博物馆：《武威新出王杖诏书令册》，收入甘肃省文物工作队、甘肃省博物馆编：《汉简研究文集》，甘肃人民出版社1984年，第34—61页。

毋所坐。年八十以上，生日久乎？

[2] 年六十以上毋子男为鲲，女子年六十以上毋子男为寡。贾市毋租，比山东复，

[3] 复人有养谨者扶持，明著令，兰台令第卌三

[4] 孤、独、盲、珠孺，不属律人，吏毋得擅征召，狱讼毋得毄（□）。布告天下使明知朕意。

[5] 夫妻俱毋子男为独寡，田毋租市毋赋，与归义同，沽酒醪列肆。尚书令

[6] 臣咸再拜受诏建始元年九月甲辰下。

[7] 汝南太守谳廷尉，吏有殴辱受王杖主者，罪名明白。

[8] 制曰：谳何，应论弃市，云阳白水亭长张熬坐殴抴受王杖主，使治道，男子王汤

[9] 告之，即弃市。高皇帝以来，至本始二年，朕甚哀怜耆老，高年赐王杖

[10] 上有鸠，使百姓望见之，比于节，吏民有敢骂詈殴辱者，逆不道

[11] 得出入官府节第，行驰道中，列肆贾市毋租，比山东复。

[12] 长安敬上里公乘臣广昧死上书

[13] 皇帝陛下：臣广知陛下神零，复盖万民，哀怜老小，受王杖、承诏。臣广未

[14] 常有罪耐司寇以上。广对乡吏趣未辨，广对质，衣疆吏前。乡吏

（第十五简缺）

[16] 下，不敬重父母所致也，郡国易然。臣广愿归王杖，没入为官奴。

[17] 臣广昧死再拜以闻

[18] 皇帝陛下。

[19] 制曰：问何乡吏，论弃市，毋须时；广受王杖如故。

[20] 元延三年正月壬申下

[21] 制诏御史：年七十以上杖王杖，比六百石，入官府不趋；吏民有敢殴辱者，逆不道，

[22] 弃市。令在兰台第卌三。

[23] 汝南郡男子王安世，坐桀黠、击鸠杖主，折伤其杖，弃市。南郡亭长

[24] 司马护，坐擅召鸠杖主，击留，弃市。长安东乡啬夫田宣，坐擎

[25] 鸠杖主，男子金里告之，弃市。陇西男子张汤，坐桀黠、殴击王杖主，折伤

[26] 其杖，弃市。亭长二人，乡啬二人，白衣民三人，皆坐殴辱王杖功，弃市。

[27] 右王杖诏书令 在兰台第卌三

现注释如下：

[1]“非首”，“首”，郝树声认为是诬告的意思[1]，一说“首”是首恶、首犯的意思[2]，都可通；“坐罪”，定罪。

[2]“毋子男”，即“无子男”，无儿子；“鳏”，通“鳏”，老而无妻曰鳏。

[3]“复人有养谨者扶持”，人能赡养和照顾老人的，也给予免除赋税的待遇。

---

① 郝树声：《武威“王杖”简新考》，收入《简牍学研究》第四辑，甘肃人民出版社2004年。

② 武威县博物馆：《武威新出王杖诏书令册》，收入甘肃省文物工作队、甘肃省博物馆编：《汉简研究文集》，甘肃人民出版社1984年，第34—61页。

[4]"孤",无父;"独",老而无子曰独;"律人",犯罪和受刑的人;"毄",即"擊（击）",郝树声认为，"擊（击）"是使用枷锁之类的刑具。

[5]"归义"，少数民族归附中原王朝之意，古代对这样归附中原王朝的人多有优待;"沽酒醪列肆"，"沽"，买卖，"醪"，浊酒，"列肆"，市场。

[6]"建始元年九月甲辰下"，此处的"元年"应为"二年"之误，参考《王杖十简》。

[8]"治道"，修筑道路。

[12]"长安敬上里公乘臣广"，"长安"，县名;"敬上里"，长安县的一个里;"公乘"，爵位名，为秦汉时期二十等爵的第八级;"昧死"，冒死。

[13]"神零"，即神灵。

[14]"耐"，在面颊上施刑罚，指剃须，一岁刑为罚作，二岁刑以上为耐;"司寇"，一种古代刑法，源于秦代，被派往边地服劳役，并用以防御外寇，故名司寇;"乡吏"，秦汉时期乡的官吏;"趣"，急促、催促;"辨"，判;"衣"，为"卒"之讹，"卒"通"猝"，突然、急促;"疆"，即"僵"，扑倒、仰面向后倒下。

[16]"郡国易然"，即郡国亦然。

[19]"毋须时"，"须"，等待、停留，"毋须时"就是"立即"的意思。

[20]"元延三年正月壬申下"，公元前10年2月18日。

[23]"桀黠"，凶悍狡黠;"击"（繁体为"擊"），通"系"（繁体为"繫"），"系"为捆绑之意。

[26]"白衣民"，平民、未曾获得功名的人，也指古代官府中的小吏;"攻"，"主"之讹。

译文:

制诏御史：年龄在七十以上的人，是人们所尊敬的对象。如果不是首犯而杀伤他人，就不要揭发他的罪状了，不要给他定罪。年龄在八十以上的人，还能活得长久吗？男子如果年龄在六十以上没有儿子的称为鳏，女子如果年龄在六十以上没有儿子的称为寡。鳏寡老人在市场上做买卖，就不要收他们的租税，比照山东（崤山以东）一带的人那样免收租税。如果有人愿意照顾赡养老人的，也免去他们的租税。这些明确地记载在兰台令第四十三章之中。

对于那些幼而无父、老而无子、盲人和侏儒，均不属于刑律所处罚的人。官吏不得擅自征召他们，诉讼的时候不要捆绑，在此昭告天下，使天下的人明白我的意思。没有儿子的夫妻称为独寡，他们种田不要收租，做买卖不要收税，享有与归顺中原王朝的民族一样的待遇。他们还可以在市场里从事卖浊酒的生意。尚书令咸再拜，接受了这个诏令。建始元年（前32年）九月甲辰这条诏令下发。

汝南太尉请示廷尉府，官吏有殴打、辱骂受王杖的人，罪名清楚明白，应该怎样处理？制（帝王的命令）曰："应该判处死刑。"云阳县白水亭的亭长张熬，因殴打、拖拽接受王杖的人，并让他们去修筑道路，男子王汤告发了此事，便判处张熬死刑。高皇帝刘邦以来，到本始二年（前72年），我非常同情怜悯那些老年人，便赐给他们王杖，上面有鸠鸟，使百姓都能看到，等同于持有符节的人。官吏和民众，如果有辱骂、殴打持有王杖的人，等同于大逆不道。持有王杖的人，可出入官府府第，或者乘车行驶在天子驰道的旁道。持有王杖的人，在市场上做买卖不要征收赋租税，比照山东一带免税的人。

长安县敬上里公乘广冒死上书皇帝陛下：我知道陛下是人间神灵，恩惠万民，同情那些老人和小孩。我接受王杖，接受诏书。我未曾有过犯耐罪被判处边地服役以上的罪名，我对乡的官吏催促我办的事情没有及时办理，面对乡吏，我突然昏倒在乡吏面前。乡吏……下（15简缺）。不尊敬父母所导致的，郡国也是这样。我希望归还王杖，充入官府为奴隶，我冒死把这件事情告诉您。制曰："对乡吏立即处以死刑，广还是和以前那样持有王杖。"元延三年（前10年）正月壬申这项诏令下发。

制诏御史：年龄在七十以上的人持有王杖，待遇参照六百石的官员，进入

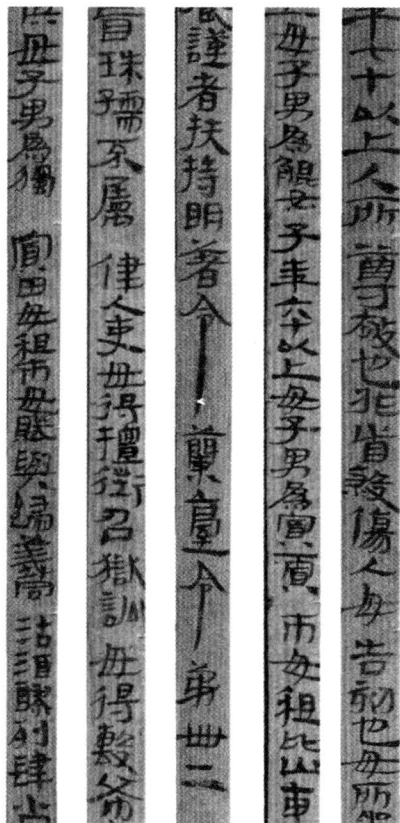

王杖诏书令册简

官府不必小跑。官吏和平民有敢殴打和辱骂持有王杖者，等同于大逆不道，处以死刑。这条诏令在兰台第四十三章。汝南郡男子王安世，因为凶恶奸诈、捆绑王杖主人，并折断了他的王杖，对他处以死刑。南郡亭长司马护，因为擅自征召持有王杖的人，并对其进行捆绑和拘留，对他处以死刑。长安东乡啬夫田宣，因为捆绑持有王杖的人，受到男子金里告发，官府判处田宣死刑。陇西男子张汤，因为凶恶奸诈、殴打和捆绑持有王杖的人，并折断其王杖，判处死刑。亭长二人、乡啬夫二人、平民三人，都因为殴打、辱骂持有王杖的人，全部被判处死刑。

右面是《王杖诏书令》，在兰台第四十三章。

三、王杖断简

王杖断简 ①，1989 年 8 月，武威地区文物普查队在旱滩坡墓群发现一座汉墓，出土有木简 16 枚。根据木简内容，主要分为两类。第一类，2 枚，内容是养老受王杖之制书和王杖授受之律令；第二类，内容为坐赃为盗、虫灾、火灾等刑律。这里仅列举有关王杖的两枚木简，原文如下 ②：

[1] 制诏御史：奏年七十以上，比吏六百石，出入官府不趋，毋
二尺告刻（劾），吏擅征召□
[2] 长安乡啬夫田顺坐征召金里老人荣长，骂詈殴□

这两条木简大概文意是：要上报年龄在七十以上的人，他们的待遇等同于六百石的官员，进入官府不用小跑，在官府没有揭发罪状前，官吏不得擅自征召……长安乡啬夫田顺，因为征召金里老人荣长，辱骂殴打……

四、王杖系列简的功能和意义

对于武威地区汉墓出土的王杖和王杖简的功能，王彬、韩高年等人 ③ 都认为文本性质类似于"镇墓文""告地册"等随葬文书，借用朝廷的诏制和法令，向地下世界表明死者的身份地位，期望将朝廷赐予的优待特权带到地下世界。

---

① 武威地区博物馆：《甘肃武威旱滩坡东汉墓》，《文物》1993 年第 10 期。
② 简序和释文参考胡婷婷：《甘肃出土散见简牍集释》，西北师范大学硕士学位论文 2013 年，第 38 页。
③ 王彬：《王杖诏令与东汉时期的武威社会》，《中国史研究》2022 年第 3 期；韩高年：《武威"王杖"简册的文本性质与文体功能》，《西北师大学报》（社会科学版）2022 年第 6 期。

　　在王杖系列简中，不仅有尊老、养老的政策，还有助残、扶助贫困的相关政策措施。从政策倾斜上来看，王杖系列简涉及政治地位、法律援助、经济帮扶、生活关照和社会支持，其力度是比较大的。由此，我们也能看出汉代武威社会在宣传敬老尊老、教化民众和维护社会秩序方面均实施了许多举措。虽是一根小小的木杖，但体现了当时推动扶助贫困、救济残弱的社会公益性福利事业发展的基本要求。

第四节　武威医药简

一、武威医药简的出土经过和年代

旱滩坡地处祁连山北麓，为冲积的黄土山坡地。1972 年，当时的柏树公社组织当地社员在旱滩坡兴修水利工程时，发现一处汉墓 ①。墓室结构是单室土洞墓，由斜坡墓道、墓门、墓室三部分组成。墓室平面为长方形，随葬物有木质鸠杖，陶仓、壶、井、灶、盘共七件，还有五铢钱、料珠等。尸体头顶有一个麻质囊袋，内有木质简牍一束。经整理，现存简牍 92 枚，其中简 78 枚、牍 14 枚，内容均为有关医学的记载。

初步推测，墓主应该是一位 70 岁以上的老中医，生前也曾受到过朝廷养老政策的优待，接受了王杖。从随葬物看，医药木简是自己生前的赖以谋生的职业技能，王杖是自己的荣誉标识和特权凭证，五铢钱是生活的必需品，陶器大多数是生活器物。按照汉代"事死如事生"的习惯，墓主人把自己生前世界所用的东西带入了地下世界。从墓主形制和出土的器物来看，该墓是东汉初期的墓葬，距今约 1900 多年。

二、医药简的特点和内容

在出土的 78 枚简中，均系松木和杨木所制，长 23—24 厘米，刚好相当于汉代的 1 尺，宽有 1 厘米和 0.5 厘米两种规格。简文系单行墨书，每行 20—

---

① 甘肃省博物馆、甘肃省武威县文化馆：《武威旱滩坡汉墓发掘简报——出土大批医药简牍》，《文物》1973 年第 12 期；张延昌、朱建平：《武威汉代医简研究》，原子能出版社 1996 年。

40 字，字体为隶书兼草，隶书字体和《仪礼》简、《王杖十简》相似，草书字体和磨嘴子 1959 年出土的日忌杂简相似。简背面无字，也没有编号。牍版长 22.7—23.9 厘米，多为两面书写，无编联痕迹，每行容字 33—40 字，字体也是隶书兼草。

武威医药简保存了比较完整的药方 30 多个，记载了约一百味药物名称、制药方法、药价、药的剂量、症状、针灸穴位、脉络、药物禁忌、生活禁忌等，涉及临床医学、药物学和针灸学。

临床医学方面，包括内、外、妇、五官等科，各科病例下面附有药方。记载的症状有：久咳上气、气逆、喉中如百虫鸣、声音嘶哑、鼻不利、瘘、头痛、胁痛、腹胀、臃肿、便血、小便难、金创出脓血、胫寒、紊下痒、不仁等各个系统疾病和症状[①]。并且首次提出了活血化瘀的治疗方法。

药物学方面，记载的药物达 100 种，包括植物药 63 种，矿物药 16 种，动物药 12 种，其他药 9 种。其中 69 种药见于《神农本草经》[②]，11 种药见于《名医别录》[③]，33 种是传世医药学典籍如《神农本草经》中没有的。武威医简扩展了汉代药物学的种类。

针灸学方面，明确指出了 10 岁以下的儿童和 60 岁以上老人不适合使用针灸，特别是心、腹、头等重要部位。还记载了三个穴位，即三里、肺输、泉水。

---

① 中医研究院医史文献研究室：《武威汉代医药简牍在医学史上的重要意义》，《文物》1973 年第 12 期。

② 汉代重要的中药学著作，作者不详。书中系统地总结了古代医家等各方面的用药经验，对已经掌握的药物知识进行了一次全面而系统的整理。书中记载药味 365 种，其中植物药 252 种，动物药 67 种，矿物药 46 种。

③《名医别录》，药学著作，简称《别录》，3 卷。辑者佚名（一作陶氏）。约成书于汉末。是秦汉医家在《神农本草经》一书药物的药性功用主治等内容有所补充之外，又补记 365 种新药物。陶弘景撰注《本草经集注》时，在收载《神农本草经》365 种药物的同时，又辑入本书的 365 种药物，使本书的基本内容保存下来。

三、武威医药简的价值及其研究状况

1. 武威医药简的价值

武威医药简的出土不仅对于研究汉代社会文化发展有重要意义，对研究汉代医药学和中医药学发展史同样具有重要的价值。

我国现存较早的中医药学著作是《黄帝内经》《神农本草经》和《伤寒杂病论》。其中，《黄帝内经》的成书亦非一时，作者亦非一人。其成书时代，应在战国，其个别篇章成于两汉；《神农本草经》的成书时间，一般认为是东汉时期；《伤寒杂病论》的成书时间，为东汉晚期。

武威医药简成书于东汉初期之前。在时代上来说，应该早于《神农本草经》和《伤寒杂病论》，也早于《黄帝内经》的部分篇目。1973 年马王堆汉墓出土了《五十二病方》。据整理者考证，成书年代为战国或更早，约为公元前三四世纪。从《五十二病方》到《伤寒杂病论》，其间经历了四五百年的时间，其间中医药学必然有着发展，并且出现了不少医药学书籍。而武威医药简恰恰是从《五十二病方》到《伤寒杂病论》的过渡，弥补了中医药学史研究的缺憾。

2. 武威医药简的研究状况

武威医药简出土以后，1973 年，中医研究院医史文献研究室发表了《武威汉代医药简牍在医学史上的重要意义》[1]，介绍了武威医简在临床医学、药物学、针灸学等方面的价值。1975 年，甘肃省博物馆、武威县文化馆整理出版了《武威汉代医简》[2] 一书，对武威医简的内容作了介绍，包括医简的图版、摹本、释文和注释，并介绍了武威医简的出土情况。

在武威医简出土后的几十年来，学界围绕武威医简进行相关研究，形成了"武威汉代医学"。其中甘肃中医研究院的张延昌对武威医简研究有着较大的贡

---

[1] 中医研究院医史文献研究室：《武威汉代医药简牍在医学史上的重要意义》，《文物》1973 年第 12 期。

[2] 甘肃省博物馆、武威县文化馆：《武威汉代医简》，文物出版社 1975 年。

献，他独著、合著或者主编的《武威汉代医简研究》《武威汉代医简注解》和《武威汉简医方今用》①是武威医简研究方面的三部重要著作。田河的《武威汉简集释》②也是近年研究武威医简的重要著作。其他相关武威医简的研究论著还有很多，在此不一一列举。

---

① 张延昌、朱建平：《武威汉代医简研究》，原子能出版社 1996 年；张延昌：《武威汉代医简注解》，中医古籍出版社 2006 年；张延昌主编：《武威汉简医方今用》，人民卫生出版社 2015 年。

② 田河：《武威汉简集释》，甘肃文化出版社 2020 年。

结束语

汉武帝经略河西，并设武威郡，开启了两汉开发武威等河西地区的进程。西汉时期，为保持与匈奴作战中取得的优势，对武威进行大规模的开发，大批汉族民众及士兵的到来，改变了河西地区的民族布局，也推动了农业生产的发展。中原先进的农耕技术和文化也被传播至此。作为河西最早接受中原文化的地区，武威深受影响，也迅速从游牧文明向农耕文明迈进。西汉末年，王莽摄政，中原纷乱，生灵涂炭。从中原迁来的大族也将武威选为立足的第一站。当时保据河西的是窦融，在他的治理下，河西经济繁荣，一片富荣景象。其中的武威尤为富饶，四周胡人皆来武威与汉人买卖商品，集市内的交易则更加频繁，武威逐渐发展成为河西最为富庶的城市。

汉明帝时，由于羌胡的连年祸乱，武威所受影响最大，农业、经济遭到了严重的破坏。至安帝时，东汉接受敦煌太守张珰献策，在西域柳中（今鄯善鲁克沁）一带屯田，由河西四郡供给耕牛、谷食，可见武威郡当时农业已经有所恢复，成为东汉政府经营西域的后勤基地之一。

独特的地理位置以及丰富的物产资源也使两汉时期的武威成为中原汉族移民首选的居住与生活的城市。武威周边的汉代墓葬，发现有河西最早的壁画墓，出土的《仪礼简》《医药简》以及铸造精美的铜奔马等，说明了当时以武威为代表的河西文化水平一点也不逊色于中原。东汉后期，由于政府的腐败渐趋严重，社会衰败之势明显加速，武威虽有张奂等廉吏极力治乱，但犹如杯水车薪，加之连年的天灾，使饱受人祸的武威进一步蒙受了巨大的打击。

王朝兴衰、朝代变迁，灵魂璀璨流转。制度变迁、民族交融、文化发展，这些都在两千年的传承与变迁中，一步一步地造就了我们今天的社会，变成了一部现代人汲取经验与教训的教科书，也变成了一部探寻发展之势的未来启示录。我们通过史料和前人研究成果梳理，向读者展示汉朝武威地区经济、社会、文化等盛况，以期读者对汉朝时期武威的情况尽可能多一些了解。

参考文献

一、基本史料

司马迁撰:《史记》,中华书局 1959 年点校本。

班固撰,颜师古注:《汉书》,中华书局 1962 年点校本。

范晔撰,李贤等注:《后汉书》,中华书局 1965 年点校本。

陈寿撰,裴松之注:《三国志》,中华书 1959 年点校本。

房玄龄等撰:《晋书》,中华书局 1974 年点校本。

刘昫等撰:《旧唐书》,中华书局 2000 年简体本。

顾祖禹撰:《读史方舆纪要》,中华书局 2005 年。

郦道元撰,陈桥驿校证:《水经注校证》,中华书局 2007 年。

李吉甫撰:《元和郡县图志》,中华书局 1983 年。

王先谦:《荀子集解》,中华书局 1988 年。

蔡邕:《独断》卷下,《四部丛刊》三编景明弘治本。

中华书局编辑部:《全唐诗》(增订本),中华书局 1991 年(2013 年重印)。

王钦若等:《册府元龟》,凤凰出版社 2006 年。

中国科学院考古研究所、甘肃省博物馆:《武威汉简》,文物出版社 1964 年。

阴法鲁主编:《古文观止译注》(修订本),北京大学出版社 2000 年。

马怡、张荣强主编:《居延新简释校》,天津古籍出版社 2013 年。

甘肃省博物馆、甘肃省文物考古研究所等:《悬泉汉简》(一),中西书局 2019 年。

胡平生、张德芳撰:《敦煌悬泉汉简释粹》,上海古籍出版社 2001 年。

李永良、马建华释校:《敦煌汉简释文》,甘肃人民出版社 1991 年。

中国科学院考古研究所、甘肃省博物馆:《武威汉简》,文物出版社 1964 年。

甘肃省博物馆、武威县文化馆:《武威汉代医简》,文物出版社 1975 年。

李均明、何双全:《散见简牍合辑》,文物出版社 1990 年。

田河:《武威汉简集释》,甘肃文化出版社 2020 年。

二、考古报告及论著（按发表时间顺序排列）

甘肃省文物管理委员会:《甘肃古浪峡黑松驿董家台汉代木椁墓清理概况》,《文物参考资料》1955 年第 7 期。

甘肃省文物管理委员会:《兰新铁路武威——永昌沿线工地古墓清理概况》,《文物》1956 年第 6 期。

罗福颐:《内蒙古自治区托克托县新发现的汉墓壁画》,《文物》1956 年第 9 期。

党国栋:《武威县磨嘴子古墓清理记要》,《文物参考资料》1958 年第 11 期。

甘肃省博物馆:《甘肃武威磨嘴子 6 号汉墓》,《考古》1960 年第 5 期。

甘肃省博物馆:《武威汉简在学术上的贡献》,《考古》1960 年第 8 期。

甘肃省博物馆:《武威磨嘴子汉墓发掘》,《考古》1960 年第 9 期。

甘博文:《甘肃武威雷台东汉墓清理简报》,《文物》1972 年第 2 期。

甘肃省博物馆:《武威磨嘴子三座汉墓发掘简报》,《文物》1972 年第 12 期。

甘肃省博物馆、甘肃省武威县文化馆:《武威旱滩坡汉墓发掘简报——出土大批医药简牍》,《文物》1973 年第 12 期。

内蒙古文物工作队、内蒙古博物馆:《和林格尔发现一座重要的东汉壁画墓》,《文物》1974 年第 1 期。

甘肃省博物馆:《武威雷台汉墓》,《考古学报》1974 年第 2 期。

敦煌文物研究所考古组,敦煌县文化馆:《敦煌甜水井汉代遗址的调查》,

《考古》1975 年第 2 期。

甘肃省敦煌县博物馆:《敦煌佛爷庙湾五凉时期墓葬发掘简报》,《文物》1983 年第 10 期。

武威地区博物馆:《甘肃武威旱滩坡东汉墓》,《文物》1993 年第 10 期。

党寿山:《甘肃武威磨嘴子发现一座东汉壁画墓》,《考古》1995 年第 11 期。

梁继红:《武威出土的汉代衣物疏木牍》,《陇右文博》1997 年第 2 期。

施爱民:《甘肃高台骆驼城画像砖墓调查》,《文物》1997 年第 12 期。

张宝玺摄影、胡之编选:《甘肃嘉峪关魏晋六号墓彩绘砖》,重庆出版社 2000 年。

何双全:《甘肃敦煌汉代悬泉置遗址发掘简报》,《文物》2000 年第 5 期。

武威地区博物馆:《武威臧家庄魏晋墓清理简报》,《陇右文博》2001 年第 2 期。

武威市文物考古研究所:《武威市文化巷汉墓发掘简报》,《陇右文博》2003 年第 1 期。

武威市文物考古研究所:《武威王景寨汉墓清理简报》,《陇右文博》2003 年第 1 期。

武威市文物考古研究所:《武威南大街汉墓发掘简报》,《陇右文博·武威专辑》2004 年。

武威市文物考古研究所:《武威建国街东汉墓清理简报》,《陇右文博·武威专辑》2004 年。

党寿山:《武威出土的两件随葬衣物疏》,《陇右文博·武威专辑》2004 年。

甘肃省文物考古研究所:《甘肃武威磨嘴子东汉墓(M25)发掘简报》,《文物》2005 年第 11 期。

王奎:《武威出土的大型青铜镙》,《陇右文博》2006 年第 2 期。

武威市文物考古研究所:《武威市西关魏晋墓发掘简报》,《陇右文博》2006 年第 2 期。

甘肃省文物局编:《甘肃文物菁华》,文物出版社 2006 年。

甘肃省文物考古研究所:《甘肃永昌水泉子汉墓发掘简报》,《文物》2009 年第 10 期。

甘肃省文物考古研究所:《甘肃玉门金鸡梁十六国墓葬发掘简报》,《文物》2011 年第 2 期。

武威市文物考古研究所:《甘肃武威磨嘴子汉墓发掘简报》,《文物》2011 年第 6 期。

徐光冀主编:《中国出土壁画全集 9　甘肃·宁夏·新疆》,科学出版社 2011 年。

甘肃省文物考古研究所、日本秋田县埋藏文化财中心、甘肃省博物馆:《2003 年甘肃武威磨嘴子墓地发掘简报》,《考古与文物》2012 年第 5 期。

甘肃省文物考古研究所编著:《民乐八卦营——汉代墓群考古发掘报告》,科学出版社 2014 年。

甘肃省文物考古研究所:《甘肃永昌县水泉子汉墓群 2012 年发掘简报》,《考古》2017 年第 12 期。

武威市文物考古研究所:《武威热电厂汉墓清理简报》,《陇右文博》2019 年第 1 期。

李勇杰:《甘肃永昌乱墩子滩 1 号壁画墓调查简报》,《甘肃广播电视大学学报》2019 年 6 月。

陈晓峰主编:《武威文物精品图集》,读者出版社 2019 年。

武威市文物考古研究所编:《武威考古研究文集》,读者出版社 2023 年。

三、专著（按出版时间顺序排列）

王仲殊:《汉代考古学概说》,中华书局 1984 年。

甘肃省文物工作队、甘肃省博物馆编:《汉简研究文集》,甘肃人民出版社 1984 年。

古浪县人民政府编:《甘肃省古浪县地名录》,1987 年印刷。

许嘉璐:《中国古代衣食住行》,北京出版社,1988 年。

李并成:《河西走廊历史地理》,甘肃人民出版社 1995 年。

河北省文物考古所编:《历代铜镜纹饰》,河北美术出版社 1996 年。

张显成:《简帛药名研究》,西南师范大学出版社 1997 年。

许倬云:《汉代农业:早期中国农业经济的形成》,江苏人民出版社 1998 年。

王宗维:《汉代丝绸之路的咽喉——河西路》,昆仑出版社 2001 年。

李均明:《古代简牍》,文物出版社 2003 年。

林剑鸣:《秦汉史》,上海人民出版社 2003 年。

何双全:《简牍》,敦煌文艺出版社 2004 年。

吴礽骧:《河西汉塞调查与研究》,文物出版社 2005 年。

陈守忠:《河陇史地考述》,甘肃人民出版社 2007 年。

高荣:《先秦汉魏河西史略》,天津古籍出版社 2007 年。

汪受宽:《甘肃通史·秦汉卷》,甘肃人民出版社 2009 年。

贾小军:《魏晋十六国河西社会生活史》,甘肃人民出版社 2011 年。

孙机:《汉代物质文化资料图说》(增订本),上海古籍出版社 2011 年。

竺小恩:《敦煌服饰文化研究》,浙江大学出版社 2011 年。

周俭主编:《丝绸之路交通线路(中国段)历史地理研究》,江苏人民出版社 2012 年。

韦正:《魏晋南北朝考古》,北京大学出版社 2013 年。

(日)富谷至著,刘恒武、孔李波译:《文书行政的汉帝国》,江苏人民出版社 2013 年。

谢国桢:《两汉社会生活概述》,北京出版社 2014 年。

韩国河:《中国古代物质文化史·秦汉》,开明出版社 2014 年。

周振鹤主编:《中国行政区划通史·秦汉卷》,复旦大学出版社 2015 年。

党菊红：《武威文物及其背后的故事》，甘肃教育出版社 2016 年。

孙占鳌、尹伟先：《河西简牍综论》，甘肃人民出版社 2016 年。

王子今：《汉简河西社会史料研究》，商务印书馆 2017 年。

贾文丽：《汉代河西经略史》，中国社会科学出版社 2017 年。

刘兴林编著：《战国秦汉考古》，南京大学出版社 2019 年。

邢义田：《今尘集：秦汉时代的简牍、画像与文化流播》，中西书局 2019 年。

张朋川：《黄土上下：美术考古文萃》，上海三联书店出版社，2020 年。

四、研究论文（按发表时间顺序排列）

王仲殊：《汉代物质文化略说》，《考古通讯》1956 年第 1 期。

张朋川：《河西出土的汉晋绘画简述》，《文物》1978 年第 6 期。

俞伟超：《汉代诸侯王与列侯墓葬的形制分析》，《中国考古学会第一次年会论文集》，文物出版社 1980 年。

鲜肖威：《历史时期甘肃中部的森林——论甘肃中部环境变迁、水土流失的由来》，《甘肃林业科技》1981 年第 2 期。

潘策：《秦汉时期的月氏、乌孙和匈奴及河西四郡的设置》，《甘肃师大学报》（哲学社会科学版）1981 年第 3 期。

白凤歧：《关于匈奴人在河西走廊地区活动的几个问题》，《甘肃社会科学》1983 年第 2 期。

何双全：《居延汉简所见汉代农作物小考》，《农业考古》1986 年第 2 期。

梁新民：《姑臧故城地理位置初探》，《敦煌学辑刊》1987 年第 1 期。

李并成：《石羊河流域汉代边城军屯遗址考》，《西北师范大学学报》（社会科学版）1989 年第 2 期。

蒲朝绂：《武威汉墓的分期与年代》，《西北史地》1990 年第 1 期。

醒吾：《甘肃境内的汉长城》，《西北师大学报》（社会科学版）1990 年第

3 期。

李并成:《残存在民勤县西沙窝中的古代遗址》,《中国沙漠》1990 年第 2 期。

李均明:《汉简题署考》,《文物》1990 年第 10 期。

吴礽骧:《河西的汉代长城》,《文博》1991 年第 1 期。

杜斗城:《河西汉墓记》,《敦煌学辑刊》1992 年第 1、2 期。

李均明、刘军:《武威旱滩坡出土汉简考述——兼论"挈令"》,《文物》1993 年第 10 期。

陈守忠:《允吾、金城、榆中、勇士等古城址考》,《历史地理》1993 年第 11 辑。

李并成:《河西走廊东部汉长城遗迹考》,《西北史地》1994 年第 3 期。

王宝元:《武威高沟堡古城考察记》,《西北史地》1995 年第 2 期。

李并成:《河西走廊东部新发现的一条汉长城——汉揟次县至媼围县段长城勘察》,《敦煌研究》1996 年第 4 期。

唐晓军:《甘肃境内的长城与烽燧分布》,《丝绸之路》1996 年第 5 期。

王乃昂、蔡为民:《凉都姑臧城址及茂区变适初探》,《西北史地》1997 年第 4 期。

何双全:《汉代西北驿道与传置—甲渠候官、悬泉汉简〈传置道里薄〉考述》,《中国历史博物馆馆刊》1998 年第 1 期。

郝树声:《在敦煌悬泉里程简地理考述》,《敦煌研究》2000 年第 3 期。

王辉:《20 世纪甘肃考古的回顾与展望》,《考古》2003 年第 6 期。

李永平:《简牍和考古所见汉代河西走廊与蜀地之间的交往及相关的几个问题》,《四川文物》2004 年第 6 期。

陈菁:《两汉时期河西地区烽燧亭障规划营建刍议》,《甘肃社会科学》2006 年第 2 期。

刘仲辉:《两汉凉州建置沿革及人口状况研究》,郑州大学硕士学位论文,

2007 年。

刘尊志:《徐州汉墓与汉代社会研究》,郑州大学博士学位论文,2007 年。

张寸良、吴荭:《水泉子汉简初识》,《文物》2009 年第 10 期。

李并成:《汉代河西走廊东段交通路线考》,《敦煌学辑刊》2011 年第 1 期。

周飞飞:《民勤县历史文化遗迹的调查与研究》,兰州大学硕士学位论文,2012 年。

胡婷婷:《甘肃出土散见简牍集释》,西北师范大学硕士学位论文,2013 年。

王冠辉:《汉代河西邮驿研究》,兰州大学硕士学位论文,2013 年。

杨耀文:《武威汉代医简出土四十年研究综述》,《丝绸之路》2013 年第 2 期。

高启安、沈渭显:《汉居延置所在置㙟—以居延里程简 E.P.T59:582 为中心》,《敦煌研究》2013 年第 5 期。

刘再聪:《居延里程简所记高平媪围间线路的考古学补证》,《吐鲁番学研究》2014 年第 2 期。

孙占鳌、刘平生:《从出土简牍看河西汉代饮食》,《甘肃社会科学》2014 年第 6 期。

陈宗瑞:《甘肃地区汉墓研究》,山东大学硕士学位论文,2015 年。

(瑞典)安特生著,李勇杰译、陈星灿校:《沙井遗址》,《南方文物》2016 年第 4 期。

徐水兰:《汉代河西养马业研究》,兰州大学硕士学位论文,2016 年。

杨富学:《河西考古学文化与月氏乌孙之关系》,《丝绸之路研究集刊》第一辑。

陈雨菡、谢芷君、马晓欢、潘文岚:《甘肃出土散见简牍发掘情况汇辑》,《山西青年》2017 年第 9 期。

何静苗:《汉代河西治理研究》,兰州大学硕士学位论文,2018 年。

刘燕:《石羊河流域考古史研究》,西北师范大学硕士学位论文,2019 年。

辛欣:《甘肃省博物馆馆藏浮雕人物石摇钱树座的文化内涵探析》,《文物鉴定与鉴赏》,2019 年第 10 期下。

李天野:《两汉河陇地区交通路线研究》,兰州大学硕士学位论文,2020 年。

苏海洋:《西汉长安通姑臧南道交通线路复原研究》,《敦煌研究》2021 年第 1 期。

黄学超:《悬泉里程简所见河西驿道与政区再议》,《历史地理研究》2022 年第 3 期。

郭丽娜:《河西走廊东区汉墓研究》,吉林大学硕士学位论文,2022 年。

陈雨晨:《西汉晚期简牍隶书风格研究及对我创作的启示——以〈武威汉简·仪礼〉为例》,华东师范大学硕士学位论文,2022 年。

后　记

《汉代武威的历史文化》，终于付梓出版了，实在令人欣慰。

本书绪论、第一章由张博文撰写，第二章至第六章（共 11 万字）由刘茂伟撰写。书稿写作中借鉴了大量的文献数据资料，在此一并向所有作者表示感谢。同时，由于时间匆促和作者学识有限，对资料的搜集和发掘不够，错讹之处在所难免，敬请读者谅解并能不吝指正。

本书在撰写过程中，得到了甘肃省社会科学院决策咨询研究所所长魏学宏研究员、武威市凉州文化研究院院长张国才副研究员的鼓励和支持，在此表示衷心的感谢！感谢甘肃省社会科学院丝绸之路研究所所长侯宗辉研究员在百忙之中为本书作序，对我们而言是一种莫大的荣幸和鼓舞。同时也感谢在本书写作过程中提出宝贵意见的雷台汉文化博物馆资深讲解员王丽霞老师。

最后感谢为本书出版付出辛勤劳动的读者出版社漆晓勤老师。

是为记。

张博文　刘茂伟

2023 年 9 月

总后记

　　武威，物华天宝，人杰地灵。寻访武威大地，颇感中华文明光辉璀璨，绵延传承。考古资料表明，在新石器时代，武威一带已经成为先民生息繁衍的重要地区。汉武帝时开辟河西四郡，武威郡成为河西走廊政治、经济、文化、军事之要地。东汉、三国、西晋时为凉州治所。东晋十六国时，前凉、后凉、南凉、北凉和隋末的大凉政权先后在此建都。唐朝时曾为凉州节度使治所，一度成为中国西北仅次于长安的通都大邑。"凉州七里十万家""人烟扑地桑柘稠"，其盛况可见一斑。宋元明清以来，凉州文化传承不辍。

　　在历史演进过程中，凉州成为了中原王朝经营西域的战略要地。农耕文明与游牧文明、中西方文化、多民族文化在这里交汇融合，形成了在中国文化史上占有重要地位的凉州文化。就历史文化的整体价值和综合影响而言，凉州文化已超越了今天武威这个地理范畴，不再是简单的区域性文化，而是吸纳传导东西方文明重要成果的枢纽型文化，是中华文化的重要组成部分。

　　凉州文化是多民族多元文化互相碰撞而诞生的美丽火花，其独特性是武威历史文化遗产中最有价值、最具魅力之处，也是具有文化辨识度的"甘肃标识"的特有文化，值得更系统、更深入地研究。特别是在新时代，对其进行更深层次的文化挖掘和意义阐释具有重要的现实意义。基于此，甘肃省社会科学院和武威市凉州文化研究院组织跨学科、跨地域的团队撰著了《凉州文化丛书》（第一辑），以期通过历史、文学、生态、长城、匾额、教育、人口等方面的研究，对厚重的凉州文化加以梳理，采撷其粹，赓续文脉，以文化人，为文化旅游名市建设增添文化智慧内涵。

　　《凉州文化丛书》（第一辑）由甘肃省社会科学院和武威市凉州文化研究院

共同商定，确定为2023年院重点课题。我和张国才、席晓喆同志组织实施，汇集两家单位的二十位学者组成团队开展研讨写作。丛书共包括《武威地名的历史传承与文化内涵演变》《古诗词中的凉州》《汉代武威的历史文化》《武威长城两千年》《武威吐谷浑文化的历史书写》《清代凉州府儒学教育研究》《武威匾额述略》《清代学人笔下的河西走廊》《河西历代人口变迁与影响》《河西生态变迁与生态文化演进》十本著作，每一本书的书名、内容框架，都是广集各个方面建议，多次召开编委会讨论研究确定下来的。因此，每本书的书名都具有鲜明的个性，高度概括了凉州特色文化的人文特点和地理风貌。丛书共计一百八十余万字，百余幅图片，主题鲜明，既做到了突出重点、彰显特色、求真务实，又做到了简洁流畅、雅俗共赏，是一套比较全面研究凉州特色文化的大型丛书。

丛书选取武威具有代表性的特色文化或尚未挖掘出的文化元素，进行深度挖掘、系统整理和专题研究，在撰写过程中，组织开展了十多次考察调研、研讨交流活动，每一本书的作者结合各自研究的内容，不仅梳理了凉州特色文化的理论研究，关注了凉州文化的传承与发展现实，还对凉州特色文化承载的丰富内涵和历史进行了深入的探讨，展示了凉州文化融入当代生活的现状，以及凉州文化推动武威特色旅游产业的途径。不难看出，凉州文化为我们深入了解武威提供了丰富的样本，其多样性、包容性、创新性、地域性等特点无疑是武威城市文化的地标、经济财富的源头、文化交流的名片。

文字与图像结合是叙事最基本、最重要的手段，其中图像的运用为我们了解世界构建了一个形象的思维模式，有助于我们更为深刻地认识世界。为了更好地展现凉州文化，丛书在文字的基础上通过大量的实物图像展示了凉州文化丰富多彩的形态。这些图片闪耀着独特而绚丽的光彩，也为我们解读了凉州文化背后不同的人文故事。同时，每一位作者在撰述中对引证的材料都作了较为翔实的注释，一方面力求言之有据、持之有故，另一方面也表达出对前贤时哲研究成果的尊重。

丛书挖掘整理了凉州文化中一些特色文化，对于深入研究凉州文化来讲，这是一种新的尝试。最初这套丛书的定位是具有较高品位的地方历史文化普及读物和对外宣传读本，要求以史料为基础，内容真实性与文字可读性相统一，展现武威博大精深的历史文化内涵和魅力，帮助广大读者更全面地认识、更深入地了解凉州文化元素，推动凉州文化的弘扬传承，实现优秀文化传承的主流价值引导和思想引领。经过一年多的努力，丛书顺利完成撰写，这本身是一件很有意义的事情。同时需要诚恳说明的是，这套丛书是一项综合性的跨学科的研究，涉及很多方面的知识，虽经多方努力，但因史料匮乏、资料收集不足。作者学力限制，作为主编者心有余而力不足，很多内容的研究论证尚欠丰厚。希望能够通过这套丛书引发人们对凉州文化更多的关注和思考，探索更多的研究方向，也就算实现了我们美好的愿望。此外，整个丛书撰写过程确实是时间紧、任务重，难免有错谬之处，敬请读者不吝赐教，我们不胜感激。

在这套书的论证和撰写中，中国社会科学院古代史研究所卜宪群所长及戴卫红、赵现海研究员，浙江大学历史学院冯培红教授，甘肃省社会科学院刘敏先生，西北师范大学传媒学院院长徐兆寿教授等领导、专家给予了很多建议，为书稿的顺利完成创造了条件。西北师范大学副校长、教授田澍先生百忙之中为丛书撰写了总序言，武威市凉州文化研究院的张国才院长及其他同仁对丛书的编撰勤勉竭力、积极工作、无私奉献，我在这里一并表示感谢。

《凉州文化丛书》（第一辑）编委会

魏学宏

2023 年 10 月

魏学宏，甘肃省社会科学院决策咨询研究所所长、研究员。先后发表学术论文 50 多篇，出版专著 2 部，主持完成国家社会科学基金项目、甘肃省哲学社会科学项目及省市县委托项目 10 余项。